本书由
中央高校建设世界一流大学（学科）
和特色发展引导专项资金
资助

中南财经政法大学“双一流”建设文库

创 | 新 | 治 | 理 | 系 | 列 |

行政执法有效性研究

——以形式有效与实质有效为进路

盘长丽 著

长江出版传媒
湖北人民出版社

图书在版编目(CIP)数据

行政执法有效性研究:以形式有效与实质有效为进路/盘长丽著.
武汉:湖北人民出版社,2019.12
ISBN 978-7-216-09942-4
Ⅰ.行… Ⅱ.盘… Ⅲ.行政执法—研究—中国 Ⅳ.D922.112.4
中国版本图书馆CIP数据核字(2020)第018590号

责任编辑:胡　涛
封面设计:陈宇琰
　　　　　张　弦
责任校对:范承勇
责任印制:王铁兵

行政执法有效性研究　XINGZHENG ZHIFA YOUXIAOXING YANJIU　盘长丽 著

出版发行: 湖北人民出版社	地址:武汉市雄楚大道268号
印刷:武汉科源印刷设计有限公司	邮编:430070
开本:787毫米×1092毫米 1/16	印张:15.25
字数:255千字	插页:2
版次:2019年12月第1版	印次:2019年12月第1次印刷
书号:ISBN 978-7-216-09942-4	定价:62.00元

本社网址:http://www.hbpp.com.cn
本社旗舰店:http://hbrmcbs.tmall.com
读者服务部电话:027-87679656
投诉举报电话:027-87679757
(图书如出现印装质量问题,由本社负责调换)

总 序

“中南财经政法大学‘双一流’建设文库”是中南财经政法大学组织出版的系列学术图书，是学校“双一流”建设的特色项目和重要学术成果的展现。

中南财经政法大学源起于1948年以邓小平为第一书记的中共中央中原局在挺进中原、解放全中国的革命烽烟中创建的中原大学。1953年，以中原大学财经学院、政法学院为基础，荟萃中南地区多所高等院校的财经、政法系科与学术精英，成立中南财经学院和中南政法学院。之后学校历经湖北大学、湖北财经专科学校、湖北财经学院、复建中南政法学院、中南财经大学的发展时期。2000年5月26日，同根同源的中南财经大学与中南政法学院合并组建“中南财经政法大学”，成为一所财经、政法“强强联合”的人文社科类高校。2005年，学校入选国家“211工程”重点建设高校；2011年，学校入选国家“985工程优势学科创新平台”项目重点建设高校；2017年，学校入选世界一流大学和一流学科（简称“双一流”）建设高校。70年来，中南财经政法大学与新中国同呼吸、共命运，奋勇投身于中华民族从自强独立走向民主富强的复兴征程，参与缔造了新中国高等财经、政法教育从创立到繁荣的学科历史。

“板凳要坐十年冷，文章不写一句空。”作为一所传承红色基因的人文社科大学，中南财经政法大学将范文澜和潘梓年等前贤们坚守的马克思主义革命学风和严谨务实的学术品格内化为学术文化基因。学校继承优良学术传统，深入推进师德师风建设，改革完善人才引育机制，营造风清气正的学术氛围，为人才辈出提供良好的学术环境。入选“双一流”建设高校，是党和国家对学校70年办学历史、办学成就和办学特色的充分认可。“中南大”人不忘初心、牢记使命，以立德树人为根本，以“中国特色、世界一流”为核心，坚持内涵发展，“双一流”建设取得显著进步：学科体系不断健全，人才体系初步成型，师资队伍不断壮大，研究水平和创新能力不断提高，现代大学治理体系不断完善，国际交流合作优化升级，综合实力和核心竞争力显著提升，为在2048年建校百年时，实现主干学科跻身世界一流学科行列的发展愿景打下了坚实根基。

习近平总书记指出：“当代中国正经历着我国历史上最为广泛而深刻的社会变革，也正在进行着人类历史上最为宏大而独特的实践创新。……这是一个需要理论而且一定能够产生理论的时代，这是一个需要思想而且一定能够产生思想的时代。”①坚持和发展中国特色社会主义，统筹推进“五位一体”总体布局和协调推进“四个全面”战略布局，实现“两个一百年”奋斗目标、实现中华民族伟大复兴的中国梦，需要构建中国特色哲学社会科学体系。市场经济就是法治经济，法学和经济学是哲学社会科学的重要支撑学科，是新时代构建中国特色哲学社会科学体系的着力点、着重点。法学与经济学交叉融合成为哲学社会科学创新发展的重要动力，也为塑造中国学术自主性提供了重大机遇。学校坚持财经政法融通的办学定位和学科学术发展战略，“双一流”建设以来，以“法与经济学科群”为引领，以构建中国特色法学和经济学学科、学术、话语体系为己任，立足新时代中国特色社会主义伟大实践，发掘中国传统经济思想、法律文化智慧，提炼中国经济发展与法治实践经验，推动马克思主义法学和经济学中国化、现代化、国际化，产出了一批高质量的研究成果，“中南财经政法大学‘双一流’建设文库”即为其中部分学术成果的展现。

文库首批遴选、出版两百余册专著，以区域发展、长江经济带、“一带一路”、创新治理、中国经济发展、贸易冲突、全球治理、数字经济、文化传承、生态文明等十个主题系列呈现，通过问题导向、概念共享，探寻中华文明生生不息的内在复杂性与合理性，阐释新时代中国经济、法治成就与自信，展望人类命运共同体构建过程中所呈现的新生态体系，为解决全球经济、法治问题提供创新性思路和方案，进一步促进财经政法融合发展、范式更新。本文库的著者有德高望重的学科开拓者、奠基人，有风华正茂的学术带头人和领军人物，亦有崭露头角的青年一代，老中青学者秉持家国情怀，述学立论、建言献策，彰显“中南大”经世济民的学术底蕴和薪火相传的人才体系。放眼未来、走向世界，我们正以习近平新时代中国特色社会主义思想为指导，砥砺前行，凝心聚力推进“双一流”加快建设、特色建设、高质量建设，开创“中南学派”，以中国理论、中国实践引领法学和经济学研究的国际前沿，为世界经济发展、法治建设做出卓越贡献。为此，我们将积极回应社会发展出现的新问题、新趋势，不断推出新的主题系列，以增强文库的开放性和丰富性。

“中南财经政法大学‘双一流’建设文库”的出版工作是一个系统工程，它的推进得到相关学院和出版单位的鼎力支持，学者们精益求精、数易其稿，付出极大辛劳。在此，我们向所有作者以及参与编纂出版工作的同志们致以诚挚的谢意！

因时间所囿，不妥之处还恳请广大读者和同行包涵、指正！

中南财经政法大学校长

---

① 习近平：《在哲学社会科学工作座谈会上的讲话》，2016 年 5 月 17 日。

摘 要

目前学者对行政执法行为效力研究主要是对意定主义模式下执法行为产生的“相当于法律的效力”是否认可的问题。仅从法律规定本身讨论执法行为的合法律性。实际上，符合法律规定只是效力判断的一个重要依据而非全部，它是进行效力判断的必要条件而非充分条件。因此，效力判断不可能是一个在合法律性与效力之间进行简单对照的过程，而是必须将综合考量行为与结果并存的二元化对象基准、主客观对立统一的要素基准以及法、理、情互补的逻辑基准。基于此，本书针对目前执法中存在的程序违法、过程缺乏论证、结果未能体现公平正义等问题，从形式有效（过程）和实质有效（结果）两个维度展开对执法的有效性研究。本书认为执法的形式有效应包括两个大的方面，一是执法过程体现“合法律性”，二是执法行为符合逻辑的基本要求。实质有效，即在实体上真正实现了执法的公平正义，体现了执法行为服务公众的本质属性。本书认为执法的实质有效的具体衡量标准体现在四个方面：一是执法依据的正当合法性；二是执法结果的合理可接受性；三是执法过程的整体融贯性；四是执法的价值实现最少受惠者的最大利益原则。进而提出交往理性是同时实现形式有效与实质有效的最佳路径，完善听证制度、健全司法审查标准、制定行政程序法是落实执法交往理性的根本保障。

本书首先对行政执法的现实困境进行分析，进而提出执法有效性理论。本书认为当前执法有效性不足具体表现为存在暴力执法、选择性执法、执法错误、公众行政参与权得不到保障等现象，造成这种有效性不足的主要原因在于行政主体命令与控制的行政思想根深蒂固，主客二分的执法思维强化了执法者与民众的对立、听证制度的不完善，导致执法商谈“理想言谈情境”难以实现，民众的意见得不到充分表达与合理采纳，同时存在规则表达与规则实践背反的情形，导致部分执法不具有合理可接受性以及执法过于“功利主义”，致少数人的利益受侵害，等等。基于行政执法有效性不足问题，本书对执法有效性的理论进行梳理。同时指出，执法有效性是指执法主体通过执法活动，达到执法预期的目的，取得预期的效果，获得执法对象的接受和公众的普遍认可，这种有效性是合法前提下的可接受性。反之，执法的无效、低效或有效性不足，是指执法不能实现预期的目的和效果，或仅实现部分效果的情形。进而提出本书的研究进路是从形式有效和实质有效两个维度研究行政执法的有效性。

其次，深入讨论行政执法的形式有效性。本书的形式有效性包括合法律性和合逻辑性两部分。“今天合法性最普遍的形式，便是对合法律性的信仰，也就是服从形式正确的以一般方式通过的成文规定。”（马克思·韦伯语）本书认为行政执法合法律性应包括执法主体合法、依据合法、执行行为合法以及程序合法四个大的方面。另外，判断一个具体行政执法行为是否合法有效，最基本的思维就是运用逻辑推理和法律论证。行政执法有效性的推理，在实际运用过程中涉及从法律规定到执法依据的选择；从生活事实到执法事实的鉴别；从大小前提到行政决定的推出；从行政决定到执行的落实四个方面的推理、论证过程。执法推理、论证过程的逻辑有效，为执法的实质有效提供了切实可行的形式保障。

再次，探索行政执法的实质有效性。实质有效，已经是当今政府行政执法追求的目标和发展趋势。习近平总书记在十九大报告中也着重指出，要不断促进社会公平正义，形成有效的社会治理，使人民的获得感、幸福感和安全感更有保障和可持续性。本书认为实质有效，是指行政执法在实体上实现了公平正义，其结果为行政相对人和社会公众普遍接受和认可。要达到如此效果，实质有效至少应包含这四个方面的内涵：一是执法依据的正当合法性；二是执法结果的合理可接受性；三是执法过程的整体融贯性；四是执法理念体现最少受惠者的最大利益原则。

最后，提出交往理性是实现执法形式有效与实质有效有机统一与融合的根本法宝。交往理性具备主体间性、语用性、论争理性、程序性以及开放性等特征，与执法的过程性、服务性本质属性相契合。交往理性是建立在一种达成理解的语言目的上，通过商谈、沟通，创设理想言谈情境，根据具体情况开展执法活动的一种主体间性执法理念。政府执法需要借助交往理性在主体间的理解与相互承认过程中形成的约束力提高执法本身的有效性。交往理性在提高执法有效性问题上，既是手段也是保障。

“交往理性”作为实现行政执法有效性最为理想的一种路径，其在执法过程中的落实，并不能单纯指望行政执法主体能够自觉自愿地去实现。交往理性的有效贯彻实施依赖于多方面的条件。“交往理性”是否能够发挥实效最为关键的是建立起与之配套的制度保障。首先，需要完善行政执法听证制度，建立起公众（行政相对人）向行政执法主体提供意见表达与利益交涉的平台。其次，提高司法审查标准，改变目前对行政执法行为合理性审查不足的缺陷，通过司法审查的外部监督，促使执法主体更关注执法结果的合理可接受性。最后，制定《行政程序法》，把“交往理性”融入行政程序法规定中，让交往理性成为行政执法在法定程序与正当程序中必须贯彻的准则，从而真正实现执法的实质有效性。

目 录

导 论

一、问题的提出及研究意义

（一）问题的提出

行政执法是国家治理和社会秩序维护的重要手段，也是国家意志表达的重要途径，是法治国家、法治政府、法治社会建设最为关键的部分。然而，近年来一些执法行为，无不挑动着公众的神经，引起了大家对执法的强烈关注。特别是执法的有效性问题，摆在了法治中国建设最显著的位置。经分析发现，个别引起民众不满的案件，执法的初衷（或前提）似乎都有着可靠的法律依据，有的还事实清楚、证据确凿充分，或涉嫌交通违法，或涉嫌嫖娼，或违法安装广告，或违章建筑，或违法摆摊，等等，一般而言，只要出现这些情况，有权部门（执法主体）是可以依法对责任人作出相应的执法行动的。但我们看到的现实是：上述执法结果不但遭到了行政相对人的强烈抵触，得不到公众的普遍认可和支持，而且执法主体也损失惨重，有的执法人员还为此付出了生命的代价，政府也为此支付了更高额的赔偿金。如何提高行政执法的有效性，增强公众对行政执法的可接受性，是我国当前和今后亟须解决的紧迫问题。

导致行政执法有效性不足的原因是多方面的，如法律本身缺乏正当性目的，执法手段、方式方法简单粗暴等，但更为重要的原因是行政执法决定的作出缺少公众的参与，剥夺了相对人的陈述、申辩权，执法行动缺乏正当程序、执法过程缺少理性的交流和沟通等，导致执法结果难显公平正义。这些问题的存在严重影响着政府的权威和执法的有效性，也造成公众对自身人身安全和财产安全的担忧。这些现象与我国十九大报告提出的建设法治政府，推进依法行政，严格规范公正文明执法精神背道而驰。

“法律的生命力在于实施，法律的权威也在于实施。”法律的生命力和权威需要高效的法治实施体系来维护，其关键就在于建设法治政府，推动依法行政。但目前行政执法体系建设和行政效能的发挥与建设法治国家、法治政府的要求还存在巨大差距。针对当前执法存在的问题，不管是实务界还是理论界，都为如何提高执法的有效性作出了有益的摸索和探讨。如国务院在 2017 年 2 月 10 日印发的《推行行政执法公示制度执法全过程记录制度重大执法决定法制审核制度试点工作方案》，要求执法主体要依法及时主动向社会公开有关行政执法信息，在执法过程中要主动表明身份，同时对行政执法行为进行记录和归档等。另外还规定，在作出重大执法决定之前，要进行合法性审核，否则不得作出决定。[①] 在理论界，学者们也开始提出执法的正义应该以人们可接受的方式实现[②]，执法应遵循诚信原则，实诚不该是政府行政执法的稀缺品质等主张，以期提高行政执法的实效。

然而，执法不是孤立的行动，而是一个动态的过程，是由一系列内部行政行为和外部行政行为组合而形成的一个综合行政行为。要提高执法的有效性，单从静态的执法行动本身去研究执法，已无法解决当前执法过程中存在的遭抵制或暴力抗法的问题了。作为过程的执法，从执法意思表示的作出到最后的执行，需要经过一系列的环节，哪一个环节出错都有可能导致执法的失效。如执行的依据缺乏正义，执行的程序设计得再完美，其执行结果也难以被接受。因此，对执法有效性的研究应兼顾形式有效（法律上的有效）与实质有效（结果的公正）两个层面，只有将形式有效和实质有效统一于执法过程，才能真正实现执法的整体有效性和合理可接受性。有效执法既是法治政府建设的必然要求，也是公众对政府执法法治化的强烈诉求。

中共十九大报告提出“一个政党，一个政权，其前途命运取决于人心向背。人民群众反对什么、痛恨什么，我们就要坚决防范和纠正什么”。“有事好商量，众人的事情由众人商量，是人民民主的真谛。”因此，与人们利益相关的任一行政决定的有效作出，都不应缺少公众的参与、对话与沟通，交往理性（商谈）应贯穿整个执法的过程，这是由执法行为本身的服务性和过程性决定的，也是实现执法形式有效和实质有效的必然路径选择。执法正当性和有效性的实现，离不开法律论证逻辑的充分运用，当代中国的法治建设应体现必要的形式理性、实践理性和交往理性。

（二）研究意义

如前所述，行政执法有效与否，关系人心向背与政权的稳定。然而，目前我国关于行政执法的研究，还多半停留在执法行动的表面，就执法具体行为本身研究执法，且主要是从行政法学的角度对执法行为作静态研究。由于行政执

① 2019 年 1 月 4 日，国务院办公厅发布《国务院办公厅关于全面推行行政执法公示制度执法全过程记录制度重大执法决定法制审核制度的指导意见》（国办发〔2018〕118 号）标志着“三项制度”从试行开始向全国推广。

② 参见王学辉、张治宇：《迈向可接受性的中国行政法》，《国家检察官学院学报》2014 年第 3 期；颜莎莎：《正义重在以人们可接受的方式实现——对行政决定可接受性的思考》，《经济研究导刊》2014 年第 24 期。

法涉及主体的多样性、利益的多元化，单从部门法的视角对行政执法进行研究不利于解决执法存在的根本性问题。从检索的资料看，我国从法理学、法哲学、法逻辑学角度对行政执法进行综合性研究的文章并不多，对行政执法有效性进行的系统研究还尚属空白。

本书针对目前我国行政执法存在的程序违法、过程缺乏充分说理论证、结果未能体现公平正义等导致的执法有效性不足问题，从形式有效和实质有效两个维度展开对执法的有效性研究。本书认为执法的形式有效应包括两个大的方面，一是执法决定体现“合法律性”；二是执法说理论证符合逻辑的基本要求。实质有效，即在实体上真正实现了执法的公平正义，体现了执法行为服务公众的本质属性。而交往理性则是把执法有效性真正落到实处的最佳方法、路径。完善的听证制度、合理的司法审查制度以及健全的行政程序法律制度是实现行政执法有效性的最基本制度保障。

本书研究的理论价值主要体现在四个方面：一是从形式有效和实质有效两个维度系统研究行政执法的有效性问题，可以一定程度上弥补法理学界对执法有效性研究的不足；二是提出执法形式有效应体现为逻辑有效和法律有效（即“合法律性”），把逻辑思维和法律论证引入执法过程中，扩充了执法研究的宽度和深度；三是提出执法的实质有效性衡量标准，填补了对执法实质有效性衡量标准认识的空白；四是提出交往行动理论是实现执法形式有效和实质有效的最佳途径，把哈贝马斯的交往理性、主体间性等商谈思想融入执法各个环节中。

本书的实践意义，首先体现在充分运用逻辑理性、交往理性和实践理性的视角，提出解决执法实际问题的思路和方法，并具体运用于实践，这将对指导政府依法行政、高效执法，增强政府公信力和执行力，建设人民满意的服务型政府，具有很强的现实意义和重要参考价值。其次，执法也是法律适用的一部分，对其有效性研究，有助于对立法进行评估，同时为行政程序法的制定，提供一种新的思路。再次，为司法如何有效审查行政行为，提高服判率，指明了方向。

二、国内外研究现状评述

从目前检索的材料来看，国内外专门针对执法有效性、执法论证的研究不多，更多专家学者专注于行政执法领域的某个具体问题以及对此的策略研究，此外，研究法律论证及法律论证在司法实践中的运用，特别是对大小前提如何确定的论证也不少。由于执法行为是本书研究的对象，充分认识目前执法存在的普遍问题，有利于更好地探讨具有普适意义的策略，而法律论证是指导解决当前执法普遍存在的问题的重要思路和方法，对其在司法实践中的运用，特别是对事实的认定，法律依据的选用、推理过程，对执法而言也具有借鉴意义。现对上述情况的研究现状一并作简要评述如下。

（一）关于行政执法理论与现状的研究

1. 关于“行政执法”的界定

目前我国法学界关于行政执法的概念范畴尚有争议，对行政执法名称的表述也存在一定的差异。有的直接称“执法”，有的称“执法行为”“行政行为”“具体行政行为”。不同学者对其定义的范畴也有广义和狭义之分，如许崇德认为，行政执法就是国家行政机关执行法律的一系列活动。它包括了中央和地方政府全部的执行宪法和法律的行为，执法的具体内容包含行政决策、行政立法以及执行法律法规与国家行政管理事务的行政执行行为。[①] 罗豪才和应松年认为，行政执法是行政机关执行法律的行为，是行政主体作出的对特定对象权利或义务产生直接影响的职权行为，或对特定对象履行、落实义务的监督检查行为。[②] 与前者不同，杨惠基对“行政执法”的界定是较狭义的，在他看来，行政执法是行政主体为了实现国家管理目标，直接对特定的行政相对人和特定的行政事务采取措施并对该特定相对人权利义务产生影响的行为。在此意义下的行政执法不包括行政立法行为和行政司法行为。[③] 而国务院在 2002 年转发的一个文件《关于清理整顿执法队伍，实行综合行政执法试点工作的意见》对“行政执法”的定义更为狭窄，只包括实施处罚和监督检查，把制定政策、审查审批和技术检验等排除在外。

MBA 智库百科认为，行政执法（Administrative Enforcement of Law）有广义和狭义之分。广义的行政执法包括抽象行政行为和具体行政行为，即行

① 许崇德等主编：《新中国行政法学研究综述》，法律出版社 1991 年版，第 293 页。
② 罗豪才等主编：《行政法学》，中国政法大学出版社 1989 年版，第 133 页。
③ 杨惠基：《行政执法概论》，上海大学出版社 1998 年版，第 1~3 页。

政执法主体在行政管理中的一切管理活动以及依据法律、法规制定其他规范性文件的行为。狭义的行政执法，是指行政执法主体依法作出的、对具体对象产生直接影响的行为，这种行为，也就是我们所称的具体行政行为。如交警对违法乱停车的车主给予罚款 200 元的行政处罚，就属于典型的狭义行政执法行为，该行为指向的是特定的具体主体和事件。

行政执法，在西方国家一般称之为依法行政，西方国家三权分立，它的行政执法，说的就是行政权的行使问题，即行政机关根据法律的规定对社会事务进行管理的活动。这种活动包括适格行政主体依据法律法规，制定行政规范、程序的行为，也包括在社会管理中的具体行政行为。

英美法系国家把行政法称之为“控权法”，因此，它们对行政执法的研究也偏向于如何控制、防止行政权力膨胀和滥用，保护私人的利益。大陆法系国家则将行政法称之为“保权法”，即更多从权力行使的便利与公共利益的角度规范行政执法。但我们认为这两种理念是相互联系的，控权和保权只不过是一个问题的两个方面。控权是为了更好地保权。保权，才能更好地控权。美国属于英美法系国家，其对行政执法程序的规定，较明显地强调了控权的价值，希望通过控制行政执法来达到与公民权的平衡。如其宪法“未经正当的法律程序不得剥夺任何人的生命、自由或财产”的规定，为各国程序法立法所效仿。其所谓的正当程序包括赋予可能受到不利影响的相对人的听证权、陈述申辩权等，这些制度对保护相对人的权利起到了重要的作用，其他国家在后来起草行政程序法时，也对此予以借鉴。

德国的行政执法源于警察行政。其突出特点是“保权”，即突出公权力在执法过程中的优越性。合法性原则和比例原则是德国行政执法的两大首要原则。日本则介于两大法系之间，体现出一定的综合性，战前受德国影响较大，战后主要是受美国的行政法影响。根据日本学者盐野宏的分析，日本行政执法的理论基础有三：一是依法行政，即不仅实体上要依法行政，在程序上也要严格控制执法的运行过程；二是确立信义原则、比例原则以及宪法上的平等原则；三是一般法理。①

本书在行政执法的概念上，是采取狭义的解释，专指行政法学理意义上的

① 马凌云：《行政执法体制比较研究》，中央民族大学硕士论文 2007 年。

具体行政行为。即行政主体行使行政权对特定的对象（包括公民、法人及其他组织）作出的直接影响其权利义务的行政行为。包括行政处罚、行政征收、行政许可、行政给付、行政强制、行政命令、行政监督检查等，但不包括行政司法行为，如行政复议、行政立法行为。

2. 行政执法存在的问题和对策研究

实务界和学者们关注得最多的是当前行政执法领域存在的具体问题和对策研究。随着我国法治体系建设的深入，政府相关执法部门开始反思，总结自己在行政执法过程中存在的问题。如呼和浩特市工商局在政风行风突出问题专项整治工作方案中总结工商系统在执法中存在如下问题：①存在不履行或不正确履行职责，推诿扯皮、拖延不办等不作为问题；②存在的乱检查、乱收费、乱罚款、乱摊派等乱作为问题；③行政执法中存在的有法不依、执法不公、标准不一、随意行使自由裁量权等不公正问题；④存在的以权谋私、假公济私、执法牟利、吃拿卡要等不廉洁问题；⑤存在的庸懒散、生冷硬、门难进、脸难看、话难听，特别是事难办等服务态度不端正问题；⑥存在的政务服务内容不公开、工作程序不严谨、工作制度不健全等不规范问题。[①]

除了行政机关的自我反思之外，也有学者在一系列的行政执法案件中，分类列举执法存在的主要问题。

（1）在执法过程存在的问题：具体表现在：①执法目的不明确，维护权利意识不强；②政府目标决策与行政执法单一目标要求之间存在矛盾；③执法部门内部管理不规范，随意性较大；④执法人员素质不高，专业化水平低。

（2）执法条件和环境中存在的问题：①行政体制改革滞后于经济社会发展要求，制约着行政执法机构建设和效能发挥；②执法经费不保障，财政分配体制对行政执法行为带来扭曲的问题；③立法指导思想与执法实践存在差距，法律法规制定不完善的问题；④行政立法不相协调甚至冲突，缺少法定监督体系问题；⑤行政执法受社会关系影响大，强制力难以有效发挥问题。

（3）行政执法体系建设中存在的问题：①行政执法机构设置和职能划分非法定化问题；②以专业化执法为主的专业型体系架构带来的问题；③行政执法与刑事执法、司法之间相互配合的问题；④以相对集中行政处罚权为主要方式

---

① 《关于印发呼和浩特市工商局政风行风突出问题专项整治工作方案的通知》（呼工商纪监字〔2014〕46 号）》，发文日期：2014 年 6 月 30 日。

的综合执法改革带来的问题，等等。[①]总而言之，我国目前执法体制存在责权不清、职能交叉、疏于管理、怠于作为、政出多门、重复查处、权利相争、义务推诿、机构重叠、冗员误事、效率低下、成本增大、队伍繁多、素质不高、执法扰民、难以监督、体制不顺、政令不通、各自为王、互难协调的问题。[②]

针对行政执法存在的问题，政府目前是推进综合执法改革，来提高执法的有效性。如减少执法层次，减少执法部门，推进综合执法，加强法制部门的监督管控等。中共十八大四中全会也要求基层政府对执法存在的问题要坚持系统治理、依法治理、并发挥市民公约、乡规民约等社会规范在社会治理中的积极作用。目前，北京石景山区已对城市管理体制改革进行了新的探索。[③]

学术界也从不同的视角提出完善执法体系建设的各种措施。如有学者从执法目的的正当性出发，探索合法合情合理的人性化执法体系的构建[④]，还有学者认为应完善行政责任、重视行政程序、加强对行政相对人保护以及建立行政执法与刑事司法衔接等方面建设执法体系。同时，有学者指出应逐步改善行政执法的立法环境，科学推进政府机构改革，构建公共管理的行政基础环境，为行政违法提供强有力的司法援助，切实保障行政执法的基本条件等。[⑤]

与上述研究的泛化不同，陈柏峰及其团队对我国目前执法存在的突出问题，在田野调查的基础上进行了深入的研究，并取得了丰硕的成果。陈柏峰在《基层政权与涉农法律的执行实效》一文中，从中央立法、基层政权偏好、地方社会偏好三个因素的关系出发，将执法者所处的压力型体制纳入考量之中，可以建构一个解释法律实效的三维理论框架。[⑥]陈柏峰还认为交警根据情势选择严格执法、折扣执法或“弹性执法”，是执法权分配不均、公众偏好不同以及执法主体与相对人博弈的结果。[⑦]同时，陈柏峰还认为既有理论框架难以全面解释违建执法的困境，实际上，违建执法的困境反映执法领域国家能力的不足。这种不足，是从多方面表现出来的，如执法机构的“孤岛现象”普遍，执法主体

①⑤ 任小铁:《我国行政执法体系现状问题与对策》，华南理工大学硕士论文 2008 年。

② 马凌云:《行政执法体制比较研究》，中央民族大学硕士论文 2007 年。

③ 北京市石景山区人民政府:《抓“综合”促“下沉”——北京市石景山区探索城市管理体制改革新路》，《城市管理与科技》，2015 年第 2 期。

④ 欧阳志刚:《行政执法正当性研究》，中南大学博士论文 2012 年。

⑥ 陈柏峰:《基层政权与涉农法律的执行实效》，《环球法律评论》，2010 年第 5 期。

⑦ 陈柏峰:《基层社会的弹性执法及其后果》，《法制与社会发展》，2015 年第 5 期。

合作不畅；执法人员素养不高，考核不明确等。由于国家能力的不足，执法人员常常接受执法对象的讨价还价。因此认为，提出改善社会治理，提高执法有效性，需要在执法领域强化国家能力，并从执法主体与社会共管角度入手。[①]刘磊在研究城管执法过程中指出，城管的嵌入式执法，造成了“街头政治”[②]，由此，行政执法过程也演变成了重新确定、分配利益和界定规则政治博弈过程[③]；于龙刚在研究中指出，我国的乡村执法表现出来的是一种看似矛盾的合作与冲突二元格局循环，并分析导致这种格局的主要是由社会矛盾的多元性、脱域化，国家能力缺失、监督不到位等方面造成的；刘杨则以具体领域（食药品）的执法为例，对“专项治理”和“运动式执法”的关系进行探讨，思考了执法体制改革的问题[④]。近期，陈柏峰和刘磊又提出执法的“双轨制”模式：强调依法行政的法治轨道与执行实效的治理轨道并行。在法治轨道上，执法队伍建设正规化，执法权行使规范化，执法过程程序化，强调依法行政、尊重人权，但执法任务难以有效完成。治理轨道成为应对困境的重要选择，它通过压力型体制实现体制内动员，通过半正式行政实现权力的末梢延伸，体现基层治理的综合性，是法治轨道构成的有效补充。[⑤]

陈柏峰及其团队主要是从法社会学的角度对执法进行研究，选取执法领域突出的问题，如城管执法、拆迁执法、食品执法、计划生育执法等，从局部进行研究，这种系统性研究执法的文章较为少见。

3. 关于执法有效性、合法性的论证研究

章志远在其博士论文《行政行为效力论》中，用语义分析、规范分析、个案研究及比较研究等多种方法，对行政行为的效力理论进行梳理研究。他认为行政行为效力的内容，包括行政行为的公定力、不可变更力、执行力和不可争力，行政行为效力的形态包括行政行为的生效、失效、有效、无效、效力中止以及恢复六种形态。[⑥]李琦在其博士论文《行政行为效力新论——行政过程论

① 陈柏峰：《城镇规划区违建执法困境及其解释——国家能力的视角》，《法学研究》，2015 年第 1 期。
② 刘磊：《街头政治的形成：城管执法困境之分析》，《法学家》，2015 年第 4 期。
③ 刘磊：《执法吸纳政治：对城管执法的一个解释框架》，《政治学研究》，2015 年第 6 期。
④ 刘杨：《“专项治理”科层化的实践机制与制度前景——以鄂中 X 镇食品药品监督管理所的执法工作为个案》，《法商研究》，2017 年第 1 期。
⑤ 陈柏峰、刘磊：《基层执法的“双轨制”模式——以计划生育执法为例》，《华中科技大学学报（社会科学版）》2017 年第 1 期。
⑥ 章志远：《行政行为效力论》，苏州大学博士论文 2002 年。

的研究进路》一文中以过程论为视角对行政行为的成立、生效、失效、存续力、拘束力、执行力等进行研究，认为行政行为是一个动态的过程，静态研究无法厘清行政行为的本质。[①] 程建在《互动性行政行为研究》一文中提出，根据现代行政法的理念，公共利益与私人利益理论上是一致的，因此，行政的功能和价值重在保障人民的合法权益，在保障人民利益的同时，实现公共利益。而互动性行政行为正是行政法实现这一功能与价值的主要行为类型途径。[②] 闫丽彬认为，把行政关系民主化是现代行政法的根本宗旨，民主是行政程序最主要的特色和固有属性，行政程序的价值就是体现在行政权在运用过程中与公民权的互动、协商与合作。行政程序的价值在于体现和弘扬人的主体性，在特定案件中，哪怕程序的内在价值与可能的真实结果发生冲突，程序的独立价值仍然应该获得保障，而不能成为所谓实体结果的牺牲品。但程序价值本身的实现是需要制度保障和现实支撑的。[③]

上述研究主要是从行政法的视角，以法律本身规定去研究行政行为的效力，并未触及行政行为效力的根本性问题。

王锡锌认为，在中国执法困境问题上，由于政府长期以来习惯于以一种全能型的家长身份出现，这使政府在管理上过于自信和强势，因此缺乏与相对人沟通、协调、互动的耐心。因此，在执法依据的大前提不具备合法性（实质正义）的情况下，是否执法就陷入了困境：不执法，则意味着政府立场和法律规则受到公然挑战，由此导致政府和法律权威性不足；如果选择继续执法，则政府需要投入更多的人力、物力、财力，协调更多的资源，其结果不但使执法的经济和社会成本变得难以承受，而且这种情况下的执法效果也不理想。[④] 因此，王锡锌指出依法行政蕴含的逻辑是否能够成立，行政行为是否被认定为“合法”，将取决于两个条件：一是所依之“法”是否具有正当性；二是行政的内容是否仅局限于法律的执行。同时，王锡锌认为，从目前的情况看，现实与条件差距巨大，依法行政，任重道远。[⑤] 王锡锌的研究成果，对本书有重大的启发意义。

---

① 李琦：《行政行为效力新论——行政过程论的研究进路》，中国政法大学博士论文 2005 年。

② 程建：《互动性行政行为研究》，苏州大学博士论文 2008 年。

③ 闫丽彬：《行政程序价值论》，吉林大学博士论文 2005 年。

④ 王锡锌：《中国行政执法困境的个案解读》，《法学研究》2005 年第 3 期。

⑤ 王锡锌：《依法行政的合法化逻辑及其现实情境》，《中国法学》2008 年第 5 期。

王仁法、徐海晋在其主编的《执法应用逻辑》一书中指出，“执法应用逻辑就是要对各类执法人员的抽象思维的形式和规律及其运用方法进行系统的研究”。该书分上编和下编，上编的内容是“执法逻辑基本素质”，重点介绍执法人员应该掌握的基本逻辑知识，下编的内容是“执法逻辑应用能力培养”，具体包括对执法人员查证违法事实的逻辑能力培养以及执行任务、处理问题、组织指挥、文字表达、口语表达等逻辑能力的培养。① 该书的主要特点是从形式逻辑、普通逻辑的视角对执法及其执法人员应具备的能力进行阐述，但未能对更能体现执法理性的非形式逻辑如法律论证、合情论证、商谈理论等进行研究。

吕尚敏在《行政执法人员的行动逻辑——以 W 河道管理局为样本的法社会学考察》一书中，认为行政执法的过程并非“法律 + 事实 = 决定”的简单推导过程。因为在行政执法过程中，影响执法的因素很多，其中执法者的行动取向是最为活跃且可变的因素。执法者动向的可变性，体现在各种变量对其产生的影响，执法具体行为的落实，实质就是与执法者“争夺控制权”的过程。法律想要对执法者产生决定性影响，就必须压制其他因素对执法者的作用，特别是要压制那些负面的因素。在制度层面上，应通过完善行政组织法来引导和规范行政习惯与经验以及上级意志对于执法者的影响力。完善行政组织法的核心问题在于加强对领导权的有效控制。吕尚敏最后认为只有改革我国的行政体制并予以法制化，才有可能最终实现法律对执法者的有效控制。②

许利平在《执法中的逻辑素养》中提到执法是法律意志的具体体现，是一个社会的上层建筑与这个社会的基层实实在在相衔接的一个重要的环节。这一环节具体的执行情况，直接关系到社会的稳定、百姓的安居。而要实现这一点，执法者逻辑素养的高低就显得十分重要。执法者所面对的情况是纷纭复杂、变化多端的，不同的情况所依据的大前提也是不一样的，执法者对此应有一个清醒的意识：同一个大前提不能采取不同的执法手段；不同的大前提，不能采取相同的执法手段；大前提是不能含混的；理智的大堤一定要能控制住感情的洪流，等等，这些逻辑素养，都是执法者所必须具备的。③

张斌峰、盘长丽在《“依法行政”该如何“依”——法律论证在行政执法

① 王仁法、徐海晋主编：《执法应用逻辑》，华南理工大学出版社 2013 年版。
② 吕尚敏：《行政执法人员的行动逻辑——以 W 河道管理局为样本的法社会学考察》，中国法制出版社 2012 年版。
③ 许利平：《执法中的逻辑素养》，《社会科学论坛》2015 年第 6 期。

过程中的应用研究》一文中提出，“依法行政”该如何“依”才合法，实质上是一个法律论证的问题。行政行为的公定力，决定了行政执法法律论证的必要性，事先合理的法律论证可以在很大程度上减少执法冲突。要真正落实依法行政，就必须对拟实施的行政行为作出相应的论证。这种论证包括规范适用论证、事实认定论证、行政决定论证和具体执行论证四个方面。在执法论证过程中，应保障法律论证的逻辑有效性、结果可接受性和整体融贯性。① 同时他们在另一文指出，在目的理性、工具理性的传统观念误导下，行政主体在执法过程中，从单个主体的视角出发，无视相对人的权益，导致执法冲突频发、执法成效低下。然而，随着行政相对人与行政主体之间多样化行政法律关系的出现，行政相对人权利与行政主体权力已具有一定的对称性，执法活动的顺利开展离不开执法者和被执法者之间的相互理解和相互协调的机制。交往理性是建立在一种达成理解的语言目的上，通过商谈、沟通，创设理想言谈情境，根据具体情况开展执法活动的一种主体间性执法理念。政府执法需要借助交往理性在主体间的理解与相互承认过程中形成的约束力提高执法本身的有效性。②

综上，我们发现当前有关行政执法的研究不少，但系统性研究的并不多见。而且对于行政执法的研究，大多数集中在城管执法的研究上，缺乏法理视野。另外，更多的是一种静态的研究，缺乏系统论证。执法是一项整体性的工程，如割裂开来研究执法过程中的某一环节，或只研究执法的具体实施阶段，是无法得出执法本身是否具备合法性、正当性的结论的。在此情况下，对执法行为进行系统研究，对执法的每个环节包括执法依据的大前提（法律法规等规范性文件）、需要执法的事实、行政决定、执行程序、具体执法措施等作出必要的融贯论证，使其符合法律逻辑，让执法行为更有效、更具可接受性犹有必要。

（二）关于法律论证理论的研究

论证是根据某个或某些判断的真实性，确定另一个判断真实性或虚假性的思维过程。确定一个判断真实性的论证叫证明，确定一个判断虚假性的论证叫

① 张斌峰、盘长丽：《“依法行政”该如何“依”——法律论证在行政执法过程中的应用研究》，《理论学刊》，2016 年第 2 期。

② 张斌峰、盘长丽：《交往理性视域下政府执法有效性研究——暴力执法与暴力抗法的现实困境与法理破解》，《社会科学家》2015 年第 11 期。

反驳。法律论证，即法律适用过程中，通过给出一定的根据和理由来对某种法律决定的合法性、合理性、正当性以及可接受性所进行的论证。①

国内外关于法律论证逻辑本身的研究不少，具体表现在对法律论证的型式研究、逻辑规则研究、有效性研究以及系统性研究等方面。但关于行政执法及其有效性的论证研究则属凤毛麟角。

在论证型式方面，国外较有代表的是图尔敏（Toulmin）。他所创造的图示方法，建构了最早的论证型式，同时也是法律论证的型式（如图 1），他通过抽象存在于不同案例中的共有结构，让论证说理成为一种可以统一构思和评判的对象，从而使法律论证变得更加科学和可操作。

在图尔敏模型中，他把论证分为必要条件（Backing）、结论（Claim）、资料（Data）、理由（Warrant）、限定也叫模态量词（Modal Qualifier）和例外（Exception）六个要素。除了限定外，每一个要素在论证中都可以因为命题不同而具有可替代性。其中最基本的两个要素是必要条件与结论。

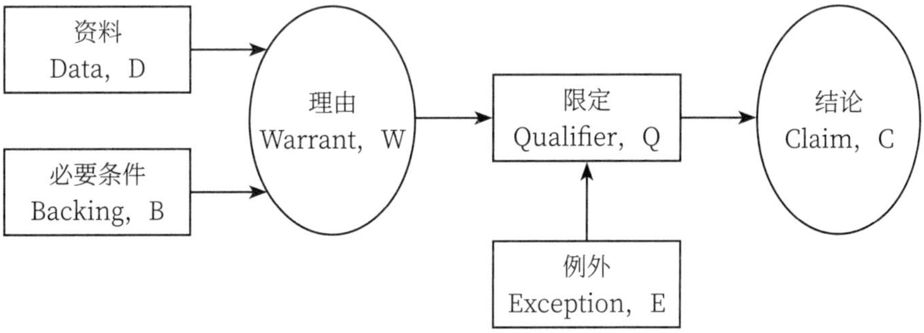

图 1

其他如佩雷尔曼、波洛克、格瑞安、哈贝马斯、沃尔顿等也对法律论证型式做出了贡献。

国内关于论证型式的研究的代表人物是武宏志的《论证型式》(2013)，该书是我国目前对论证型式的种类、特征介绍最全面的著作。武志宏在该著作中提出论证型式具有证明功能、辨识和分析功能以及转移证明责任、谬误分析、

① 张斌峰等编著：《法律逻辑学导论》，武汉大学出版社 2015 年版，第 281~331 页。

建构论证等多种功能，在论证中，起着重要的作用。①

在法律论证的有效性方面，约翰逊和布莱尔提出的 RSA 理论被认为是当前最有影响力的法律论证有效性理论，即论证评价的相关性、充分性和可接受性模式，简称 RSA 法律论证有效性评价模式（R=Relevance，S=Sufficiency，A=Acceptability）。侯学勇在《法律论证的融贯性研究》一书中，认为是否能获得一组现存的、融贯的论题支持，是一个命题真假的决定条件。对某一法律决定的证立，不但要求支持现行有效法秩序与该决定形成融贯的支持关系，而且要求支持该决定的各种理由应当形成相互支持的结构。②

在论证的逻辑规则方面，在哈贝马斯交往行为理论和实践商谈理论的基础上，阿列克西提出了内部论证和外部论证的规则和要素，并提出满足法律论证和法庭程序需要的一般规则和形式，体现了实践理性和程序理性。以哈贝马斯为代表的语用论辩派认为，交往理性下的论辩和互动，对法律行为合法性的论证过程也需要遵循或建立某种可重复使用、可操作，并可纠错的论辩规则。阿列克西的主要观点基本与此一致。徐梦醒在其博士论文《法律论证规则》中，对法律论证的适用进行了较全面的研究。研究内容涵盖了法律论证的渊源、本体以及法律论证的推理规则、法律论证对话规则等。

在法律论证的系统性研究方面，熊明辉从新视角对法律逻辑作了全新探索，把法律论证从理论研究转移到司法实践，提出司法论证理论，把起诉、应诉和审判三方的攻防纳入司法论证的研究范畴。同时，从形式逻辑框架到广义非形式逻辑框架的转变，使法律逻辑更贴近法律活动的实际。王晓在《法哲学视野下的法律论证研究》著作中，对法律论证的认识困境、基本立场、逻辑思路以及出路进行研究。

焦宝乾以法律论证作为一种法律方法与思维方式的视角，对法律论证作出深入探讨。此外，詹姆斯·B. 弗里曼对论证结构也作出了深入的研究。③

纵观上述有关法律论证理论与运用的研究，主要是针对立法和司法论证而提出的论证理论及模式（主要反映在作品里列举的例子），极少论及行政执法领域。但实际上，法律论证在行政执法领域同样适用和必要。极少涉及行政执

① 武宏志：《论证型式》，中国社会科学出版社 2013 年版。
② 侯学勇：《法律论证的融贯性研究》，山东大学出版社 2009 年版。
③ ［美］詹姆斯·B. 弗里曼：《论证结构——表达和理论》，王建芳译，中国政法大学出版社 2014 年版。

法领域的原因可能是多方面的，有学者本身的学术背景、研究喜好等方面的原因，但与行政行为决策过程及其形成的书面文件多不公开密不可分，一般人只能看到执法的具体执行行为或结果，研究资料的缺乏，影响了学者对整个行政行为的出台是否合法合理作出深入研究。本人为了获得更翔实的资料，用了一年的时间，以政府法律顾问的身份，做了实证调研。期间，以法律顾问的身份和政府及相关部门的执法人员一起处理了数百个行政执法、信访、行政复议案件，对行政行为及其运行逻辑有了充分的感性认识并获取了大量翔实的一手资料，这是本书写作的现实基础。

综上，目前对行政执法有效性论证系统性研究较少，且主要从行政法的角度，作微观研究。从法理学角度、法哲学、法逻辑角度系统研究行政执法行为的文章不多见。就行政执法有效性做专题研究的更鲜见。本书尝试从宏观的应然的角度研究行政执法的有效性，从法理的角度结合法哲学、法逻辑学以及行政法学的知识对执法有效性从形式和实质两个维度开展研究。

三、研究进路和基本内容

（一）研究进路

目前学者对行政执法行为效力研究主要是对意定主义模式下执法行为产生的“相当于法律的效力”是否认可的问题。即仅从法律规定本身讨论执法行为的合法律性。实际上，符合法律规定只是效力判断的一个标准而非唯一依据，是进行判断的关键条件而不是充分条件。由此决定了行政行为的效力判断不可能是一个在合法性与效力之间进行简单比照的过程，而必须综合考虑行为与结果并存的二元化对象基准、主客观对立统一的要素基准以及法、理、情互补的逻辑基准。基于此，本书针对目前执法普遍存在的程序违法、过程缺乏论证、结果未能体现公平正义等问题，从形式有效（符合法律和逻辑推理）和实质有效（结果的公平正义）两个维度展开对执法的有效性研究。本书认为执法的形式有效应包括两个大的方面，一是执法行为符合逻辑的基本要求；二是执法的整个过程体现“合法律性”。实质有效，则是指在实体上真正实现了执法的公平正义，体现了执法行为服务公众的本质属性。本书认为执法的实质有效的具体衡量标准至少应体现在四个方面：一是执法依据的正当合法性；二是执法结果的合理可接受性；三是执法过程的整体融贯性；四是执法的价值实现最少受惠者的最大利益原则。进而提出交往理性是同时实现形式有效与实质有效的最佳路径，完善的听证制度、独立的司法审查制度以及健全的行政程序法律制度是保障行政执法落实交往理性的制度保障。

（二）基本内容

本书对行政执法有效性的研究内容分为五个部分。具体如下。

第一部分是导论。该部分主要是就论文的写作缘起及研究意义、国内外研究情况、研究思路和基本内容以及研究方法和尝试性创新作简要的推荐性介绍。

第二部分是在分析行政执法的现实困境并梳理有效性理论的基础上，提出执法有效性的概念。这部分集中在第一章。在这一章里，首先对行政执法的含义以及在新时期的基本属性（过程性、服务性、从属法律性）进行界定，分析当前行政执法有效性不足的表现和成因。执法有效性不足具体表现为存在暴力执法、选择性执法、执法错误、公众行政参与权得不到保障等现象，造成这种有效性不足的主要原因在于行政主体命令与控制的行政思想根深蒂固，主客二分的执法思维，强化了执法者与民众的对立，缺乏执法的商谈“理想言谈情境”，民众的意见得不到充分表达与合理采纳，存在规则表达与规则实践背反的情形，导致部分执法不具有合理可接受性以及执法过于“功利主义”，致少数人的利益受侵害，等等。其次，对执法有效性的理论进行梳理。关于有效性，古典自然法学、分析实证法学和社会法学分别从价值有效性、规则有效性和事实有效性等不同侧面对法律有效性进行关注。同时不少学者对有效性进行了分类。阿列克西把有效性分为社会学的、伦理的和法律的有效性三种；魏德士将法律有效性分为法律效力（应然效力）、现实效力（实然效力）、道德效力（认可效力或确信效力 / 接受）三类；韦伯把法律适用区分非合理性和合理性；哈贝马斯则作事实有效性和规范有效性的区分……本书的“有效”是指符合法律规定，能够实现预期的目的，有效果。哈贝马斯认为，“有效性（Validity）可以指它具有实际效力，也可以指它具有正当理由”。汉语中“有效性”也不仅具有描述性的意思，还有评价性的意思，蕴含了合理、正当、符合逻辑、被接受和认可等意思。据此，本书中的执法有效性是指执法主体通过执法活动，达到执法预期的目的，取得预期的效果，获得执法对象的接受和普遍认可，这种有效是合法前提下的可接受性。反之，执法的无效或低效，是指执法不能实现预期的目的和效果，或仅实现部分效果的情形。进而提出本书的研究进路是从形式有效和实质有效两个维度研究行政执法的有效性。

第三部分是讨论行政执法形式有效性。这部分包括第二、第三章。其中第二章探讨行政执法形式有效性之合法律性。“今天合法性最普遍的形式，便是对合法律性的信仰，也就是服从形式正确的以一般方式通过的成文规定。”（马克思·韦伯语）本书认为行政执法合法律性应包括执法主体合法、依据合法、执行行为合法以及程序合法四个大的方面。接着第三章研究行政执法形式有效性形成的逻辑推理机制，以便通过有效的推理让执法更具备合法性。判断一个具体行政执法行为是否合法有效，最基本的思维就是运用逻辑推理。行政执法有效性的推理，在实际运用过程中涉及从法律规定到执法依据的选择；从生活事实到执法事实的确认；从大小前提到行政决定导出；从行政决定到执行行为的落实四个方面的推理过程。执法推理过程的逻辑有效，为执法的实质有效提供了形式保障。

第四部分论述行政执法实质有效性。具体内容在第四章。本书认为实质有效，是指执法行为在实体上实现了公平正义，其结果为行政相对人和社会公众普遍接受和认可。要达到如此效果，实质有效至少应包含这四个方面的内涵：一是执法依据的正当合法性；二是执法结果的合理可接受性；三是执法过程的整体融贯性；四是执法的理念体现最少受惠者的最大利益原则。

第五部分提出交往理性是实现执法形式有效与实质有效有机统一与融合的根本法宝，该部分在本书的第五章。交往理性具备主体间性、语用性、论争理性、程序性以及开放性等特征，与执法的过程性、服务性本质属性相契合。交往理性是建立在一种达成理解的语言目的上，通过商谈、沟通，创设理想言谈情境，根据具体情况开展执法活动的一种主体间性执法理念。政府执法需要借助交往理性在主体间的理解与相互承认过程中形成的约束力提高执法本身的有效性。文中同时提出，交往理性不是执法主体在执法过程中自然形成的，它的贯彻和落实，需要制度来保障。就我国目前的实际情况来看，完善听证制度，赋予公众充分的参与权、陈述申辩权，提高司法审查标准，落实合理性审查和正当程序审查，出台《行政程序法》，让“交往理性”贯彻行政程序所有过程，使“交往理性”从一种理想状态变成法律上的现实。

四、研究方法

（一）形式逻辑与非形式逻辑分析相结合的方法

对法学的研究，离不开逻辑研究方法的充分运用。逻辑是研究思维规律的科学，逻辑研究方法有形式逻辑和非形式逻辑之分。形式逻辑也叫抽象逻辑，主要是研究推理，包括归纳推理和演绎推理，而非形式逻辑也叫辩证逻辑，主要是研究论证、人的整体思维等。但推理和论证之间是相互联系、相互支持的，离开推理的论证，或离开论证的推理，其真实有效性都是值得质疑的。具体而言，形式逻辑是研究演绎推理及其规律的科学，通过形式逻辑的研究方法，可以为人们提供检验特定命题是有效的推理还是非有效推理的标准。形式逻辑用一系列规则、方法帮助人们系统地、正确地思考问题和表达思想，它以保持思维的确定性为核心目标，是我们认识和改造世界的必要工具，也是科学研究的重要思考方式。与严谨性著称的形式逻辑不同，非形式逻辑主要是研究一般人在现实生活中常用的说理论证。论证在人们的日常生活中具有重要作用，它是表达、沟通、说服、传播思想的重要表现方式。好的论证，让人心服口服，起到事半功倍的效果。反之，则是糟糕的论证。非形式逻辑，虽然不强调论证的严格性，但也排斥有效的形式化的方法，它的目标在于发现、分析和发展人们在日常生活中运用与分析论证的标准、程序和模式。行政执法作为一个过程性行为，执法行动的具体实施依赖于行政决定，而我们在探讨行政决定是否有效时，离不开逻辑思维的运用。形式逻辑是法律论证得以成立的必要条件，只有在某一论证符合逻辑有效的前提下，才能从规范与事实的互动中，推导出行政决定。但具备了逻辑上的形式有效，也无法保证前提和结论本身的真实性问题和相关性问题。这些问题的最终解决只能通过实质逻辑予以实现。具体到行政执法而言，也就是说需要通过非形式逻辑，即法律论证的方式对行政执法的主体、对象、方式、标准、依据等进行推理分析，以说明行政执法的正当合法性。执法是一个动态的过程，从执法意思表示的作出到最后执法目标的实现都离不开推理与法律论证的运用，因此，对执法行为的研究离不开逻辑的分析方法，包括本书的体例，也试图从宏观上确立系统的逻辑思路和研究架构，从微观上融贯不同章节问题，并将之进行或具体化，或类型化，或体系化的论证分析，尽可能找到真实性、可靠性与有效性、合理性得以兼顾的阐述方式，将不同论题和不同有机联系起来。

（二）语义分析与语用分析相结合的方法

语义分析，也称语言分析或语词分析。所谓语义分析方式，是指一种通过分析语言本身的结构、要素、语境等实现对说者真实意思把握和理解的研究方法。语言在我们的日常交流中，发挥着关键作用，任何思想的形式和传播都离不开它。语言是表达情感、交流观点的重要工具，同时也是调整、塑造思想的手段。对于某一命令或决定而言，表义是否清楚，内容是否具体、明确，信息表达是否顺畅，语言传输过程是否遵循了特定的规则等，直接影响到该行为的效力。

与语义分析强调语言本身或字面上的准确意思表达不同，语用分析方法重在研究说者的话语在具体语境下的含义。即把说者的话语放在具体的语言使用环境中，分析其意思，把对对象的描述与现实场景关联起来，语用研究是对谈话双方的交流的真实意思的一种动态研究。语用研究方法是当前人文社会科学研究的一种基本方法论，该方法的研究范畴包括研究语境、语用预设、言语行为的有效性、论辩结构与规则、会话含义、言语行为的语用功能等。

语用分析方法就是具体问题具体分析，它是以语言符号使用者为中心，根据使用者所处的时间、空间以及自身的动机、爱好、目标等研究言者的真实意思，语用学分析方法是以其言语行为及其效果作为研究对象的跨学科的方法。语义学则是研究言者话语正确性、真实性、有效性的语言研究方法。语义分析方法可以让我们更准确地把握行政决定的意思以及行动的策略，包括对政府有关政策制度的理解；语用分析方法可以帮助我们更好地认识和理解政府在特定情境下的执法意图，进而通过语言运用、语言功能，更好地配合政府的执法行动或更好地陈述事实，作出申辩等。执法是一项直接面对民众，且与相对人产生直接利害关系的行为，在执法活动中，对政策的解读、对语言的使用需要特别谨慎、规范，一言不合就有可能导致群体事件，从目前看，语义分析方法和语用分析方法对于解决执法有效性问题尤为必要。

（三）案例分析与实证分析相结合的方法

案例分析本身是实证分析的基本方法之一，之所以把它单独列出来，作为与实证分析并列，一是为了强调本文是实证的，二是这种实证主要是通过大量的案例来展示的。执法本身就是很感性的事件，通过案例分析的方式，可以更立体地还原执法的原貌，而从中抽象出的一般规律更具真实性和参考性，对改进执法有效性才能做到有针对性。本书的特色之一就是对现存的大量行政执法案例进行收集、归类、分析，并对执法有效性缺失的典型案例存在的共同特点和规律进行抽象、总结，在此基础上寻求提高行政执法行为有效性的总体策略，探求如何建立对执法论证的审查标准，实现行政执法的公平正义，保障相对人合法权益等。通过大量的案例分析，可以使论证的结论更具有说服力。实际上，这也是我们法学研究中常用且行之有效的方法。

（四）田野调查与文献分析相结合的方法

田野调查又叫实地调查或现场研究。是人们在研究过程中，获取第一手资料的最直接、最有效的办法，也是目前科学研究收集实际资料最普遍使用的办法之一。田野调查最重要的研究手段是参与观察，收集信息。该调查方法的显著特征是要求调查者与被调查者共处一段时间，以便更好观察、认识和深入了解观察对象的全部。本人用一年的时间在政府有关部门上班，以法律顾问的身份和政府部门执法人员一起处理大量的执法案件，书中的大量案件材料均来自本人田野调查的素材。当然，实践上升到理论的过程，离不开对历史文献资料的搜集、整理和分析。客观而公正地对待前人的研究是严谨治学的基本态度，这也是我遵循的基本原则，站在前人的肩膀上推陈出新是本书研究的出发点和落脚点。本书就是在大量的文献阅读的基础上，结合田野调查实践，形成和论证自己的观点。即通过对前人及当下有关行政执法行为方面已有的材料的收集、分析、鉴别，在此基础上取其精华部分，剔除不合理部分，借鉴其他学科、领域与之共通的理论，加以创新，进而形成本书的成果。

五、尝试性创新

本书的尝试性创新点主要体现在以下六个方面。

1. 本书从形式有效和实质有效两个维度系统研究行政执法的有效性问题，可以为法学理论界和实务界对执法有效性问题的研究起到抛砖引玉的作用。

2. 提出执法形式有效应体现为逻辑有效和“合法律性”，把逻辑思维和法律论证引入执法过程中，同时认为行政执法是一个动态的过程，而不应被看作是最终的决定或一个具体的行动。因此，研究执法不能仅仅局限于执法行动本身。

应把执法行为看作是一个过程，即从执法的意思表示的发生和形成到作出和实现的时空运动过程。这意味着行政机关与相对人之间的权利义务关系回溯到该执法行动作出以前。基于此，本书认为要解决目前执法行动表现出来的问题，从形式上就要关注从作出执法决定的意思表示开始到执法行动落实的各个环节。任何一个环节的错误，或执法依据错误，或事实认定错误，或执法方式方法失当等都有可能导致执法行为的整体失效。

3. 本书第一次将法律论证方法系统地运用于行政执法领域。包括对执法依据（大前提）的选择、执法事实（小前提）确定、行政决定（结论）的作出以及具体执行方式落实的论证。在过去的研究中，法律论证在狭义上仅限于司法论证，广义的法律论证也只包括立法论证和司法论证，对行政执法的法律论证鲜有研究。

4. 提出执法的实质有效性的衡量标准，一是执法依据的正当合法性；二是执法结果的合理可接受性；三是执法过程的整体融贯性；四是执法的价值实现最少受惠者的最大利益原则，弥补了对执法实质有效性衡量标准认识的空白。

5. 提出交往行动理论是实现执法形式有效和实质有效的最佳途径，认为行政执法有效性的实现是一个动态的过程。并把哈贝马斯的交往理性、主体间性等商谈思想融入执法各个环节。充分运用逻辑理性、交往理性、实践理性的视角，提出解决执法实际问题的思路和方法，并具体运用于执法实践。

6. 本书的创新还在于运用法律论证思维分析执法领域的具体案例。这些案例大部分是来源于本人田野调查的素材，具有新颖性、针对性和时代性。

第一章
行政执法的现实困境
与执法有效性理论的提出

天下之事，不难于立法，而难于法之必行；不难于听言，而难于言之必效。

——（明）张居正

当前在行政执法领域存在的因暴力执法、选择性执法、“运动式执法”等现象引发的暴力抗法、群体事件、越级上访等问题，拷问着基层政府的行政执法实效。使基层行政执法陷入这种困境的深层次原因是多方面的，如执法者命令与控制的思想根深蒂固、部分法律规则表达与法律实践背反、有效监督不足以及基层政府与公众之间缺乏基本信任等。要改变这种状况，提高行政执法的有效性，首先需要明确行政执法的本质属性，并根据其本质属性有针对性地提高执法的有效性。在新时代背景下，从属法律性、过程性和服务性是行政执法最本质的属性。从属法律性要求行政执法必须符合现行法律的规定，不得违背法律规定的精神从事行政执法行为。过程性要求执法主体在行政执法过程中每一个环节应遵循执法应用逻辑要求，达到逻辑推理有效的形式标准。行政执法的服务性，意味着政府与人民之间是一种服务与合作的关系。基于服务理念，政府的行政执法从执法意思表示的形成到最后执法行动的落实应当吸纳相对人的参与。只有在参与的前提下，通过交流和沟通，相对人的意志才有可能吸收到行政意志中，才能体现出行政执法的主体间性要求。在此语境下，暴力执法和暴力抗法的情况几乎不可能发生，执法可以顺利进行，哪怕这种执行的结果最终会对相对人不利。基于行政执法的三个本质属性，我们认为行政执法的有效也应该体现在三个方面，一是法律有效；二是逻辑有效；三是结果有效。本书把法律有效和逻辑有效归结为形式有效，结果有效归结为实质有效。并从这两个维度展开对行政执法的有效性研究。

第一节　行政执法有效性不足的现实困境

一、行政执法概念界定

“行政”一词，不管是我们中文的表述，还是英文 Administration、德文

Verwaltung 以及其渊源拉丁文 Adminstrare，本义均包含有执行、管理的意思。我国《辞海》对“行政”的解释是“泛指各种管理工作”，也“专指国家行政机关的组织管理活动”。[①]《现代汉语词典》里，作为动词的“行政”是指“行使国家权力”，如严格依法行政；作为名词是“指机关、企业、团体等内部的管理工作”，如行政人员。[②] 而通俗的理解，行政就是政府的代名词。最早对“行政”的法律界定来自德国的福斯多夫（Emst Forsthoff），他认为“行政是在法律的范围内，依法进行的面向未来的连续性的社会形成活动”[③]。一般理解，行政是国家的组织活动。进一步说，行政是与立法、司法相对的概念，“行政是指国家立法、司法以外的一类国家的职能”[④]。

执法，通常意义理解，就是执行、实施、适用法律规范的行为。根据《现代汉语词典》的解释，执法，即执行法令、法律。如执法如山，执法必严。[⑤]目前我国法学界关于行政执法的概念范畴尚有争议，对行政执法名称的表述也存在一定的差异。有的直接称“执法”，有的称“执法行为”“行政行为”或“具体行政行为”。不同学者对其定义的范畴也有广义和狭义之分。如许崇德认为，行政执法是国家行政机关执行宪法和法律的活动。它包括了全部的执行宪法和法律的行为，具体包括中央政府和地方政府的全部活动，其中内容包含行政决策、行政立法以及执行法律法规与国家行政管理事务的行政执行行为。[⑥]罗豪才和应松年认为，行政执法是行政机关执行法律的行为，是执法主体作出的对相对一方权利或义务产生直接影响的行为或对相对人权利义务的行使或履行开展的监督检查行为。[⑦] 与前者不同，杨惠基对“行政执法”的界定是较狭义的，他认为，行政执法是行政主体为了实现国家管理目标，直接对特定的行政相对人和特定的行政事务采取措施并影响其权利义务的行为。该行政执法不包括行政立法行为和行政司法行为。[⑧] 而国务院在 2002 年转发的一个文件《关于清理整顿执法队伍，实行综合行政执法试点工作的意见》对“行政执法”的

---

① 《辞海》，上海辞书出版社 2000 年版，第 958 页。

② 中国社会科学院语言研究所词典编辑室编：《现代汉语词典（第 6 版）》，商务印书馆 2012 年版，第 1458 页。

③ ［日］南博方：《行政法（第六版）》，杨建顺译，中国人民大学出版社 2009 年版，第 4 页。

④ 罗豪才主编：《行政法学》，北京大学出版社 1996 年版，第 2 页。

⑤ 中国社会科学院语言研究所词典编辑室编：《现代汉语词典（第 6 版）》，商务印书馆 2012 年版，第 1669 页。

⑥ 许崇德等主编：《新中国行政法学研究综述》，法律出版社 1991 年版，第 293 页。

⑦ 罗豪才等主编：《行政法学》，中国政法大学出版社 1989 年版，第 133 页。

⑧ 杨惠基：《行政执法概论》，上海大学出版社 1998 年版，第 1~3 页。

定义更为狭窄，仅指实施处罚和监督检查，不包括制定政策、审查审批和技术检验等。

与法学界对行政执法的界定有广义和狭义不同，在实务领域，多倾向于狭义的理解。如《湖南省行政程序规定》所称的行政执法“是指行政机关依据法律、法规和规章，作出的行政处罚、行政强制、行政征收、行政给付、行政确认和行政许可等影响公民、法人或者其他组织权利和义务的具体行政行为”①。再如《广西壮族自治区行政执法程序规定》第 2 条规定“本规定所称行政执法，是指行政执法机关或法律、法规授权的组织为贯彻执行法律、法规和规章，按照法定程序和权限而实施的具体行政行为”②。

本书认为广义的行政执法是与立法、司法相对应的行为，是指建立在近代国家三权分立基础上的国家行政机关及其委托的组织依照法定职权和程序行使行政权和贯彻实施法律的活动。本书在行政执法的概念上，是采狭义的解释，专指行政法学理意义上的具体行政行为，但不是最狭义的行政决定作出后的执行行为。即行政主体行使行政权对特定的对象（包括公民、法人及其他组织）作出的直接影响其权利义务的行政行为。包括行政处罚、行政征收、行政许可、行政给付、行政强制、行政命令、行政监督检查等，不包括行政司法行为，如行政复议、行政立法行为。因此，本书有时候会根据具体的语境不同，采用“行政执法”的表述或“行政行为”的表述。

二、行政执法有效性不足的现实困境

行政执法是法治中国建设的关键性环节，是国家实现行政管理职能的主要途径，也是国家法律实现的重要方式。可见，行政执法的有效实施对法治国家的推进、国家意志的实现和法律的落实都起着至关重要的作用。但近年来，行政执法领域仍存在执法不严格、不规范、不文明、不透明问题③；暴力事件、执

① 2008 年 4 月 17 日湖南省人民政府令第 222 号发布。

② 1997 年 12 月 3 日广西壮族自治区人民政府令 13 号发布。

③ 参见《国务院办公厅关于全面推行行政执法公示制度执法全过程记录制度重大执法决定法制审核制度的指导意见》（国办发〔2018〕118 号）。

法冲突时有发生，特别是在城管执法和征拆执法领域，执法主体与执法对象的对抗性更为明显，凸显了基层行政执法有效性的不足。这与我国当前提出的要建立高效的法治实施体系要求明显不符。下面就造成行政执法有效性不足的困境和原因进行分析。

（一）行政执法有效性不足的表现

1. 缺乏服务意识，存在暴力执法现象

执政为民，是我国行政执法的宗旨。但受几千年官本位的封建文化影响，个别官员在行政过程中，仍缺乏服务意识，面对执法对象，稍有不慎，就诉诸暴力。暴力执法，是目前执法领域出现的最不得人心、最影响政府形象和公信力的行政行为。所谓暴力，是指对他人人身、财产进行的强力侵害或强制，常表现为侮辱、谩骂和殴打他人或故意毁坏他人财物等行为。暴力执法就是指执法主体在违背法律基本规定和法律精神情况下对行政相对人实施的一种言语或行为的攻击，以迫使行政相对人服从和接受行政执法。近年来，在城市管理和征地拆迁过程中，出现过政府暴力执法与民众暴力抗法的现象。多数暴力执法案件都造成了执法人员和执法对象甚至普通民众人身伤害和财产损失的严重后果，执法代价巨大，成本高昂，执法效果堪忧。

暴力执法带来的社会危害性是显著的，首先，损害了法律的威严，降低了公民对法律的期望值，其次，加剧社会不良影响，阻碍和谐社会的建设，再次，增加执法成本，影响公民对政府的信任。造成暴力执法现象频发的根本原因在于执法主体缺乏服务意识，命令与管控思想根深蒂固，不把行政相对人作为行政关系的主体看待。

2. 缺乏法治思维，选择性执法

“法律面前人人平等”这是法治的基本要求，但在当前行政执法过程中，却存在选择性执法现象。如在禁止摆摊的马路上摆摊，有的人被没收了经营工具，罚了款，有的人则安然无恙；甲销售假冒伪劣商品被严厉查处，乙售假却逍遥自在；老李的房子因违章建设被强制拆除了，可隔壁老王的房子也是违章建筑却依然耸立……选择性执法已成为一种普遍现象。

选择性执法，并非完全被禁止，在有些情况下，是情有可原的。在条件不具备的情况下，如人力、物力、财力没有办法做到针对所有行政违法事项都能及时处理时，应该允许执法主体有轻重缓急的选择性执法策略。但目前执法

主体的选择性执法，更多是根据主观的喜恶，或欺软怕硬，或趋炎附势，或根据亲疏远近难易程度等来选择执法。这种选择执法的危害性就非常大。对执法者而言，这是对法律的亵渎，法律成了执法者为所欲为的工具，法律的权威性和严肃性不再有，助长了执法者的其他违法行为。对于选择执法中的“漏网之鱼”，会淡化法律观念，淡薄守法意识，认为人情大于法、关系大于法，变得更加目无法纪。对于被选择执法的“幸运儿”，会认为自己被执法是因为倒霉、没有关系，而不是因为自己存在违法行为。因此，在“不幸”遭遇选择执法时，执法对象对执法行为往往难以接受，要么阳奉阴违，要么暴力抗法。执法的有效性和执法目的往往难以实现。①

3. 缺乏论证说理能力，执法错误时有发生

执法错误，根据错误的内容不同，可以区分为执法适用法律错误、执法事实认定错误、执法程序错误、执法方式方法错误等类型。造成错误的心理类型可以是故意的，也可以是过失的。具体的执法错误可以表现为作出行政处罚决定的错误，如错误拘留、错误吊销许可证、错误没收财物等；实施行政强制措施的错误，如错误查封、扣押、冻结等。

在行政执法过程中，钓鱼执法是一种广受诟病的错误执法方式，但许多行政机关、执法人员仍热衷于钓鱼执法。对轻微的行政违法行为，采用钓鱼执法的方式认定所谓的违法事实，并据以作出处罚的行政行为，显然是错误的，与合法行政原则相抵触的同时也不符合行政比例原则，其给社会带来的损害，远大于对这类违法现象的打击。因为根据比例原则，当违法行为所造成的利益损害，远不及制止该项行为所带来的负面影响时，如果行政机关仍对此进行执法，其正当性就值得商榷。“钓鱼执法”即如此。“钓鱼执法”的方式的适用，需要有严格的条件，一般只能适用于高危、隐蔽的违法犯罪领域，而且是在其他侦查手段无法或难以侦破案件的情况下才能适用。行政机关把“钓鱼执法”用于仅具有轻微违法情节的行政执法侦查取证过程中，显然是极不妥当的，是一种知法犯法的行为。这不仅不能实现依法行政的目标，而且侵犯了公民的人身权和财产权，同时还严重侵害了社会的公平正义，破坏了公民之间的基本信任感，

① 在浙江省杭州市中级人民法院〔2013〕浙杭行终字第50号行政判决书中，吴某就是因为自己的房屋涉嫌违法建筑被政府强拆，吴某不服向法院提起诉讼。吴某认为政府对于非法占用耕地建大楼的人不处罚，只针对不同意拆迁的人进行处罚，以拆违促拆迁，选择性执法非常明显，不具有正当性。

给社会造成了严重的危害。特别是当一个执法机关以利益为出发点进行以创收为目的的执法活动，引诱守法者“违法”甚至不择手段诬陷守法公民时，它就击溃了社会道德的底线，引起公民的巨大不安和强烈不满，这样的执法行为连合法性都备受质疑，更不用说有效性了。

4. 缺乏沟通诚意，公众行政参与权有时难以实现

行政参与权，是宪法赋予公民参与行政管理活动，并通过参与、沟通、交流对政府行政行为产生实质影响的权利。行政参与权的实现情况，不但直接关系到行政执法的实效，而且也是衡量一个国家民主法治建设的重要指标，让公众更充分、有效地参与到行政决策中来，是各国依法行政的趋势，也是对政府善治的必然要求。

公众行政参与权作用和指向的对象是政府，有赖于相应政府保障义务的履行方能实现。然而，基层政府在本该公众广泛参与的行政立法、重大决策以及公共治理方面，却难以见到公众参与的影子。特别是与公众生活密切相关的土地征收、房屋拆迁、城市规划、旧城改造、项目建设等执法领域越来越多的遭遇到民众的抵制，主要的原因是相关部门在确定这些事项时，没有广泛听取公众的意见，一意孤行。比如征收土地的决定，被征地主体在土地征收决定做出前，几乎是不知情的，亦无表达意见的合适渠道。在征收决定做出后，根据目前的司法实践，征地决定是不可诉的行为。即征收决定一旦做出，不管征收本身是对或错，也不管被征收主体有天大的反对征收的理由，征收决定都是对的（因为不可诉，也就不存在法律上确认违法或撤销的可能）。公众的参与权难以得到保障，民众的意见无处表达，在错误执法的情况下，最终暴力抗法将难以避免。行政主体缺乏沟通诚意的情况，还体现在行政复议、信访、行政处罚等具体行政行为上。虽然法律规定有听证制度，但行政主体就复议、信访等案件举行听证会的情况微乎其微。

谢里·安斯坦（Sherry Arnstein）在其论文《市民参与的阶梯》（*A Ladder of Citizen Participation*）里把公众参与分为八个阶梯，从低到高分别为：操纵、治疗、告知、咨询、展示、合作、权力转移以及公民控制。按照上述标准，我们的公众参与多半只是停留在前四个阶段，离真正意义的公众参与还有很长的路要走。

目前行政执法除了存在上述提到的暴力执法、选择性执法、钓鱼执法、任意执法外，还存在着其他的一些问题，如违反法定程序、适用法律错误等。但总体体现出来的是执法的有效性不足、可接受性不强。造成这些问题长期存在的原因是多方面的，具体分析如下。

（二）行政执法有效性缺失成因分析

1. 存在命令与控制的行政思想

20 世纪以来，世界各国的行政法理念发生了很大的改变，与之前认为公共利益与个人利益之间是相互冲突的不同，现代行政法认为这两者之间价值判断是一致的，因此，在行政行为上体现出来的是服务与合作的信任关系，不再是命令与服从或控制的关系。那种认为行政行为是行政主体对公众发号施令的观点已被摒弃。行政行为必须以公众的利益为重。但在我国，个别行政主体的执法理念并未转变过来，官本位思想依然很严重，缺乏服务意识，执法方式方法粗暴、单一，剥夺相对人的陈述申辩权，以官员身份自居，动不动就对持有异议的相对人实施暴力。这与现代以人民为中心的行政治理理念完全背道而驰。在命令与控制的思想指导下的执法，极易引起执法对象（甚至是公众）的反感和反抗，激发社会矛盾和群体冲突，执法目的往往难以实现，结果适得其反。命令与控制的执法思想，与当前倡导的参与式行政理念是格格不入的，要提高执法有效性，执法主体就必须首先改变“官老爷”高高在上的姿态，赋予相对人平等对话的主体地位。

2. 存在规则表达与规则实践背反的情形

规则表达与规则实践背反，在行政执法中常表现为选择性执法、“运动式执法”、策略性执法等现象。所谓规则表达与规则实践背反是指法律所体现出来的意志、政府立场与民间需求之间存在冲突，造成法律表达与实践南辕北辙。造成法律规则与法律实践不协调的重要原因是在立法过程中，立法主体没有听取或没有充分听取民众的意见，导致最后形成的法律规则不能体现人民的意志，结果是依据该规则的执法必然会引起执法主体与民众之间的紧张。

在规则表达与规则实践背反的情况下，政府执法多半靠强制的方式执行。但历史事实证明一个主要依赖于强制和制裁策略的执法过程最终将会是失败的，因为它不但会遭受来自执法对象的强烈反抗，还会不被普通公众所认可。通常情况下，人们守法的动机是来自道德的认同，而不是领导的权威和法律的制裁。虽然权威和惩罚对强制人们守法有一定的作用，但会有饱和点的限制，一旦超过这个点，威慑的作用将不复存在，因为人们觉得生活已经不能变得更坏了。

因此，对法律的威慑也就无所谓了。

可见，如果法律规则丧失了正当性，违背自然正义和民意，哪怕规则本身有制裁规定，人们也会无视规则的存在，继续违反规则行事。可以确信的是，一个违背现实需求的，又缺乏正当合法性的法律规则是不可能获得相对人以及公众的普遍认可和遵守的。当普遍违法成为一种正常的行为，制裁将更加难以落实，违法成本越低，执法成本就越高，此消彼长。只要不修改规则，这种背反的困境就会继续存在，政府、执法主体与公众、相对人的博弈也不会停止，除非执法一方放弃了执法，退出了博弈。①

3. 执法行为缺乏有效监督

当前，我国行政执法行为还存在上述分析的如暴力执法、选择性执法、钓鱼执法、弹性执法等问题，究其原因，最根本的症结在于对行政执法行为缺乏有效的制约和监督。没有监督的权力是任性的，没有制约的权力是危险的。正如孟德斯鸠所言，“一切有权力的人都容易滥用权力，这是万古不易的一条经验。有权力的人使用权力一直到遇有界限的地方才停止”。

尽管我国目前在理论上，各级党政部门、权力机关、司法机关、政府内部、新闻媒体及社会公众等均可通过不同的方式对行政执法进行监督，但实际上监督效果不甚理想。究其原因有以下几个方面：一是多头管理，实质就是没人管理。由于监督主体缺乏明确的分工，在监督过程中互相推诿现象比较严重。二是权力机关监督形同虚设。在法理上，权力机关有权监督行政机关，而且行政机关依法应对权力机关负责。向权力机关汇报履职情况。但在我国，由于对权力机关即各级人大的监督内容、程序、责任没有明确的规定，导致权力机关的监督职能多半停留在宪法里。这从广西近年来查处的行政执法违法案件中，无一是权力机关监督的结果可见一斑。三是行政机关内部监督“护短”现象明显。行政机关内部的监督，是自上而下的监督。这种监督的缺陷是显而易见的，首先，这种上下级之间的监督，对外界来说，不公开、不透明；其次，公正性容易受到质疑。基层很多执法活动均来自上级机关的授意，就算执法错误，上级机关也倾向于“大事化小，小事化了”，社会公众对执法机关内部的监督难免失去信心。四是司法监督的范围狭窄，只停留在对行政执法的合法性审查上。在

---

① 潘天群：《博弈生存：社会现象的博弈解读》，中央编译出版社 2004 年版，第 25 页。

我国，司法监督是指法院、检察院的监督。法院的监督主要是通过行政诉讼的途径来进行，但根据行政诉讼法的规定，法院的受理案件范围是有明确界定的，法院也只能在这范围内进行有限的监督，且审查的标准更多是依据政府自己制定的规范。最为关键的是法院一般只对行政执法的合法性进行审查，往往对行政行为的合理性问题和正当程序问题予以回避。但现实是当前的执法困境多半是由执法主体不当行使行政自由裁量权所导致，法院排除了对这方面的审查，无疑是放任了执法权的滥用。检察院的监督，表现在两个层面，一是对人民法院行政审判监督，二是直接对行政机关具体行政行为的监督。前者一样受到法院立案范围的限制，且属于事后监督，效率不高，检察机关作为法律监督机关的功能并不能得到很好的发挥。随着检察机关提起公益诉讼制度的确立，这种被动监督的局面也许会有所改观。[①] 五是对社会监督缺乏有力保障。首先，我们缺乏公众监督的平台和载体，公众的意见、建议得不到表达和反馈。其次，缺乏保障机制，我们时常看到公众为了举报违法行政行为或抵制违法行为所付出的沉重代价。再次，公众本身的力量薄弱，监督意识不强，长期受行政管制的影响，不愿或不敢发出监督的声音。

4. 基层政府与公众间信任度不够

有的基层政府对公众缺乏沟通诚意，出现剥夺或限制公众参与权的情况，更多时候是因为基层政府对民众的不信任。这种不信任主要来源于两方面，一是认为普通民众素质低，没有参政能力，沟通的结果也不会有更好的方案，白白浪费时间；二是事件或项目本身可能会对民众有重大影响，担心沟通的结果会遭到公众的强烈抵制，项目将难以实施，换言之，担心公众会“捣乱”。另一方面，公众对基层政府缺乏信任也是非常明显的。最典型的例子莫过于维权群众倾向于越级上访。造成对基层政府不信任的原因是多方面的，有公众自身的原因，也有社会转型带来的问题，但最主要的是基层政府本身的一些行为导致的公信力下降。如地方政府的政策连续性不强。“新官不买旧账”的现象在基层政府很普遍。一把手换人后，原来的一些承诺、合同、计划往往就会被搁置，政策的不稳定和变动的随意性，让民众不敢信任基层政府。调控能力不强、腐

① 截至 2017 年上半年，各试点地区检察机关已经办理公益诉讼案件 9053 件，其中提起诉讼的案件有 1150 件。在法院已经判决的案件中（共 437 件），法院全部判决支持了检察机关的诉讼请求。相关资料参见 2017 年 7 月 7 日《光明日报》题为《全面实施检察机关提起公益诉讼制度》一文。

败现象也是导致基层政府公信力降低的主要原因。

基层政府与公众间信任度不够，导致行政主体有效执法愈发困难。信任是社会合作的基础，一个社会缺少了信任，发展会举步维艰，交易成本会无限加大。对于任何一个国家、一个政权而言，人民的信任都是政权稳定和国家长治久安的根基。因此，都会重视建立政府与民众之间的信任关系。公众与政府之间的良好信任关系，可以增强国家的凝聚力，提高政府行政效率。反之，则人心涣散，有令不行，有禁不止。因此，当前加强基层政府的信任建设，搭建政府与公众之间开展良好沟通的平台，提高执法的有效性应势在必行。

三、小结

回顾近些年来涌现的不少行政执法案件，我们发现造成执法冲突和抵触的案件，据以执行的行政决定，多半事实清楚、证据确实充分、法律规定明确、适用依据得当，从常理看，本应被相对人接受的此类行政行为竟然落入被抵触的不接受之囹圄，不得不令人深思。通过上面分析，我们发现造成行政执法不被接受的原因是多方面的，如选择性执法、暴力执法层出不穷；公众的参与权没有得到保障；政府本身的规则表达与规则实践背反；基层政府与社会公众之间缺乏基本信任等。面对现存的执法困境，如何提高执法的有效性，实现执法正义和可接受性是实现法治社会、建设法治政府必须面对的问题。

第二节　行政执法有效性理论的提出

关于有效性，古典自然法学、分析实证法学和社会法学分别从价值有效性、规则有效性和事实有效性等不同侧面对法律有效性进行关注。同时不少学者对有效性进行了分类。阿列克西把有效性分为社会学的、伦理的和法律的有效性三种；魏德士将法律有效性分为法律效力（应然效力）、现实效力（实然效力）、道德效力（认可效力或确信效力 / 接受）三类；韦伯把法律适用区分非合理性和合理性；哈贝马斯则作事实有效性和规范有效性的区分……前人的这些研究，对本书均具有启发和借鉴的作用。行政执法的有效性研究，其实质也是一种法律适用的有效性研究。行政执法的从属法律性、过程性和服务性的特点，决定了行政执法的有效性必须包括形式有效和实质有效的内容。只有在执法过程中体现了形式有效和实质有效，最终才能实现执法的预期效果。政府的有效性与执法有效性是相互联系但又有区别的一对概念。政府的有效性为执法有效提供了前提和保障条件，同时，执法的有效性又进一步强化政府的有效性。本书通过对行政执法有效性的研究和规范，以期提高执法有效性，增强政府的凝聚力和公信力。

一、有效性理论

（一）有效性的含义

“有效”是指“能实现预期的目的；有效果：有效措施，这个办法真的有效。[①] 如“有效治疗”，是指通过治疗，病情获得了缓解或治愈，不能实现使病情缓解或治愈目的的治疗，不是有效治疗或被认为是无效治疗。再如“你的沟通很有效”，是指对方接受了你的观点、主张或按照你的意思行事，反之，就是有效性不足或无效。《汉语大词典》对“性”也有多种解释，其中一种解释是指“事物的性质或性能”。在现代的表达中常把“性”作为名词性后缀，用以表示思想感情、生活态度和一定的范畴等，如党性、历史性、弹性、流行性感冒等。[②] 本书也是在此意义下使用有效性之“性”字。

法律的有效性，是指法律通过一定规则的运行，实现了立法者的预期效果和自身的价值。如正义、秩序、权利等。法律的有效性，有时候也称为法律的效力。是指法律通过自身设定的行为模式和法律后果来指导人们的行为，为人们的交往提供规范和方向。当人们遵守或不遵守法律规定时，会出现相应的法

① 中国社会科学院语言研究所词典编辑室编:《现代汉语词典》(第 6 版)，商务印书馆 2012 年版，第 1581 页。
② 罗竹风主编:《汉语大词典》(第 7 卷)，汉语大词典出版社 1991 年，第 476 ～ 477 页。

律结果或后果，这就是法律的约束力或效力。[①] 因此，为了表达的方便，本书会根据具体的语境，有时用“效力”，有时用“有效性”。

但从严格意义上来讲，“有效性”和“效力”是有一定区别的。一般而言“效力”仅仅是指法律上的有效，体现的是法律对人们行为的“约束力”，没有价值判断的成分。而“有效性”在对事件的状态进行描述之外，兼具评价的功能，一般我们说某事或某行为实现有效性的时候，包含了对某事或某行为正当、合理性、符合逻辑、可接受的含义，这是用“效力”一词所没有办法体现的。比如，在“形式有效性”“实质有效性”“说理有效性”等句式中“有效性”和“效力”之间都是不能互换的。在英语语境中，有效也有两种不同的表达，即 Effectiveness 或 Validity 。前者是从 Effective（有效率）引申而来，强调的是通过控制成本、提高效率，实现有效性，后者是指行为本身的正当性和合法性。哈贝马斯也认为，Validity“可以指实际效力，也可以指具有正当理由”[②]。

就本书而言，也认为采用“有效性”比“效力”更能体现研究的范畴。“有效性”不但体现了效率、合法、正当的意蕴，而且包含了“效力”的要素，因此，本书的题目确定为“行政执法的有效性研究”，而不是“行政执法的效力研究”，因为前者包括了后者的内容。行政执法的效力，是指行政行为作出后，经过法定程序对相对人和公众具有确定力、公定力和拘束力，在这个意义上的行政执法的效力，与之对应的概念是行政执法行为的有效、无效、可撤销、可变更、确认违法等，是执法行为法律效果的实然状态，是行政法和行政诉讼法的主要研究对象，也是本书研究行政执法形式有效性之合法律性的一个重要内容，但本书的行政执法有效性研究的重点不在于仅仅讨论执法在法律上有效应具备的具体条件和要素，而是针对行政执法行为的过程和结果有效的应然研究，即一个行政执法行为应该具备哪些条件、满足哪些程序要求和体现了哪些价值等才被认为实现了有效性，这些是法理学研究的对象。行政执法的法律效力问题，仅仅是本书行政执法有效性研究中“合法律性”的一个衡量标准。

---

① 聂长建：《司法判决的有效性研究》，中南财经政法大学博士论文 2010 年。

② ［德］尤尔根·哈贝马斯：《在事实与规范之间——关于法律和民主法治国的商谈理论》，童世骏译，三联书店 2003 年版，第 704 页。

（二）有效性诸理论

1. 凯尔森的有效性理论

说到法律有效性理论，不能不首提凯尔森。凯尔森对法律有效性理论方面的研究颇有建树。凯尔森认为，“效力”就是规范的特殊存在，一个有效力的规范就是假定规范对被它调整的对象具有拘束力，一个有效的法律规则，就是规范。从凯尔森的表述中，我们可以看到，规范的这种“效力”是假定的，也就是说是“应当的”，而不是实在的。换句话说，如果一个人没有遵守规范，并不意味着规范对他没有“效力”，因为规范是否被遵守是规范的“实效”问题，而不是“效力”问题。现行有效的法律，凯尔森认为，都是具有“效力”的。效力是法律规范的本性，不因某些人遵守，或某些人不遵守而失去“效力”。说它对某些人有效力，也并不意味着这些人就是按照规范行事。这里存在“应当”和“是”的问题。① 规范通常以“应当”方式，要求人们为一定行为或不为一定行为，但并没有要求必须就要为一定行为或不为一定行为，它并不关心规范下的个人的具体实际行动。

在凯尔森看来，他这里的“应当”与自然法上的“应当”不同，自然法上的“应当”是一种价值判断，代表着善和正义，然而，实在法的“应当”是价值中立的，仅仅是一种具有形式意义的假设而已。实在法规范的“有效”，是因为它应当被服从，自然法则不一样，自然法的效力来自自然、上帝或无知的力量，代表着一种被普遍认可的善、正义，人们对自然法的服从，是来自内心的尊崇和需要，是一种绝对的善和至高无上的价值。这也是自然法和实在法在效力上的本质区别。②

凯尔森认为，实在法规范的效力是基于一个推定，即在实在法范围内存在一个至高无上的基础规范。同时，作为规范的法律具有普遍性，法律一经制定，便理所当然具有效力，法律在实施过程中，是否被实际遵守，并不影响法律本身的效力。同时，制定出来的法律应当被法院适用。如果法院把它束之高阁，则说明该规范在“是”上是徒劳无功的。但它在“应当”上还是有效的。也就是说，实在法上的“应当”与真实情况下的“是”是有区别的，甚至是存在冲突的。法律一旦制定出来，只是作为社会事实的存在，人们应该接受它的规范

---

① ［奥］汉斯·凯尔森：《法与国家的一般理论》，沈宗灵译，中国大百科全书出版社 1996 年版，第 32 ～ 40 页。

② ［奥］汉斯·凯尔森：《法与国家的一般理论》，沈宗灵译，中国大百科全书出版社 1996 年版，第 429 ～ 430 页。

和调整，并予以遵守和服从。但实际是不是这样，则另当别论。

凯尔森强调，与社会法学对对象“是的描述”不同，规范法学对法律的描述是“应当的陈述”。与自然科学的研究方法差不多，社会法学的研究方法，同样关注的是在社会规则体系中，人们实际上在做什么，而不研究他们应该做什么，这与自然科学描述自然现象差不多。因此，社会法学也称法律社会学，或现实主义法学，之所以“现实”是因为它们不根据规则的应当状态或纸面上的陈述来研究现行法律，而是根据“实在的规则”。①

在日常生活中，有效性是可观察的，即可以通过表象判断是否具有某种实际效果，如有效进攻、有效降雨、有效提高等。之所以可以被直接观察获得，是因为一般事物之间的作用力是直接的、单一的，是以“是”的状态存在，在这种情况下，有效性和实效是统一的，有效性可以完全被实效所反映。但法律的有效性体现要复杂得多。一是因为法律的有效性不能通过法律自身决定，取决于多环节、多要素。所谓“徒法不能以自行”。二是行政执法、司法判决的公正程度也直接影响法律规则本身的效力。三是当事人的守法情况，也影响法律的实效。因此，法律对人、对社会的作用力不像自然界事物间作用力那样直接，在经过各个环节后，法律本身的效力能否转化为法律实效，从“应当”转化为“是”存在不确定性。但我们不能因此说法律效力具有不确定性，就算法律没有取得实效，作为法律本身的效力还是存在的。

凯尔森认为社会法学由于直接搬了自然科学的研究方法，把实效不加区分的直接运用到法律中来，会造成理论上的混乱。法学和自然科学的区别，本身就在于法学不具有单纯的“描述”性质，因此，才能把法律的有效性和实效区分开来。但有效和实效之间并不是平行的两个概念，他们之间是相互联系的，法律的效力最终还是要体现在实效上，否则，法律本身就应该被修改或废止了。但法律的效力由于自身的独立性，其效力是通过法律体系内部的上位法赋予，与其是否具有实效无关。但我们说一个社会法律的有效性、合法性却是通过它在实际运行过程的实效来体现的。

凯尔森还认为：“旧的法律体系被认为失去法律效力，是因为旧的基本法，以及以旧的基本法建立起来的整个法律体系，失去了应有的实效。原有法律建

---

① [奥] 汉斯·凯尔森：《法与国家的一般理论》，沈宗灵译，中国大百科全书出版社 1996 年版，第 183 页。

立起来的秩序已不适应人们当下的法律实践了。而每一个法律规范的效力，都是依赖于它所属的整个法律体系的实效，如果它所属的法律秩序整体失去了实效，那么法律规范作为个体的单独效力将不复存在，基本法的实效是单个法律规范效力的存在的前提。”[①] 单个法律规范具有法律效力，是因为它具有合宪性，而不是因为宪法构建的秩序具有实效。当然，单个法律规范的失效，也是因为它被依法废除，或其所属的整个规范体系已不存在实效。因此，效力是法律本身的问题，实效则是法律在实行过程中，是否产生了实际的效果。有效性则是两者兼而有之，不同的是检验标准，自然法的法律有效性标准是以道德来衡量的，实证主义的有效性检验标准则是从法律来源的形式上去判断，即是否符合了《立法法》的规定。

凯尔森的有效性理论是从实证主义角度出发，对法律有效性进行的分析，他的有效性更倾向于指法律本身的效力，本书在阐述行政形式有效性时，对执法的合法律性分析就是在此意义上使用的。

2. 阿列克西的有效性理论

罗伯特·阿列克西（Robert Alexy），是从社会学的有效性、伦理学的有效性和法教义学的有效性三个角度来分析法律有效性的概念。[②]

社会学的有效性，有行为有效和制裁有效之分。如果一个法律规范被人们自觉自愿地遵守，哪怕这种遵守是无意识的、惯性的，也被认为是有效的，这就叫作行为有效。制裁有效则是指人们在面对法律规范时，并不总是选择遵守，总有人会违背法律的规定，为一定行为或不为一定行为。如果人们在违背法律规定时，其行为受到了实定法的制裁，那么在这种情况下，法律也是有效的，即制裁有效。社会学的有效性是一种实然有效，即凯尔森所称的“是”的一种真实存在。社会学的有效性不关心法律规范本身的公正性、合理性以及次序等级，也不考虑人们遵守或不遵守规则的动机是什么。因此，社会学的有效性是可以用经验来评估的，即评估自愿遵守的情况和被强制实现的情况两个方面。

特奥多尔·盖格尔（Theodor Geiger）对社会学的有效性理论，还举了一个很形象的例子。如某一个法律规范在运用的 100 次中，人们自愿遵守了 50

---

① ［奥］汉斯·凯尔森：《法与国家的一般理论》，沈宗灵译，中国大百科全书出版社 1996 年版，第 135 页。

② ［德］Robert Alexy，Begiff und geltung des Rechts，1992，München，S. 139-144，转引自张文显：《当代西方法学思潮》，辽宁人民出版社 1989 年版，第 293 ～ 406 页。

次，20 次违反规范并被制裁。那么，从社会学有效性的角度来说，这个法律规范的行为有效性为 50%，制裁有效性是 20%，总体有效性是 70%。那么这个规范有效性评估的结果是 30% 无效。有效性的高低，是衡量社会对现有规则的认可和遵守程度的重要标准。在总有效性中，行为有效性高优于制裁有效性，因为行为有效，是一种对规则的自愿遵守状态，不需要动用制裁的力量，更能体现规则的良法善治功能。

伦理学意义的有效性分析的角度则与社会学对规则有效性分析的角度完全不同。社会学的有效性是实然有效，伦理学意义的有效性研究的是应然状态下的规则有效性。在伦理学看来，只有一个法律规范在道德上是正义的，才是有效的，否则就是无效的。它不管法律规则的出身，也就是说不管这个法律本身是否是经过合法程序制定出来的，只要不具有道德上的公正性，就会被认为无效。如二战后德国宣布纳粹时候的法律是无效的法律。

伦理学的有效性概念，主观性较强，容易造成人们对法律认识的混乱，进而影响人们对法律的遵守。如按照伦理学有效性的观点，恶法非法，那么现行的法律中，如何区分哪些是恶法，哪些是良法，由谁区分？如果是由行为人进行辨别，就会导致法律形同虚设。另一方面，它把法律和道德放在同等意义上使用，造成了道德和法律的混乱，提高了人们的守法标准。可实际上，道德和法律是有区别的，把道德法律化或把法律道德化，都是一种过于理想的状态，因为在当前历史发展阶段，法律毕竟还是统治阶级意志的体现，不可能成为人人都认可的道德要求。

最后是法教义学的有效性，又称法的逻辑有效性。这种有效性是“纸面上的有效性”。所谓纸面的，是指法律规范的有效与它在实际运行过程中是否有实效、是否被遵守完全无关。法教义学法律有效性的研究视角是形式性的、内在的、封闭的。它的有效性仅仅取决于是否被合法地制定出来。只要由法定的主体经过法定程序、满足立法的位阶要求制定出来的法律规范都被认为是有效的。不同历史时期、不同的国家对规则有效性的形式要求会有不同，如在判例法国家，只要判决是合法作出，同时不与前例相冲突，就具有了法律效力。在成文国家，规则的有效性要求会更多一些，如不能与基本法相冲突，效力级别低的规则不能与效力级别高的规则相冲突等。不管是由判例确定的规范，还是通过立法程序制定的规范，已经公布实施，也就获得了效力。该效力的获得与规范本身是否被人们遵守，是否符合伦理要求没有关系。[①]

阿列克西从三个维度对法律的有效进行分析，立场虽有不同，但实际上恰好从不同角度反映了当前法律规范应具备的有效性特质。即作为一个普遍公众都乐意遵守的法律规范，在形式上必须具有规范意义上的效力，在内容上必须体现公平正义性，在实施效果上必须是获得广泛的自愿遵守。即法律规范的有效性应综合法教义学、法伦理学和法社会学有关法律有效性的标准，在这样语境下的法律规范，才是人们心目中的良法，才能真正实现有效性。

3. 伯恩 · 魏德士的有效性理论

伯恩 · 魏德士（Bernd Ruthers）在其《法理学》一书中，将法的有效性区分为法律效力、现实效力和道德效力三类。这与阿列克西的分类有点类似。

在魏德士看来，法律效力是法的应然效力，即法作为由国家制定或认可，并由国家强制力保障实施的行为规范，理所当然有效。法的现实效力，是指法在实施过程中，实际获得遵守的效力。如果法被人们遵守，那么，它这种现实效力就存在，至于人们守法的动机是什么，则无关效力。法的道德效力，则是指法被人们认可和接受的情况。如果人们遵守法律，是因为法律本身具备道德性，而不是因为法律的强制性，那么，法就具有道德效力。[②]

伯恩 · 魏德士认为，法律规范的当然有效，是因为它是根据“有效的（gel tend）”程序制定、实施且没有被依法废除。法律规定的“法律”效力的重要特征，就是法律规定具有普遍效力，法律规范的接受对象应无一例外地受到它的约束。法律的现实效力，则是指法律被人们遵守的状况。如在有些领域，有法不依，且不被发现，那么，针对这些领域的法律规范的现实效力是不足的。但不影响这些规范的法律效力，它们依然是有法律效力（Die Juristische Geltung）的规范。另一方面，多数人对法律的遵守，都是认同法律所体现出来的价值理念，而不是因为害怕法律的制裁，大家的这种共同的确信，就构成了社会的普遍道德基础，如法律对基本人权的尊重和保护等，这就是法律的道德效力。由于道德效力最具稳定性，最能体现出法的实效性（Wirksamkeit），因此，现代国家在制定法律时，都会考虑立法的正当性，尽可能让制定出来的法具备道德效力。

---

① 郑永流：《法的有效性与有效的法——分析框架的建构和经验实证的描述》，《法制与社会发展》2002 年第 2 期。

② ［德］伯恩 · 魏德士：《法理学》，丁晓春、吴越译，法律出版社 2013 年版，第 148 ～ 149 页。

4. 哈贝马斯的有效性理论

哈贝马斯对“有效性”作“事实有效性”和“规范有效性”的区分，前者也称为“合法律性”“确定性”，后者称为“合法性”“正确性”。哈贝马斯认为，在康德法权理论中，法律的有效性分为两个方面，即自由和控制。因此，一个法律规则包含“得到接受”和“合理可接受性”两个方面的要求，前者是指社会的或事实的有效性，即法律实施后的实际接受程度如何，它可以只关注形式而不牵涉合理性的内容要求，对那些为人所熟知的、自然发生的事实性问题，它并不在意。后者是指法律的合法性或有效性。这种合法有效性取决于立法商谈的兑现程度，以及是否经得起在现实的、伦理的以及道德维度下去衡量其合法有效性。哈贝马斯认为法律规则的合法性是独立于它的事实性而运行的。①

同时，哈贝马斯从交往行动理论角度分析，认为法律有效性可以通过两个方面来衡量：一是根据法律平均被遵守情形来衡量的社会有效性；二是要求法律被规范遵守主张本身的合法性。针对这两种不同的有效性要求，行为主体（法律共同体成员）在面对同一条法律规范时可以采取两种不同的行为方式。对于那些倾向于自己成功的主体，他会采取策略性行为，规则对于他而言只不过是外在的事实性障碍，他所做的是理性计算遵守或违反规则所带来的不同后果，并进行利益最大化的博弈。但他也可以选择合作的态度，与其他行动者就行为获得成功所必须的条件达成理解，这时候，法律规则对于每个交往活动主体而言则是对其自由意志的约束。因此，规则的有效性（Rechtsgültigkeit）需要同时满足两个条件，一是行为的合法律性（Legalität），二是规则本身的合法性（Legitimität），前者需要靠法律的强制力保障规则得以遵守；后者则以法律自身的合道德性获得公众的认可，进而自觉遵守。②

法律有效性的两个方面既有联系，又具有一定的独立性，即合法性不以合法律性为前提条件。但合法律性的规则在满足合法性的条件下，被人们遵守的程度就会越来越高，反之则低。

哈贝马斯将有效的行为规范表述为：“只是所有可能的相关者作为合理商谈

---

① ［德］尤尔根·哈贝马斯：《在事实与规范之间——关于法律和民主法治国的商谈理论》，童世骏译，三联书店 2003 年版，第 35 页。

② ［德］尤尔根·哈贝马斯：《在事实与规范之间——关于法律和民主法治国的商谈理论》，童世骏译，三联书店 2003 年版，第 37～38 页。

的参与者有可能同意的那些行为规范才是有效的。”哈贝马斯对法律有效性的分析是建立在交往理性的基础上的一种动态分析。它认为法律有效性不是不变的，而是存在一定的张力，法律有效性本身就是对通过民主程序对张力沟通的结果。

哈贝马斯的有效性理论较之前人，有了更大的发展。他通过沟通机制、交往理性把前人的成果进行了整合，把法律有效性抽象为事实有效性（合法律性）和规范有效性（合法性）两个维度。哈贝马斯的事实有效性包含了凯尔森的有效理论、阿列克西的社会学有效性和法教义学有效以及魏德士的法律应然效力和实在效力。规范有效性（合法性），则把自然正义法、伦理学有效性概念以及法的道德效力收入麾下。

本书在探讨行政执法有效性时，也借鉴了哈贝马斯对法律有效性的两分法。不同的是本次采用形式有效（合法律性）和实质有效（结果的合法性）的表达方式，来诠释执法的有效性。同时认为哈贝马斯的交往理性理论，在运用到执法有效性方面，不管是形式有效还是实质有效都有显著效果。交往理性在保障行政执法有效性方面的魅力正是本书研究的重点，本书将在第五章进行详细论述。

二、行政执法有效性理论的提出

法律的有效性和行政执法的有效性有着紧密的联系，但也有区别。行政执法是法律适用、实现的一种重要方式和途径，行政执法的有效程度直接反映了法律本身的有效情况，法律的有效性又在很大程度上影响甚至决定着行政执法的有效性。如根据现行法的规定，依据无效法律进行的行政执法必然引起该行为无效的法律后果。但法律的有效性，并不是达成行政执法有效性的唯一因素，如政府本身的有效性、执法主体的有效性等，都会对行政执法有效性产生重大影响。

（一）政府有效性

在探讨行政执法有效性内涵之前，我们首先要了解行政执法的首要主体——行政机关，即政府的有效性问题。

根据马克思·韦伯有关官僚统治的分类，认为政府合法统治类型有三种。

一是因其合理性而合法有效的统治。这种统治类型是统治者或统治集体通过设计合理的制度，并通过合理制度建立起来的秩序进行合法的统治。是法律的统治。

二是因其传统性而合法有效的统治。这种统治是基于历史传统的沿袭，人们已习惯于认可当前统治者的神圣性和权威性，统治者并据此获得了统治的合法性。

三是因个人魅力而合法有效的统治。因个人魅力而进行的有效统治，是个人崇拜的结果，必须有所谓的时代英雄或领袖的出现。[①]

在上述三种统治类型中，人们服从统治的内容是不一样的。在法律统治类型中，人们服从的是制度，即人们根据设计出来的秩序赋予的权利和义务行事。在传统、世袭的统治类型中，人们服从的内容根据传统、惯例而定。在领袖统治类型，人们服从的效力范围来自内心对领袖个人的崇拜程度。

法律统治是当今世界最主要的统治（治理）方式，各国在坚持法律统治的同时，因国情的不同、传统性统治和个人魅力统治因素对政府统治（治理）的影响程度各有不同。韦伯认为，法律的统治包含以下相互关联的基本要素：①任何规则都可以通过一定的程序合理制定；②每个法律制度都是有意识制定的，并借助于行政、司法适用于个案，促使法律所设定的利益的实现；③统治者依法发布命令，其本身又受法律秩序的制约；④人们对主权者的服从，仅是服从主权者依法获得的管辖权限，超过该权限，人们可以置之不理。

同时，韦伯还指出，合理的统治应具备如下特征：（a）官方事务的行为是根据既定规则持续地实施。（b）官方事务这种行为是在既定管辖范围内实施。这包含着三个方面的内容：一是既定范围有明确的分工；二是在既定范围内，有权发布相关的命令；三是职权行使，有强制保障做后盾。（c）上述行为链称之为代理，体现官方等级的原则。即该秩序规定了每一个代理之间的上下级关系，以便上级可以控制或监管下级，并可驳回下级的上诉或抗议。（d）各种代理据以行动的规则可以是技术规则或规范。（e）合理性在于行政职员完全与行政的供给或其他手段分离。即在行政职员中的官员或雇员均不拥有行政机构的

---

① ［德］马克思·韦伯：《论经济与社会中的法律》，张乃根译，中国大百科全书出版社 1998 年版，第 15 页。

任何供给和其他手段；他们领取报酬，并可以计算。官员的基金与官员的私人基金是完全分离的，其工作场所与其私宅相分离。(f) 在充分合理性的条件下，不能侵占任何办公场所。对于法官或其他官员甚至是员工来说，他们都有“权利”拥有一定的工作场所，但是，这种权利并不意味着官员成了该工作场所的所有者，而是为了保障履行由一定规范决定的职责。(g) 所有行政活动均记录在案，甚至是口头讨论发生的地点也不例外。至少是最初的讨论，讨论的根据和最后的决定、命令都记录在案。(h) 法律的统治可以有直接民主型、荣誉型、官务型等数种形式。韦伯认为，最纯粹的法律统治是由官僚行政职员实施的统治。①

政府具有多重属性，不同的面其价值取向也不完全一致。如作为国家机构的政府和作为公共权力机构的政府以及作为行政机关的政府，其存在的有效性评价标准也不一样。我们认为政府的有效性，体现在其治理过程中与公众的需求存在多大程度的一致性以及公众的满意程度。如前所述，我国政府当前进行建设的根本目的是“一切为了人民”，同时，执政党——中国共产党十八大指出，“为人民服务是党的根本宗旨，以人为本、执政为民是检验党一切执政活动的最高标准”。“任何时候都把人民利益放在第一位”，并提出推进“全面依法治国”等目标②，那么政府执政的有效性就应该体现如下价值要求：第一，政府行政的最终目标是为了全体人民；第二，政府行政的过程体现了公众的参与，实现了价值的互动；第三，行政主体的行政行为具备合法性要求。这些标准是相辅相成、相互依存的。即政府行政行为过程的公众参与以及合法性要求都必须围绕为人民服务的最终目标，否则即使行政行为表面合法，给了互动的机会，只要目的不正，也难以实现有效性。或者政府的出发点是为了公众，但在执法过程中，未能听取公众的意见，缺乏有效的沟通平台，结果就会变成政府的一厢情愿，无法体现公众的真正需求。③另外，由于政策的执行，在具体实施过程中会因人而异，如果缺乏应有的法律标准和尺度，那么政府有效性也将难以彰显。由此，政府应如何行政，何以执法，并以何种内在机理回应公众需求，实

① 参见 [德] 马克思·韦伯:《论经济与社会中的法律》，张乃根译，中国大百科全书出版社 1998 年版，第 15～17 页。

② 马克思主义理论研究和建设工程重点教材编写组编:《毛泽东思想和中国特色社会主义理论体系概论》，高等教育出版社 2015 年版，第 247 页。

③ 杨博:《论政府有效性——基于西方公共行政理论演进的视野》，华中师范大学博士论文 2015 年。

现具体行政执法的有效性，最终实现政府行政有效性的最终目标，是本书研究的核心内容。

（二）行政执法有效性

关于行政执法的有效性研究，从行政法的角度，主要是针对行政执法本身的合法律性，是一种应然的规范研究，即根据现行的法律判断一个行政执法行为是否具有法律上的效力。从法哲学、法社会学的角度，主要是针对行政执法的实际效果，站在行政相对人、社会公众的视角，审视其正当合理性及可接受程度。本书对行政执法有效性的研究，综合上述视角，认为执法的有效性既包括法律上的形式有效、逻辑有效，也包括实质上的有效，实现了“作为公平的正义”（罗尔斯语）。

1. 行政执法的效力

国内学者关于行政执法的有效性研究的论著并不多。从中国知网检索到的少量资料看，这些学者的研究多集中在对行政行为在实定法上实际体现的效力研究上。如章志远在其博士论文《行政行为效力论》中，用语义分析、规范分析、个案研究及比较研究等多种方法，对行政行为的效力理论进行梳理研究，他认为行政行为效力的内容，包括行政行为的公定力、不可变更力、执行力和不可争力，行政行为效力的形态包括行政行为的无效、生效、有效、失效、效力中止以及恢复六种形态。① 李琦在《行政行为效力新论——行政过程论的研究进路》一文以过程论为视角对行政行为的成立、生效、失效、存续力、拘束力、执行力等进行研究。② 刘平在其著作的《行政执法原理与技巧》一书中，除了对行政行为的公定力、确定力、执行力、不可争力等效力做出论述外，还对行政执法依据的时间效力、地域效力、对象效力、事项效力等进行研究。③ 综上，可见我们国内有关这方面的研究极少涉及有关行政行为效力的实质问题，即研究多数停留在行政法（实定法）领域，且主要对行政行为效力中的“拘束力”进行探究，未上升至法理学、法哲学的高度对其公平性、正义性进行剖析。本书对行政执法的有效性研究则更多指向的是行政执法的合法性和合理性（公平正

① 章志远：《行政行为效力论》，苏州大学博士论文 2002 年。

② 李琦：《行政行为效力新论——行政过程论的研究进路》，中国政法大学博士论文 2005 年。

③ 刘平：《行政执法原理与技巧》，上海人民出版社 2015 年版，第 12 ～ 20 页。

义性）的问题，符合法律规定，仅仅是行政执法有效性的一个维度。

2. 行政执法有效性

韦伯则对法律在司法、行政适用中出现的法律思想作非合理性和合理性的区分，并认为非合理性和合理性都存在形式的（非）合理性和实质的（非）合理性的区别。根据韦伯有关合理性和非合理性的区分，在行政执法领域具体表现如下。

（1）形式的非合理性。即根据神明裁判等超理性的控制范式作出执法决定，决策过程不遵守基本规则。

（2）实质的非合理性。不遵守基本规则，根据个案作出决定。

（3）形式的合理性。形式的合理性包括外在的、逻辑的两个方面。外在的是可视、可观察的外部行为的合理性；逻辑的，是指可根据逻辑推理抽象出来的规则，这两种形式都是在遵循基本规则的前提下依法作出的合理性。

（4）实质的合理性。实质合理性虽然也遵循基本原则，但只是遵循基本原则的精神，如公正、正义、道德、政治权威等，对法律的具体规定可以不予理会。[①]

本书认为政府的最大功能应归结于“有效行政”，有效行政的前提与保障则是“于法有据”，这个法，一是宪法、法律法规，运用法治思维和法治方式，依法行政；二是自然之法、辩证法，遵循客观规律，执政为民。本书将前者称之为执法的形式有效，后者称之为实质有效。据此，本书在行政执法有效性方面，是借鉴韦伯形式有效性（合理性）、实质有效性（合理性）的分类，对行政执法有效性作形式有效和实质有效的区分。

3. 本书对行政执法有效性的研究范畴

针对我国目前行政执法领域存在的因钓鱼执法导致的案件事实认定不清，因暴力执法导致的执法程序、方式方法错误，因选择性执法引发的公平性问题，因弹性执法导致的行政执法裁量权滥用，因部分执法依据本身缺乏正当性，导致执法结果显失公正，因案件事实定性不准确（如言论自由与寻衅滋事的区别）导致的人心向背等问题，引发的执法“有效性”危机，暴露了执法领域存在着合法律性与合法性的缺失以及二者之间的紧张关系。哈贝马斯把它称之为事实

① ［德］马克思·韦伯：《论经济与社会中的法律》，张乃根译，中国大百科全书出版社 1998 年版，第 25 页。

有效性与规范有效性之间的张力问题，韦伯则把这种想象归结为形式（非）合理性和实质（非）合理性问题。本书针对我国当前行政执法有效性不足的问题，借鉴了哈贝马斯和韦伯的法律思想，划定本书的研究范畴。

本书中的行政执法有效性是指执法主体通过执法活动，达到执法预期的目的，取得预期的效果，获得执法对象的接受和公众的普遍认可。反之，执法的无效或低效，是指执法不能实现预期的目的和效果，或仅实现部分效果的情形。同时本书认为行政执法的有效应体现在：一具备实定法上的效力；二兼具自然法的效果。本书把前者称之为形式有效，后者称之为实质有效。其中形式有效包括两部分：（a）合法律性。这里的合法律性是指行政执法行为在形式上必须符合实定法的规定。具体包括符合实体法和程序法及其基本原则的要求。这是由行政执法的从属法律性决定的。（b）逻辑有效。即执法的整个过程符合法律逻辑推理，可通过大小前提推出结论，即在前提真的情况下，结论必然为真。这是由行政执法的过程性决定的。实质有效是指是否取得了预期的效果，是否为公众所接受，是否体现了当前社会的公平正义观，是否最终实现了执政为民的宗旨。这是由行政执法的服务属性决定的。

本书对行政执法有效性作出形式有效和实质有效的划分，是一种应然的静止状态。在实际行政执法过程中，有效性的实现是一个动态的、交往理性的过程。正如哈贝马斯所言，只有在法律商谈中，法律才能同时满足事实有效性和规范有效性。行政执法形式有效和实质有效的实现也只有在主体间性的“理想话语情境”下才有可能。

本章小结

当前行政执法领域暴露的一些问题，如“抱摔式执法”“抽梯式执法”等事件，让本就因选择式执法、“钓鱼式执法”、“运动式执法”等花式执法质疑声不断的行政执法，再一次处在人们的风口浪尖之下。执法有效性问题引起了人们的普遍关注。行政执法的有效性问题，不但事关人民群众的人身、财产安全，而且关系到公众对政府的信任和国家的长治久安。因此，如何提高行政执法的有效性，让伤害不再发生，让人们在政府的服务与合作中接受执法、支持执法，是当前迫切需要解决的问题。如前所述，在我国，导致执法有效性不足的原因是多方面的，如有的执法依据缺乏正当性、执法行为缺乏必要的论证、执法决定缺少公众的参与、执法人员缺乏服务意识、执法程序缺乏制度保障等。要提高执法有效，就必须从存在的问题入手。本书认为，法治首先是规则之治，行政执法行为首先应该遵循预先设定的一般性规则，并且以内在于规则体系的准则来行事；其次，行政执法行为是一种典型的公共服务行为，执法行为本身的正当性、合理可接受性是执法主体在执法过程中必须考量的重要依据，因此，一个有效的行政执法行为应兼具形式有效和实质有效的基本要求。这也是行政执法本身的从属法律性、过程性和服务性所决定的。其中行政执法最核心的属性是服务性。只有明确行政执法的基本属性，做出的具体行政执法行为才能更好地实现合法、合理、可接受的目标。

第二章
行政执法形式有效性之合法律性

今天合法性最普遍的形式，便是对合法律性的信仰，也就是服从形式正确的以一般方式通过的成文规定。

——[德]马克斯·韦伯

根据现代国家观念，必须承认法律——制定的法律——不但是公民的权利和义务的来源，而且是所谓主权者的权利或政府的一切构成权的基础。

——[俄]克拉勃

行政执法行为合法律性，是指行政执法行为形式的合法性，即符合当前实定法的规定，包括实体法和程序法的规定。行政执法行为有效性之合法律性，是由行政行为的法律从属性决定的。“合法律性”（Legalitat）概念形成于19世纪，被赋予了确定的保护功能，它表征着政府的行为或行政执法必须与国家的法律一致，这种合法律性，在西方国家的法律语言中又被称之为“立宪制的合法律性”（Légalité Consitiutionelle）或“法律支配主义”（Rule of Law）。法律概念的合理化、科学化与合法律性概念的形式化、具体化相符合，借助于合法律性概念的形式化，更能够使行政管理的有效控制贯彻下去。① 在现代社会，任何权力得以合法化，都是在现存的法律框架体系内，通过法定的程序实现的，而不是通过个人权威、名望等。法律的形式化，不但为执政党的行政管理行为提供保障，而且可以给对手提供某种至少形式上的平等对待机会，这是一个社会能有效治理的基本条件。正如德国法学家奥托·基希海默所言，合法律性所提供的形式平等的机会，是每个不再是封建的、不再受传统束缚的、合理转变的法律秩序之特殊本质。不但政府权威的形成，而且行政权力的有效运作都应首先属于合法律性概念。②

①② ［德］奥托·基希海默:《合法律性与合法性》，王凤才、孙一洲译，《国外社会科学》2017年第2期。

第一节 “基于合法律性的合法性”

一、“基于合法律性的合法性”

德国著名哲学家马克斯·韦伯认为，基于合法律性的合法性模式，是现代法的显著特征，是一种形式化的合法化模式。在韦伯看来，“合法律性”是指人们的社会活动，特别是政府的行政行为与当前国家的实定法相符合；而“基于合法律性的合法性”则是指法律本身即具有强制力和约束力，不需要借助超越法律的其他价值，便可以实现被管理者服从管理的目标。这就是韦伯意义上的合法性。这种合法性来源于参与者皆认可法律本身的规定，即合法律性是合法的，因此，自愿接受了这种形式，并认同某些人基于法律的规定享有合法的权威，对违背法律者，有惩治权，即有权强制其服从。① 可见，韦伯提出的基于合法律性的合法性其实就是统治者实施统治的一种方式、方法和策略。法律秩序（政治）合法化的过程就是统治者利用当前的法律并通过所谓的民主制度，如投票制度、民意代表制度等，让被统治者或对手在既定法的程序规定下接受这种形式（如既定法与统治者目标价值不符，可通过修改法律的方式实现），如有不服从者，统治者可以运用政治手段，借用暴力工具（这种权力来源于现有法律对统治者授权，可以对不服从统治的相对人进行暴力强制）争取被统治者认可其统治的一个过程。

基于合法律性的合法性，不仅是既定法本身得以合理化的结果，同时是我们社会合理化的内在要求。在韦伯看来，社会合理化虽然开始于文化合理化，但在演化、发展过程中，也促使其他领域如道德实践、艺术审美以及科学认知等价值领域也开始抽象出自身的逻辑规律，符合目的理性、形式理性的要求，

① [德] 马克斯·韦伯：《社会学的基本概念》，顾忠华译，广西师范大学出版社 2005 年，第 48 ～ 49 页。

并遵循自身的逻辑规律发展，由此，目的理性、合理化、形式化成为当前社会的一种趋势和组织原则。具体表现在目的理性使统治者的政治、经济管理体系得以以符合统治者意志的形式形成，形成后的政治经济体系需要通过合法律性的形式使之合法化并固定下来。当然，法律本身的合法化也是需要通过法律系统的内在运行逻辑机制去实现。

与韦伯对“合法律性的合法性”关注的视角不同，哈贝马斯关心的是基于合法律性的合法性怎么能实现的问题。哈贝马斯认为，基于合法律性的合法性之所以能实现，是因为现代法律本身所具有的形式合理性。这种形式合理性，表现在三个方面：一是法律逻辑结构的合理性。这种逻辑结构的合理性可以确保法律的确定性，使其工具性价值得以体现。即人们可以根据法律的模式化规定，判断行为的后果，预知行为事实与法律后果之间的联系，为公正司法、严格执法提供依据。二是行为选择的合理性。现行有效的法律都必须是公开的、相对稳定的、为公众所熟知的，因此公众可以在熟悉法律规定的基础上，综合权衡利弊，选择自己的行为，法律的公开性为公众行为的合理选择提供了保障。三是科学合理性。法律的科学合理性是因为法律的职业化形成。法律的运用、解释需要依赖于法科专家。法律的科学性反过来又促使法律越来越形式化、可量化、职业化，法律的形式合理性的特质就越来越突出。“基于合法律性的合法性”因其具有独特的知识论基础、严谨的逻辑体系和专业化的技术保障，愈发显得科学合理。哈贝马斯关于法律本身所具有的三个形式合理性特征，可以表述为法律的确定性、公开性和职业化。法律的确定性可以让人们对法律有更好的预期，根据法律的规定情况预判行为的结果。法律的公开性以及普遍性赋予了人们更多的私人自主（Private Autonomy）权，人们不会再因为法律的深不可知与可能的因人而异而致选择的迷茫中。法律的职业化则为法律本身的形式化的完善和运行提供了专业的保障。实在法本身的工具理性和不可随意支配性，可以让人们形成守法的习惯，进而认可这种形式合理性的正当合法化。在哈氏看来，马克斯·韦伯就是希望借助法律这三个方面的形式合理性，而确立社会运行合理化应遵循的基于合法律性的合法性模式。①

上述韦伯、哈贝马斯的“基于合法律性的合法性”即是指符合法律规定、

① 孙国东：《基于合法律性的合法性——从韦伯到哈贝马斯》，《法制与社会发展》2012 年第 2 期。

法律秩序的形式合法有效性。这种基于合法律性的合法性具有很强的现实意义，不但直观，且容易操作和实现。在行政执法过程中，基于合法律性的合法性也是行政执法必须遵循的准则，是执法有效的必要形式条件，合法律性是当前行政执法行为有效的最显著的外在形式特征。

二、合法律性是行政执法的首要原则

行政执法的合法律性，通俗地说就是依法行政，它是一切行政行为必须遵循的首要原则。法国法学家莱昂·狄骥（Leon Duguit）指出，政府必须遵守国家制定的法律，只要该法律存在（如果统治者认为法律本身影响其统治，可以修改或取消），国家的一切行为，包括政府的行政行为、司法机关的司法行为、立法机关的立法行为等都必须在既定的法律框架内运行，只有这样，这个国家才算是现代意义上的法治国家。[①]

合法律性作为行政执法的首要原则，是指行政主体在享有法律上的权力同时，所有的执法行为都必须遵守法律的规定，接受法律的规制。合法律性在行政执法过程中具体是通过法律优先和法律保留两大原则体现出来的。

（一）法律优先原则

法律优先原则（Vorrang des Gesetzes）理念的提出，是源于主权在民的思想。因为在民主国家，政府行政的目的是为人民服务，以人民利益为重。行政机关服务的依据和准则是法律，即依法行政。而法律是由代表民众意志的立法机关，如我国的全国人民代表大会制定的，因此，作为民意代表的法律本身首先就优越于其他机关制定的规则，包括行政命令等。行政命令、行政行为都不得与法律相抵触。正如奥托·迈耶所言：以法律形式出现的国家意志依法优先于所有其他形式表达的国家意志；法律只能以法律的形式才能废止，而法律却能废止所有与之相冲突的意志表达，或使之根本不起作用。[②] 法律优先原则，在各国基本法里一般都有体现，特别是大陆法系的国家。如德国《基本法》第

---

① [法] 莱昂·狄骥:《宪法学教程》，王文利等译，辽海出版社、春风文艺出版社 1999 年版，第 29 页。

② [德] 奥托·迈耶:《德国行政法》，刘飞译，商务印书馆 2002 年版，第 70 页。

20 条第 3 项的规定：立法权受宪法的约束，行政权和司法权受法律与法的拘束。我国《宪法》第 5 条也有类似规定：……一切国家机关和武装力量、各政党和各社会团体、各企业事业组织都必须遵守宪法和法律。一切违反宪法和法律的行为，必须予以追究。①

就行政执法而言，法律优先于行政权是法律优先原则的核心内容。行政权的行使必须以法律为指导和依据。一切与法律相抵触的行政行为均无效。这种行为包括行政主体的法律行为，也包括事实行为，即行政机关的一切行为都必须依法进行，同时接受法律的约束和监督。但法律优先原则与行政的自由裁量权并不冲突，法律优先原则目的在于防止行政行为违背法律，在法律没有明确规定的领域，行政权可以根据法律精神发挥作用，法律优先原则对依法行政的要求是只需不消极违背法律规定即可。

要确保法律的优先性地位在实际过程中得以实现，需要满足一定的条件，一是对法律规范的位阶次序进行确认，同时规定授权性命令也属于受法律优先原则限制的范畴。二是除法律规定需要明确具体外，必须要有对违反法律优先原则的后果规定。否则，所谓的法律优先因为没有保障而变得毫无意义。②

（二）法律保留原则

所谓法律保留（Vorbehalt des Gesetzes），是指宪法（基本法）关于人民基本权利以及涉及公共利益等重大事项，必须由立法机关通过法律来规定，行政机关不得擅自做出规定和擅自行为。即在法律保留事项内，行政机关实施行政行为必须有法律的明确规定，无法律明确规定的行政行为将被认定是无效的。法律保留原则产生于 19 世纪初，德国行政法学之父奥托 · 迈耶最早提出该概念。该原则的最初目的是禁止行政机关在没有法律规定的情况下对个人自由和财产权利的干预，因此，法律保留就是在特定范围内对行政权自行作用的排除。一开始，法律保留的范围仅局限在干预行政类型和侵害行政类型，范围较窄。但随着行政权的扩张，人们对行政权的泛滥产生了担忧，为了更好地保障公众的利益免受日益膨胀的行政权的侵害，各国对法律保留的标准有了新的扩大认识，如把“内部行政”“给付行政”等内容也纳入法律保留的范围中。目前，学

---

① 参见《中华人民共和国宪法》（2004 年修正）。

② 参见周佑勇：《论德国行政法的基本原则》，《行政法学研究》2004 年第 2 期。

界公认的法律保留标准一般是认为凡涉及基本人权及公共利益的“重要事项”，均必须保留由立法者自己制定法律，紧急处置权、事务结构上的不能以及法定行政保留事项除外。

法律保留原则，对于行政执法而言，意味着如果执法活动是在法律保留范围之内的，那么，没有法律的明确授权，行政执法主体不得自行处理，否则，将因为“缺乏法律依据”而导致行为的无效。如果行政执法行为是在法律保留之外的，执法主体无须法律的专门规定或授权，得以根据自由裁量权行事。该行为的合法性得以认可，但行政行为的自由裁量权要受到行政合理性原则的拘束，而不能恣意为之。

三、行政执法行为合法律性的范畴

行政执法行为合法律性，通常认为既包括实体合法，也包括程序合法。具体而言，不同的学者有不同的分类。如美国学者伯纳德·施瓦茨认为行政执法合法律性包括三个方面：一是行政机关具有的权力是否符合法律规定；二是行使这些权力的法定要件是否具备；三是对不法行政行为的补救。[①] 我国学者刘平认为认定一个具体执法行为是否合法，有五项标准：事实认定清楚，证据确凿；依据合法；符合法定权限；程序正当；形式合法。同时，他还认为行政执法行为合法律性的认定也是一个逻辑的推理过程。大前提为法律条文规定的行政职权或职责；小前提是行政主体的行为事实（该事实与条文规定一致或不一致）；结论是法律后果，即肯定或需要纠正。[②] 本书从行政执法形式有效性的角度，认为行政执法合法律性主要包括执法主体合法、依据合法、执行行为合法以及程序合法四个大的方面。

---

① ［美］伯纳德·施瓦茨：《行政法》，徐炳译，群众出版社 1995 年版，第 203 页。

② 刘平：《行政执法原理与技巧》，上海人民出版社 2015 年版，第 86 页。

第二节　行政执法主体合法

行政执法主体合法，主要包括两个方面，一是指作为行政执法主体的机关或组织本身应具备执法的资格，该资格或法定或授权取得。二是具备执法权的行政主体在实施具体的执法行为的时候，必须符合法律规定的权限，不能越权或推诿，否则，该执法行为亦无效。

一、行政主体应具备执法资格

所谓行政主体，即行政权的行使者。任何一项行政执法行为，要判断其是否有效，首先要看该行为是由谁来实施的。主体不合格，行为肯定无效，而且是自始无效。

行政主体的概念，在我国行政法学中是一个舶来品。长期以来，我国不管是在行政法学实践领域还是在理论界都是用“行政机关”“政府”“行政组织”等来指称行政行为的主体。但随着行政法学理论研究的不断深入以及行政执法实践的不断积累，新情况不断出现，行政机关的概念已经不适应行政执法实践的需要，特别是涉及责任主体认定，行政机关的概念已经无法做到逻辑上的自洽了，其内在缺陷逐步显现出来。如行政机关本身内部的组成机构就很多，且各有不同的权责，在法律上的地位因权责不一也各不相同；机关身份多重，在民事、行政管理中也是身份各异；除了行政机关外，其他社会公共组织也承担着一些行政任务。因此，行政机关的概念已经不能涵盖行政主体的全部内容了。在 20 世纪 80 年代末期《行政诉讼法》制定过程中，行政机关概念的局限性进一步显现了出来：如何确定行政案件适格的被告主体？行政机关概念已难以胜任这一使命。也正是在这一时期，法国、日本的行政法学相继被引入我国。王名扬的《法国行政法》于 1988 年正式出版；同年，日本行政法学者南博方的

《日本行政法》也在我国出版。行政主体逐渐取代行政机关，成为国内行政法学教科书中的核心概念。

对于行政主体的含义，虽然不同的学者有不同的理解和表述，但对其基本特征的理解基本上是一致的，概括起来有四个方面：一是行政主体不能是个人，必须是一定的组织，可以是行政机关也可以是非行政机关；二是行政主体必须是依法享有一定行政职能的组织；三是行政主体必须是能够以自己的名义独立行使一定行政权的组织；四是行政主体必须是能够以自己的名义独立承担法律责任的组织，即一般具备行政诉讼的主体资格。[①] 在实务界，实际履行行政执法功能的组织主要是法定的行政机关、法定授权组织以及行政委托组织。

（一）法定行政机关

法定行政机关，是指由法律、法规和规章明确行政职权的国家行政机关，也被称为职权行政主体。就我国而言，在国家层面包括国务院及其组成部门、直属机构、和国务院部委管理的地方局；在地方层面包括各级地方政府以及县级以上地方政府的职能部门和县级地方人民政府的派出机关。需要指出的是行政机关的内设机构不能以自己的名义独立对外行使执法权。行政机关要取得行政执法权，首先要具备硬件条件，即具备行政机关的资格，必须具备以下条件：①其成立已获法定机关批准（在我国是编办）；②依法确定了职权、职责与权限；③有相应机构设置和人员安排；④国家划拨有独立的行政经费；⑤有符合条件的办公地点和办公条件；⑥对成立情况进行公开、公示。[②]

从逻辑上来推定，行政机关应当是行政执法的主体，因为实施、执行法律是行政机关的基本职能。也就是说，从广义上讲，行政机关都是执法机关，但从狭义的角度，并非所有的行政机关都是执法主体。因为有一些行政机关并不具有具体的执法职能，而只有决策职能，或按照决策进行管理的职能，或者提供公共服务职能等。因此，只有法律、法规和规章明确规定了行政机关的职权和职责，其才能成为执法机构，所以行政执法主体本身的确认需要法定，即执法主体需要合法律性。

① 参见章志远：《行政法学总论》，北京大学出版社 2014 年版，第 126 ～ 128 页。
② 参见罗豪才主编：《行政法学》，中国政法大学出版社 1989 年版，第 54 页。

（二）法定授权组织

在国际公法理论中，授权（Delegation of Power 或 Empower）主要在两种意义上适用：一是指立法机关通过法律、法规直接授予一定组织行政权，这是对权力的最初设定（授予）；二是通过法律的最初设定获得行政权的主体把自己权限范围内的权力转移给其他组织，让其具有授权组织全部或部分执法权。[①] 第一种即我们前面讲的法定行政机关，不再使用授权的含义。我们这里所说的授权组织仅在第二种意义上使用。

法定授权组织，是指经法律、法规的授权可以行使行政职权的具有管理公共事务职能的组织，包括企事业单位和社会团体，也被称为授权行政主体。我国最早规范表述法定授权组织的是《行政处罚法》（1996 年）第 17 条：法律、法规授权的具有管理公共事务职能的组织可以在法定授权范围内实施行政处罚。

法定授权组织有如下特征：①法定授权的主体是立法机关，而且是仅有法律、法规制定权的立法机关，其中法规包括行政法规和地方性法规。具有规章制定权的国务院部门和地方政府无授权资格。②法律、法规授出的是完整的行政职权，既包括行政归属权，也包括行政实施权，即其可以自己的名义独立行使行政职权；而行政委托仅只涉及行政实施权，意味着不能以自己的名义执法。③授权对象是行政机关以外的社会组织，其不应该是一个公务法人。④法定授权遵循一次性授权原则，即当被授权组织得到行政职权之后，其不得将行政职权再行授予或者委托其他组织和个人行使。这符合一般法治国家普遍遵循的被授予权力不得再委任的法治原则。⑤授权的方式必须是公开的、规范化的，能为社会公众所了解。

（三）行政委托组织

法定行政机关原则上应该亲自行使行政职权。但因条件限制或其他因素导致某些法定行政机关无法亲自行使职权，需要由其他组织代其行使职权时，行政委托制度便应运而生了。但这制度并非我国特有。在许多法治国家都有类似的制度安排。如在德国，行政委托是指国家等行政主体将公权力交由人民行使

---

① 参见罗豪才主编:《行政法学》，中国政法大学出版社 1989 年版，第 55 页。

的现象，而且将受托行使公权力之人视为德国《行政程序法》（1976 年）第 1 条第 4 款所称的“行政机关”。[①] 行政委托理论比较成熟的日本，其对行政委托的界定，对我们有较强的借鉴意义。日本把行政委托称作“行政（权限）代理”，并认为行政代理是指：将甲行政主体的权限的全部或一部分，交由乙行政主体以甲的名义来行使，乙行使该权限所产生的效果，作为甲的行为所发生的效果。日本行政法学把行政代理分为授权代理和法定代理两大类。[②] 在我国，最早规范性表述行政委托组织的是《行政处罚法》，之后在《行政许可法》里也有表述。但意思有差别。但总的说来，行政委托有如下特征：（1）行政委托的一方应当是行政机关。其他组织性质的行政主体和非行政主体都无委托权，如授权组织就不能将行政职权再行委托给其他组织代为实施。（2）行政委托要有法律、法规、规章的具体规定，也就是具有法定的性质，同时，又要有委托机关具有的授权。如《行政处罚法》第 18 条规定：行政机关依照法律、法规或规章的规定，可以在其法定权限内委托符合本法第 19 条规定条件的组织实施行政处罚。从中可以解读出：一是委托需要有法定的依据；二是受委托组织需要符合法定条件；三是委托范围必须是在委托组织的权限范围内。在实践中，这一委托还需要办理相关手续，即以书面方式进行，或形成委托文件，或签订委托协议等。实际上，我国的行政委托是将日本的法定代理与授权代理合二为一了。当然，行政机关也可以不委托给其他组织执法，其具有自主权。（3）行政委托组织可以是事业单位，也可以是其他行政机关。具体来说，在我国，行政处罚的事项，只能委托给具有管理公共事务能力的事业组织。[③] 行政许可事项，只能委托给其他行政机关。[④] 行政执法时，受委托组织的身份应当通过法律文书向行政相对人明示。（4）行政委托的客体是行政实施权，不包括行政归属权，而且不是行政权能，仅仅是行为权能。因此，行政委托的结果是行政实施权的转移，行政归属权并不会转移。即受托组织不能以自己的名义执法，而要以委

① 胡建淼：《行政法学（第三版）》，法律出版社 2010 年版，第 132 页。

② ［日］南博方：《行政法（第六版）》，杨建顺译，中国人民大学出版社 2009 年版，第 15 页。

③ 参见我国《行政处罚法》第 19 条规定，受委托组织必须符合以下条件：（一）依法成立的管理公共事务的事业组织；（二）具有熟悉有关法律、法规、规章和业务的工作人员；（三）对违法行为需要进行技术检查或者技术鉴定的，应当有条件组织进行相应的技术检查或者技术鉴定。

④ 参见我国《行政许可法》第 24 条规定，行政机关在其法定职权范围内，依照法律、法规、规章的规定，可以委托其他行政机关实施行政许可。委托机关应当将受委托行政机关和受委托实施行政许可的内容予以公告。

托行政主体的名义执法。在行政复议和诉讼中，只能以委托人为被申请人或被告，而不能以受委托人为被申请人或被告。(5) 受委托的组织必须在所受权限范围内行事，如超越授权，将由其自行承担相应的法律后果。如我国最高人民法院《行政诉讼法若干问题解释》第 20 条第 3 款规定：法律、法规或者规章授权行使行政职权的行政机关内设机构、派出机构或者其他组织，超出法定授权范围实施行政行为，当事人不服提起诉讼的，应当以实施该行政行为的机构或者组织为被告。(6) 行政授权遵循一次性委托规则，即受委托的职权不得再次委托。

行政执法主体，除了上述法定的行政机关、法定授权组织以及行政委托组织外，在实践中，还存在一些特殊的执法主体。如我国出现的相对集中行政执法权。这是颇具中国特色的一种行政职权配置。第一次出现在《行政处罚法》第 16 条：国务院或经国务院授权的省、自治区、直辖市人民政府可以决定一个行政机关行使有关行政机关的行政处罚权，但限制人身自由的行政处罚权只能由公安机关行使。这就是所谓的“相对集中行政执法权”制度。最初，国务院以零售的方式，批准了北京等地的城管执法领域的相对集中权，后来批发给所有省、自治区、直辖市的政府自行审批。从目前来看，基本集中在城管执法领域。[①] 当然，中国的这一创新行政执法主体的制度，也遭到了学界的一些质疑。质疑者认为这违反职权法定的原理和行政机关的正常序列。我们认为，在我国，这一制度的产生有特殊的背景原因。主要是因为行政机构改革的难度大，政府职能转变也面临较大的阻力，因此，希望通过精简、统一、效能的原则相对集中的特殊方式，让一个行政机关客观上已经在行使几个行政机关的权力，为下一轮的机构改革作铺垫。但实践的情况并未完全达到这种主观的预期，所以这一制度还需要在实践中继续探索和完善。

二、执法主体权限符合法律规定

符合主体资格要求的行政执法主体的执法行为能否被认定为合法，还需要

① 刘平：《行政执法原理与技巧》，上海人民出版社 2015 年版，第 50 页。

看执法主体的权限是否合法。行政权力是行政行为的核心，是实施行政执法不可缺少的必要条件。但是任何权力的运行都是有一定限制的，行政执法也不例外，法律从各种角度为行政权力设定了各种界限，运用行政权力不能超越这些界限。因此，行政主体在从事执法活动是必须在法定的权限范围内进行。否则，就是不合法的行为。执法主体的权限问题实质上就是职权法定问题，其包括两个方面：一是该执法主体是否具有行使某项行政职权的合法依据。如没有，实施该项执法行为则被认定为违法；如有，不积极履职，则构成不作为，也会被确认为违法。二是执法主体具体执法行为的裁量方式、幅度和种类等是否在广义法律对该具体行政行为规定的范围内。超出规定权限的行为构成行政越权，行政越权往往也会导致该行为无效。

（一）执法主体的职权符合法律规定

“法无授权不可为，法定职责必须为”，这是行政执法应遵循的基本准则。为了明确行政执法主体横向之间、纵向之间的执法权限，在我国，目前推行的是政府根据法律法规等规范性文件制定的部门权利责任清单。通过颁布权责清单，进一步明确、细化各执法主体的权责。如在广西壮族自治区人民政府于2017年1月6日发布的《广西壮族自治区人民政府关于公布自治区人民政府部门权责清单的通知》（桂政发〔2016〕80号）里，审核确认的有关国土执法项目，其中省级国土资源厅保留的行政处罚的范围包括：（1）伪造、变造、买卖地质灾害危险性评估资质证书、地质灾害治理工程勘查、设计、施工和监理资质证书行为的处罚；（2）地质勘查单位以欺骗、贿赂等不正当手段取得地质勘查资质证书的处罚；（3）地质勘查单位变更单位名称、住所或者法定代表人未按规定办理地质勘查资质证书变更手续的处罚；（4）未按规定汇交地质资料的处罚；（5）伪造地质资料或者在地质资料汇交中弄虚作假的处罚；（6）汇交的地质资料经验收不合格，逾期拒不按要求修改补充的处罚等共六项。实行市、县（市、区）属地管理类行政处罚事项范围更广，具体包括未经批准，违法转让、出租、抵押以划拨方式取得的国有土地使用权的处罚；擅自出让、转让、出租农民集体所有土地使用权用于非农业建设的处罚；违反规定转让房地产的处罚；擅自转让房地产开发项目的处罚；非法占用土地的处罚；超过批准的数量占用土地的处罚；农村村民非法占用土地建住宅的处罚；已依法收回但当事人拒不交出土地的，使用临时用地逾期拒不归还土地的，违反批准用途使用土地的处罚；违规批准占用土地的处罚；不按批准用途使用土地的处罚；违反规定占用耕地建窑、建坟或者擅自在耕地上建房、挖砂、采石、采矿、取土等，破坏种植条件的，因开发土地造成土地荒漠化、盐渍化的处罚；违反规定非法占用基本农田建房、建窑、建坟、挖砂、采矿、取土、堆放固体废弃物或者从事其他活动破坏基本农田，毁坏种植条件的处罚等共 80 项。[①] 通过权力清单划分确认的权力和责任，不得擅自变更，上级执法机关不得变相行使已经取消或下放的权力事项，亦不得将本应属于自己执法的事项再次推诿给下级机关执行，否则，将构成超越职权或不作为，这样的执法行为是不符合执法形式有效性之合法律性的特征的。

（二）执法行为的种类、幅度符合法律规定

一个行政执法主体具备某事项的行政执法权，并不意味着就可以为所欲为。如行政处罚，根据法律规定，行政处罚的种类单法条列举的就有警告、罚款、没收违法所得、吊销许可证、执照、行政拘留等 10 种之多，最后还规定了兜底条款：法律、行政法规规定的其他行政处罚等。对于某一个具体的执法主体而言，可能只具有行政处罚种类的一种或几种权限，并非全部权限，如果超过了权限，就欠缺了合法律性的必要条件。如根据我国《行政处罚法》规定，限制人身自由的行政处罚只能由公安机关行使。[②]

关于处罚的幅度，即行政裁量存在几种情况，一是能否超越上限；二是能否低于下限；三是能否提高下限。对于第一种情形，基本上是共识，即行政裁量不能超出上限的规定。而对第二种、第三种情形都有不同的认识。

先看能否低于下限的问题，如法定处罚幅度是 1 万元以上 10 万元以下的，实际处罚金额能否低于 1 万元以下？有观点认为，按照刑法的规定，从轻处罚是在法定刑限度内按较轻的刑罚予以处罚；减轻处罚是在法定刑以下作出处罚。既然《行政处罚法》规定了从轻或减轻的方式，尽管未区分情形，可以按照刑法规则，在法定处罚幅度以下作出减轻处罚。另一观点，则与之针锋相对，认为参照刑法不妥，理由有三。其一，按照行政法定原则，《行政处罚法》第 27

① 参见《广西壮族自治区人民政府关于公布自治区人民政府部门权责清单的通知》（桂政发〔2016〕80 号）。

② 参见现行《中华人民共和国行政处罚法》第 16 条规定。

条规定的依法从轻或减轻的情形，并未对从轻与减轻具体标准予以明确[①]；而《刑法》第 62 条和 63 条[②]分别对从轻与减轻的具体标准予以明确。所以，简单参照刑法的规定缺乏法定依据，有违依法行政原则。其二，从《行政处罚法》的立法本意看，也并未想赋予行政机关这种裁量权，从行政处罚权限设定看，法律在规定行政法规、地方性法规设定相关处罚权时，都限定在上位法规定的种类和幅度范围内做出具体规定，部门规章和地方政府规章的罚款限额则由国务院或地方人大决定，在第 55 条明确“擅自改变行政处罚种类、幅度的”，要追究相关人员的法律责任，意味着不能超出裁量权设定的范围。其三，目前《行政处罚法》规定的与从轻和减轻相关的三种情形，也都没有可以在法定幅度以下执行的规定。第 27 条第 2 款规定，违法行为轻微并及时纠正，没有造成危害后果的，不予行政处罚。该法第 38 条规定，对违法行为轻微，依法可以不予行政处罚的，亦没有选择处罚幅度的权力。同时，该法第 54 条规定，当事人确有经济困难，需要延期或者分期缴纳罚款的，经当事人申请和行政机关批准，可以暂缓或者分期缴纳，也没有在法定幅度以下处分的规定。《行政强制法》第 42 条规定也只规定了执行和解制度，即实施行政强制执行，行政机关可以在不损害公共利益和他人合法利益的情况下，与当事人达成执行协议。执行协议可以约定分阶段履行；当事人采取补救措施的，可以减免加处的罚款或者滞纳金。也没有可以减免至法定的罚款幅度以下的规定。[③]本书认为行政执法与刑事司法是有本质区别的，行政相对人行政法律责任与刑事法律责任的承担方式也不同，行政责任是对轻微违法行为承担的一种法律后果，而刑事责任是指犯罪人因实施犯罪行为所应承受的由国家审判机关依照刑事法律给予的制裁后果，是法律责任中最严厉的责任形式。因此，行政裁量的原则不能简单参照刑法的有关规定，因为行政违法行为（尚未构成犯罪）本身的性质并不算特别严重，当可以适用应当减轻处罚的情形时，这种情况基本上属于“违法行为轻微并及时纠正，没有造成危害后果的”，那么，依法就不应该给予任何行政处罚。所以不存在还应当给予在法定刑幅度以下处罚。如因接送小孩上下学，在路边短暂停车（在接送区域，无划定的停车位），交警提示后，马上开走的停车行为。理论上，没

① 参见《行政处罚法》（2017 年修订）第 27 条规定。

② 参见《中华人民共和国刑法》（2015 年修订）第 62 条规定。

③ 刘平：《行政执法原理与技巧》，上海人民出版社 2015 年版，第 90 ～ 91 页。

有在指定的停车区域内停车，即属于违法行为，但由于该行为轻微，可以不予行政处罚。而不是在法定刑（如违法停车最低罚款200元）幅度下进行罚款。

下面再看能否整体提高处罚下限的问题。我们通过一个案例来探讨这个问题。

案例1.甘某因非法开采石灰岩被行政处罚不服申请复议案①

2016年4月1日，甘某在南宁市西乡塘区双定镇东利坡蓝刚山开采石灰岩。当日，南宁市国土资源与南宁市西乡塘区双定镇人民政府、双定派出所等相关单位联合执法，对甘某无采矿许可证开采石灰岩的行为进行了查处。现场两台三一重工挖掘机正在开采石灰岩，采矿坑口面积约1000平方米，采出堆放在现场石灰岩约20吨。执法人员对采矿坑口进行勘测、取样、拍照取证，责令将采出的石灰岩倒回坑口填埋。甘某在询问笔录承认已开采山石灰岩50吨，已销售开采出的石灰岩30吨，销售单价每吨人民币20元，获利人民币600元，并愿意接受处罚。之前，甘某曾有欲开采该石灰岩的行为，被当地政府执法人员制止。经检测，甘某破坏价值量尚未达到追究刑事责任条件。 听证后，南宁市国土资源局向甘某作出了《国土资源行政处罚决定书》(南国土资行决〔2016〕14号)，对甘某作出如下行政处罚：(一)责令停止开采；(二)没收违法所得人民币600元；(三)并处罚款78000元。甘某对处罚结果不服，认为处罚过重，且缺乏依据，随后甘某申请行政复议。

南宁市国土资源局适用的法律依据是：《中华人民共和国矿产资源法》第39条第1款、②《广西壮族自治区矿产资源管理条例》第41条③以及南宁市国土资源局《关于印发〈南宁市国土资源局非法采矿案件罚款金额计

① 参见《广西壮族自治区国土资源厅行政39复议决定书》(桂国土资复〔2016〕31号)，该资料由广西国土资源厅法规处提供。

② 《中华人民共和国矿产资源法》第39条第1款规定：违反本法规定，未取得采矿许可证擅自采矿的，擅自进入国家规划矿区、对国民经济具有重要价值的矿区范围采矿的，擅自开采国家规定实行保护性开采的特定矿种的，责令停止开采、赔偿损失，没收采出的矿产品和违法所得，可以并处罚款；拒不停止开采，造成矿产资源破坏的，依照刑法第156条的规定对直接责任人员追究刑事责任。

③ 《广西壮族自治区矿产资源管理条例》第41条规定：违反本条例第18条规定，未取得采矿许可证，擅自开采矿产资源的，由地质矿产主管部门责令停止开采、赔偿损失，没收采出的矿产品和违法所得，可以并处2000以上10万元以下的罚款；对违法开采矿产资源的采矿设备，责令限期拆除，拒不停止开采，造成矿产资源严重破坏，构成犯罪的，依法追究刑事责任。

算方法〉（2014 年修订版）的通知》（南国土资发〔2014〕112 号）第 1 条的规定。

根据《广西壮族自治区矿产资源管理条例》第 41 条规定，甘某的情形需要承担的法律后果可以是“责令停止开采、赔偿损失，没收采出的矿产品和违法所得，可以并处 2000 以上 10 元以下的罚款”。现在甘某对《南宁市国土资源局非法采矿案件罚款金额计算方法》计算出来的处罚金额不满，认为该文件变相提高了处罚金额。

该文件对非法采矿的处罚金额计算规定如下：

对未取得采矿许可证擅自采矿的，根据案件实际情况，从以下每个系数表中选取一个系数值，然后将 6 个系数值相加，所得系数值之和乘以 1 万元基数即为罚款金额。计算公式为：（配合执法系数 + 非法开采量系数 + 违法次数系数 + 开挖土地面积系数 + 矿种系数 + 回填系数）×1 万元 = 罚款金额。

表 1　配合执法系数

配合执法情况	配合执法	不配合执法	阻挠执法
系数值	1	1.5	2

表 2　非法开采量系数

非法开采量	1 吨以下（不含 1 吨）	1～5 吨（不含 5 吨）	5 吨以上
系数值	0.5	0.8	1

表 3　违法次数系数

违法次数	第 1 次	第 2 次以上（含第 2 次）
系数值	1	1.5

表 4　占用地类系数

占用地类	非耕地	耕地
系数值	1.5	2

表 5　矿种系数

水气矿产	非金属矿产	金属矿产	能源矿产
1.5	1.8	1.9	2

表 6　回填系数

回填矿坑情况	回填较好	一般	不回填
系数值	0.5	1	1.5

根据计算公式：（配合执法系数 + 非法开采量系数 + 违法次数系数 + 开挖土地面积系数 + 矿种系数 + 回填系数）×1 万元 = 罚款金额，我们取上述文件的最低罚款系数，计算的罚款额是 6 万元。即（1+0.5+1+1.5+1.5+0.5）×1 万元 =6 万元。取最高罚系数计算则是 10 万元，并未超过上位法的规定。根据该规定，只要行为人的违法行为被处以罚款，最少则 6 万元以上。而根据《广西壮族自治区矿产资源管理条例》第 41 条的规定，最低是 2000 元以上。那么，南宁市国土资源局对处罚幅度的规定及其据此作出处罚的执法行为，是否合法？这就是我们上面所说的，处罚幅度整体高于最低标准，但不高于上限，是否属于合法律性的问题。

本书认为，执法的幅度未高于法律规定的最高上限的，在形式上是符合合法律性要求的。但据此作出的行政执法是否合理、可接受是我们需要思考的另外一个问题。也就是行政执法的实质有效性问题。这也是本书在第五章讨论的内容。

第三节　依据合法

行政执法依据合法，是指行政机关援引的法律、法规、规章等规范性法律文件必须是合法有效的文件，这是依法行政的内在要求。在理论上，法律规范的表现形式一般可概括为宪法、法律、行政法规、地方性法规、自治地方的自治条例和单行条例、行政规章、国际条约和国际协定、法律解释以及其他规范性文件。从内容上看，还可以区分为宪法及宪法相关法、民商法、行政法、经济法、社会法、刑法、诉讼与非诉讼程序法等。但对于行政执法而言，并不是所有的法律性文件都可以作为执法依据的。作为行政执法依据的法律规范究竟包括哪些法的表现形式，目前并未形成普遍认可的通说。[①]一般认为行政执法的依据主要由立法法、行政法、经济法、社会法以及行政复议法、行政诉讼法组成，以法律、法规和规章的形式出现。

行政执法的依据是否合法，主要体现在两种情形：一是适用的依据（法律规范本身）是否合法；二是依据本身合法，但在具体案件中适用依据是否存在错误。只有依据本身合法，且适用正确才符合依据合法律性的形式要求。

一、依据本身的合法性认定

关于行政执法依据本身的合法性认定，实践中比较有争议的是除了法律、法规、规章以外的其他规范性文件能否作为执法的依据以及这种依据文件本身的合法性问题。因为法律、法规和规章的制定、出台程序复杂、严谨，有严格的程序要求，涉及面广，其本身存在违法的可能性较低。因此，我国法院对行政执法依据的审查也仅局限在法律、法规和规章以外的规范性文件审查。[②]对这种规范性文件进行合法性审查，实质上就是审查行政主体的抽象行政行为是否合法的问题。

我们所称的抽象行政行为，无论是在大陆法系国家，还是在英美法系国家，都是客观存在的，是具体行政行为以外的行政决定或规范性文件、不受说明理由制度限制的“Rule”。[③]虽然它们名称各不相同，在英法法系和大陆法系的地位差别也很大，如在法国以外的大陆法系都把抽象行政行为视为行政法的渊源，但他们都存在着共同的地方，即都认可抽象行政行为是由行政机关制定的可反复适用、针对不特定多数人的普遍性行为规则。[④]不同国家对它们的表述略有不

① 参见顾建亚：《行政法律规范冲突的适用规则研究》，浙江大学出版社 2010 年版，第 10 页。
② 参见《中华人民共和国行政诉讼法》（2014 年修订）第 53 条规定。
③ 参见［英］威廉·韦德：《行政法》，徐炳等译，中国大百科全书出版社 1997 年版，第 590 页。
④ 参见王名扬：《美国行政法（上）》，中国法制出版社 1995 年版，第 347 ～ 352 页。

同，或称“Rule”“Regulation”，有的称“Order”“Enactment”，德国则将它们称之为“Rechtsverordnung”“Ausführungsverordnung”，等等。但无论是译为法规、规则还是规章或其他名称，都与我们国家所说的行政法规、地方性法规和行政规章不同，它们与我们所说的抽象行政行为（与之对应的是具体行政行为）属同一概念。①

依法行政不但要求具体行政行为依法，抽象行政行为也要符合法律的规定。抽象行政行为往往是具体行政行为实施的直接依据，从某种程度上讲，是依法行政的根本点。因此，对抽象行政行为（依据）本身的合法性认定就显得尤为重要。以抽象行政行为作为执法依据的，对其合法性要件，不同国家的要求略有不同。

在法国，认定抽象行政行为违法或撤销抽象行政行为的标准有四个：一是无权限。无权限具体又包括无事务管辖权、无时间管辖权和无地域管辖权以及主体的无权限等。二是形式上的缺陷。形式上的缺陷是指抽象行政行为不具备必要的形式要件或出台的程序不符合法律的规定。三是权力滥用。权力滥用是指行政机关的行为不符合法律精神或违背公共利益或正当程序，但这种滥用是在其权限范围内。四是违反法律。包括行政主体作出的抽象行政行为的法律依据错误、标的错误，所依据的事实违反法律规定等，通常认为违反法律是指前三种情况以外的明显违法情形。②据此，在法国分析和判断抽象行政行为是否合法，就要看该具体的抽象行政行为是否存在主体无权限、行为形式上的缺陷、权力滥用或违反法律的情形。只有不存在上述任一情形的抽象行政行为，才是合法的。只有合法的抽象行政行为，才可以作为具体行政执法行为的有效依据。

在美国，对抽象行政行为的审查与具体行政行为的标准是一样的，即其《联邦行政程序法》第 706 条对应撤销的违法机关行为（Agency Action）的情形，不但适用于具体行政行为，也适用于抽象行政行为（Rule）。如滥用自由裁量权、同宪法规定的权利、权力或其他特权相抵触的、独断专横违背正当程序的、缺乏事实依据以及超越法律规定范围、权限的，等等。上面是对抽象行政行为从消极角度界定其合法性，如果从积极正面的角度评价美国抽象行政行为

---

① 叶必丰：《行政行为原理》，商务印书馆 2014 年版，第 75 页。

② 参见王名扬：《法国行政法》，中国政法出版社 1989 年版，第 658 ～ 671 页。

的合法性，其要件有三：一是权限要件，二是内容要件，三是程序和形式要件。所谓权限要件是指行政机关制定的规范性文件必须取得国会的授权，且这种授权不能再转授权。内容要件是指行政机关制定规范性文件不得违反宪法和上位法的规定，且立法的宗旨、目的、精神理念不得与授权的目的、理念相违背。程序和形式要件，是指作为规范性文件，必须遵循法律规定的制定程序和形式要求，如应先征求意见、听证、公布等。①

与同是英美法系的美国和澳大利亚不同，英国并没有制定行政程序法，其对抽象行政行为合法性的审查标准仍是通过判例确定的。根据英国已有的判例，抽象行政行为的合法性要件包括遵循自然公正原则、不得违背法定程序和授权法的真实目的、不得再转委托立法、不存在恶意以及其他不合理的情形、要前后一致，且不得侵犯基本人权等。②

在我国，关于行政执法依据的合法性的审查、认定，主要在《立法法》《法规规章备案条例》以及一些地方省级政府制定的行政规范性文件制定程序或备案规定里体现。如《立法法》③第87条规定：有权机关可以改变或者撤销法律等规范性文件的情形包括：（1）超越权限的；（2）下位法违反上位法规定的；（3）规章之间对同一事项的规定不一致，经裁决应当改变或者撤销一方的规定的；（4）规章的规定被认为不适当，应当予以改变或撤销的；（5）违背法定程序的。《立法法》的这一规定，体现了《宪法》第67条第7项及第89条第1、13、14项的要求，并吸收了多年来的司法实践所积累的经验。国务院制定的《法律规章备案条例》④第10条规定了国务院法制机构对报送国务院备案的法规、规章进行审查的具体内容，也是上述五项。

在我国，抽象行政行为除了行政立法外，还有效力级别更低一点的其他行政规范性文件，对于这类规范性文件的合法性问题，除了宪法的原则性规定外，散见于《行政处罚法》和《行政许可法》等单行法的规定，同时，有的省级政府也对行政规范性文件制定了相关的程序和备案规定。如《浙江省行政规范性

① 参见王名扬：《美国行政法（下）》，中国法制出版社1995年版，第709、718页。
② 参见［英］威廉·韦德：《行政法》，徐炳等译，中国大百科全书出版社1997年版，第557～592页。
③ 2000年3月15日国家主席令第31号公布。
④ 2001年12月14日国务院令第337号发布。

文件备案审查规定》[①]，《上海市行政规范性文件制定和备案规定》[②]，《四川省行政规范性文件制定和备案规定》[③]，《北京市行政规范性文件备案监督办法》[④]，《广西壮族自治区规范性文件监督管理办法》[⑤]等。上述地方性规章对行政规范性文件的审查范畴规定，基本上仿效《立法法》和《法规规章备案条例》的规定，例如，上海市的规范性文件制定程序规定，审查内容包括立法的必要性和可行性；是否与其他文件相协调、衔接；是否已经公开征求了意见；是否对重大分歧意见进行了论证以及文件内容是否明确、具体、可操作。同时，审查该规范性文件是否遵循了法定职权原则、法制统一原则、法律优先原则以及法律保留原则等。法律保留原则体现在行政机关不得在规范性文件中设定诸如行政处罚、行政强制、以及行政许可和行政收费等影响基本权利的重大事项。广西的《广西壮族自治区规范性文件监督管理办法》对规范性文件合法性审查的标准也与上海的类似。具体体现在该办法的第 16 条规定中。

通过分析上述各国对抽象行政行为（行政规范性文件）的合法性规定，可以归纳出作为执法依据的行政规范性文件必须符合权限要件、内容要件、程序和形式要件方面的要求。具体而言，权限要件包括主体资格和行为权方面，要求不超越权限。从实践来看，主体资格方面的超越权限主要有行政机关的内设机构制定行政规范性文件；行为权方面的超越权限主要有行政规定属于法律规定的事项，规定未授权的事项，规定其他国家机关的法定事项，以及行政规范性文件规定不属于其创制的事项。内容要件包括“下位法”不得违反“上位法”，以及内容上没有不适当的情形。内容上的不适当，主要包括制定目的、制定依据和调整对象的不适当。程序要件即抽象行政行为不得有违背法定程序的情形，在实践中的违背法定程序主要有未给予公众和有关机关参与机会，未经上级机关批准，以及未对外发布。形式要件要求抽象行政行为的名称必须符合立法规范要求，且必须采用书面形式。[⑥]在实践中，这些规范性文件的名称可以有多种表达形式，但不得称为“法”“条例”等，通常根据需要表述为：“规

---

① 2000 年 5 月 26 日浙江省政府令第 119 号发布。
② 2003 年 12 月 28 日上海市政府令第 26 号发布。
③ 2004 年 12 月 20 日四川省政府令第 188 号发布。
④ 2005 年 10 月 8 日北京市政府令第 160 号发布。
⑤ 2010 年 11 月 2 日广西壮族自治区人民政府令第 58 号发布。
⑥ 参见叶必丰：《行政行为原理》，商务印书馆 2014 年版，第 83～93 页。

定”“决定”“规则”“办法”“通告”“布告”“通知”“意见”等。[①]

二、适用依据错误的认定

行政执法依据的合法性，不但体现在依据本身的合法性问题，即依据本身合法，但在具体执法行为中，依据适用错误的，这样的行政执法行为也是不合法的。根据我国《行政复议法》第 28 条[②]、《行政诉讼法》第 70 条[③]的规定，适用依据错误的具体行政行为是应撤销或确认违法的行政行为。但对于适用依据错误的内涵，法律没有专门的解释，学理上有不同的见解。归纳起来，有以下四大类观点。

第一类观点，认为“适用依据错误”，顾名思义，就是适用了错误的法律、法规。如应松年认为，适用依据错误，就是指行政主体作出具体行政行为时，采用了错误的法律、法规作为执法依据。[④]姜明安认为适用依据错误是指“行政主体在作出具体行政行为时，没有依法依规办事，错误地援引了法律、法规、规章”[⑤]。

第二类观点，认为“适用依据错误”包括两个层面，即应适用而没有适用或适用了不该适用的法律、法规。代表人物有江必新、于安[⑥]、胡建淼等。[⑦]

第三类观点，相比之下，这一类则从更多层面对适用依据错误进行解读。如有学者认为“适用依据错误是指应当适用此法的却适用了彼法，应当适用此条款的却适用了彼条款，适用了未生效的、失效的或无效的法律、法规等”[⑧]。再如罗豪才认为，适用依据错误是指依据了不相适应的法律法规或条款或违反

---

① 参见《广西壮族自治区规范性文件监督管理办法》第 4 条规定。

②《中华人民共和国行政复议法》(2009 年修正) 第 28 条：(三) 具体行政行为有下列情形之一的，决定撤销、变更或者确认该具体行政行为违法；……2. 适用依据错误的；……

③《中华人民共和国行政诉讼法》(2014 年修正) 第 70 条：行政行为有下列情形之一的，人民法院判决撤销或者部分撤销；……(二) 适用法律、法规错误的；……

④ 应松年主编：《行政诉讼法》，中国政法大学出版社 2007 年版，第 248 页。

⑤ 姜明安主编：《行政诉讼与行政执法的法律适用》，人民法院出版社 1995 年版，第 351 页。

⑥ 于安、江必新、郑淑娜编著：《行政诉讼法学》，法律出版社 1997 年版，第 234 页。

⑦ 胡建淼主编：《行政诉讼法学》，法律出版社 2004 年版，第 217 页。

⑧ 盛永彬、曹秀谦主编：《行政法与行政诉讼法》，暨南大学出版社 2002 年版，第 371 页。

了程序法规定或适用本不该适用的法规或条款。[①]还有学者认为，适用依据错误除了包括应用没有用以及适用错误之外，还包括适用了错误效力等级的法律以及适用上的遗漏。[②]

第四类观点，是从司法实践出发，对司法判决认定的适用依据错误的案件进行统计，分析案件中适用依据错误的具体类型。这种类型又包括真实的“适用法律、法规错误”和失真的“适用法律法规错误”。这里所谓真实的“适用法律、法规错误”，是指适用了错误的实体性法律规定；未援引具体的条文款项；未正确适用法律冲突规则；未准确理解法律、法规；未准确认定争议事实等情形。而失真的“适用法律、法规错误”，主要是指违反了法定程序、超越职权等方面的规定。[③]

本书认为上述对适用依据错误的理解和划分或过于狭窄，如第一、第二种类型，或过于宽泛，如第三、第四种类型。由于本书对行政执法形式有效之合法律性的各方面作出了较为详细的划分，因此，在本书中对于超越职权、滥用职权、由于事实本身认定不清、证据不足所导致的适用依据错误，以及由于依据本身违法导致的适用依据错误，不属于本小节所称的适用法律依据错误的类型。据此，本书认为，“适用依据错误”是指行政执法行为认定事实清楚，证据充分，但违背了以法律为准绳原则，在法律、法规适用方面存在错误，导致行为结果与法律规定不符，其法律后果可能被复议机关或司法机关予以撤销或被确认为违法的情形。具体而言，适用依据错误，包括了以下四种情况。

（一）适用依据的性质错误，即应当适用甲法，却适用了乙法

适用依据性质错误，通俗地说就是张冠李戴。具体而言，又区分几种情形：一是适用其他部门法律方面的错误，即本属于行政案件的，适用的法律却是民事或刑事方面的法律；二种是部门法内部适用法律的错误，尤其是行政案件中，涉及社会管理的各个方面，内部体系庞杂，情况不一，也会发生错误适用法律的情形。如对串通投标行为的行政处罚，有些执法主体对适用《反不正当竞争法》的有关规定予以处罚，还是应该适用《中华人民共和国招标投标

① 罗豪才主编：《中国司法审查制度》，北京大学出版社 1993 年版，第 352 页。

② 叶必丰：《行政法学》，武汉大学出版社 1996 年版，第 241 ～ 242 页。

③ 陈启亮：《“适用法律、法规错误”的内涵界定——以法院判决为观察对象》，上海交通大学硕士论文 2007 年。

法》的规定进行处罚，就分不清。如本应适用前者，却适用了后者，就属于明显的适用法律、法规的性质错误。为此，我们的执法人员执法主体在具体办案中，需要对复杂的案情进行认真分析研究，在具体案情与法律法规的对接中确保依据合法。

（二）适用依据的条文错误

适用依据的条文错误是指据以作出行政行为的依据没有错误，但在引用该法的具体条文时，却发生了错误。最终导致该具体行政行为因为法律适用错误而无效。如本该适用《行政处罚法》A 条款，却适用了 B 条款的情形。导致这种错误发生的原因一般是对相对人的行为性质认定错误或对情节轻重认识偏差。适用依据的条文错误，因适用错误条款的类型不同，又可以分为适用处理性条款错误和适用定性条款错误两种类型。前者是指执法行为适用定性条文没有错误，但在作处理决定时，适用了错误的条文；后者是指行政行为在定性时，即适用了错误的法律条文。但不管是哪种情形出现错误，都会导致行政执法行为的合法性欠缺。

（三）违反法律适用规则

法律适用规则，一般认为应该包括上位法优于下位法、特别法优于一般法、新法优于旧法三大基本规则和法律规范不溯及既往一个基本原则。因违反法律适用规则导致依据适用错误的，主要就是指违反了上述规则、原则所导致的执法合法性问题。

上位法优于下位法，这一规则包含两层含义：一是指高位阶的法律对行政执法事项有明确规定时，行政主体应该直接引用该法律作为作出该具体行政行为的依据。二是指当高位阶的法律对需要执法事项没有明确规定时，如果此时低位阶的法规对该执法事项有规定，且依据低位阶的行政执法依据作出的规定符合高位阶行政执法依据的立法宗旨和所确定的基本原则时，行政执法主体可以在遵循高位阶行政执法依据的基本原则的前提下，同时适用低位阶的行政执法依据作出具体行政行为。一般而言，如果行政主体在作出具体行政行为决定需要引用多个规范性法律文件时，引用的顺序一般是法律及法律解释、行政法规、地方性法规、自治条例或单行条例、司法解释。同时运用两部以上法律的，则应当先引用基本法律，后引用其他法律，先引用实体法，后引用程序法。

关于特别法优于一般法的理解，根据我国《立法法》第 92 条规定的精神，其适用需要具备两个条件：一是特别法和一般法的制定主体是同一的，不同机关制定的规范性文件不具有可比性。二是同一机关对同一行政执法事项作出了不同的规定，即存在“一般规定”和“特别规定”的情形，且两种情形存在不一致的地方。

新法优于旧法，也称后法优于先法。顾名思义，即新法、旧法对同一事项有不同规定时，新法的效力优于旧法。其适用条件与“特别法优于一般法”类似，即同一行政机关对同一事项的管理存在“新的规定”和“旧的规定”，新、旧规定之间存在冲突或不一致的地方，那么适用新法优于旧法的原则。

需要指出的是，如果不同位阶的法律文件之间对同一事项的新的一般规定与旧的特别规定不一致，我们不能简单适用“新法优于旧法原则”或“特别法优于一般法原则”。出现这种情形，如未能确定如何适用的，则需要根据执法依据本身的级别向有权机关申请裁决，决定最后应适用于具体执法案件的具体法律依据。[①] 法不溯及既往，作为行政执法依据的法亦然。行政执法依据不溯及既往，是指行政执法依据的规定仅适用于其施行以后发生的事件和行为，对于其施行之前发生的事件和行为没有约束力。[②] 即行政执法依据不能适用于其有效实施前发生的行政法律事实，只对其实施后发生的行政法律事实有约束力。但为了更好地保护公民、法人和其他组织的权利和利益，法不溯及既往原则存在适用的例外情形。一是行为发生时的行政执法依据不认为是违法行为，现行依据认为是违法的行为，那么，就应当适用行为发生时的行政执法依据，即从旧法。二是行为发生时的行政执法依据规定了较轻的行政处罚，而现行法律规定了较重的处罚的，那么，依法就应当适用行为发生时的执法依据[③]，即从轻。上述的两种例外，就是我们在法律适用时一般应遵循的“从旧兼从轻原则”。

（四）适用了尚未生效的法律、法规或适用了已经失效的法律、法规

适用了尚未生效的法律、法规，主要是指在行政执法过程中，适用了行为

---

① 参见《中华人民共和国立法法》（2015 年修正）第 94 条、第 95 条规定。

② 顾建亚：《行政法律规范冲突的适用规则研究》，浙江大学出版社 2010 年版，第 99 页。

③ 宋大函主编：《行政执法教程》，中国法制出版社 2015 年版，第 77 ～ 83 页。

发生时尚未生效的法律法规。就目前的执法实践而言，这种情形较少出现，偶见的适用错误，一般发生在新的规定已发布，但未正式施行的时间段的执法行为处理。适用了已经失效的法律、法规，在执法实践中屡见不鲜。这与我国规范性法律文件的立、改、废不完善有关，特别是作为执法依据的行政法律规范体系，数量庞大，修改或废除未能及时通过各种有效途径进行公布，以至于有些行政执法主体本身也弄不清执法依据是否有更新的修正版本。下面的这个案例就是这种情况的反应。

案例 2. 梁某因非法开采高岭土矿被行政处罚不服提起诉讼案①

2016 年 1 月 7 日晚 9 时许，梁某在龙圩镇大恩村梦都美生态园路口对面加油站后山开采高岭土矿。接群众举报，梧州市龙圩区人民政府组织打击非法采矿联合执法行动，发现梁某在没有取得任何矿产资源开采手续的情况下，擅自在上述地点非法开采约 40 吨高岭土矿行为。现场发现正从事开挖高岭土矿的挖掘机一台，运输卡车两辆。随后，梧州市国土资源局根据《广西壮族自治区矿产资源管理条例》（2004 年修正）第四十一条“违反本条例第十八条规定，未取得采矿许可证，擅自开采矿产资源的，由地质矿产主管部门责令停止开采、赔偿损失，没收采出的矿产品和违法所得，可以并处 20 元以上 10 万元以下的罚款；对违法开采矿产资源的采矿设备，责令限期拆除……”的规定作出了《行政处罚决定书》（梧国土资源罚字〔2016〕1 号），责令梁某立即停止开采，并处以罚款人民币 5 万元整。梁某不服，向法院提起了行政诉讼。

法院经审理后认为，梧州市国土资源局的行政处罚决定事实清楚、证据确凿、程序合法，但适用法律、法规错误，依法应予以撤销。理由是《广西壮族自治区矿产资源管理条例》在《广西壮族自治区人民代表人大会常务委员会关于修改〈广西壮族自治区反不正当竞争条例〉等十九件地方性法规的决定》第十一项中已经进行了修改，具体为十一、《广西壮族自治区矿产资源管理条例》（一）删去第三十七条第四项。（二）删去第三十八条。（三）删去第四十一条中“逾期不拆除的，依法强制拆除”的规定。由

① 该资料由广西国土资源厅法规处提供。

于删除了第三十八条，修改后的第四十一条变成了第四十条。[①]

据该案的执法主体反映，执法主体在处理该案件的过程中，在网上是查询不到2012年修订后重新排序发布的正式版本的，只能查到《广西壮族自治区人民代表大会常务委员会关于修改〈广西壮族自治区反不正当竞争条例〉等十九件地方性法规的决定》[②]，办案法官也多次向双方当事人要求提交正式的修改后版本，但最终双方亦未能提交，法官即做出了上述判决。[③]在这种情况下，执法主体适用已经失效的执法依据就会时有发生。

第四节　执法行为合法

行政执法的合法律性，不但要求执法主体合法、执法依据合法，还更要注重执法行为本身的合法性。执法行为合法是指行政执法行为作出时要有执法的事实依据且证据确凿。执法事实的出现，即法律规范中假定部分——小前提的实现，是执法主体在作出执法决定的前提条件。要确保执法行为的合法，就必须保证执法事实在法律上的真实。任何根据不真实的、凭空想象或歪曲了的所谓的事实，作出的行政执法决定都是不合法的。而客观事实的确认，并不是一件简单的事，它需要借助一系列的证据予以证明，而且用于证明的证据必须经得起反驳和质证。

① 参见梧州市长洲区人民法院行政判决书（〔2016〕桂0405行初22号）。

② 2012年3月23日广西第十一届人大会常务委员会第二十七次会议通过。

③ 调研时，笔者也在网络上以《广西壮族自治区矿产资源管理条例》（2012年修正）为关键词进行搜索，确实未能找到正式的官方修正后的版本，仅在一些律师的博客中看到在2004年版本基础上的修订说明。事后，我们联系了发文机关广西区人民代表大会常务委员会，对方也仅提供了2012年3月23日发布的《广西壮族自治区人民代表大会常务委员会关于修改〈广西壮族自治区反不正当竞争条例〉等十九件地方性法规的决定》给我们，说是暂时未找到修订后重新印发的修正版。2016年，该条例再次进行了修正。

一、执法行为合法的证据认定

行政执法行为事实不清、证据不足的，我国两部最重要的行政程序法，《行政复议法》和《行政诉讼法》都是把它作为行政执法行为被撤销或确认违法的首要类型。[①] 可见，事实认定清楚、证据确凿对于一个行政执法行为合法性认定的先决性。行政执法行为的事实，分为生活事实和法律事实两种。生活事实是实际发生的、能用逻辑推理出来的事实；而行政执法所认定的是法律事实，即用真实、有效、充分的证据锁定的客观事实。行政机关所合法取得的证据能证明该事实发生或存在的时间、空间或其他条件，而不是主观臆断或猜测，甚至也不能进行常识性合理推定。这个过程被郑永流称之为证明事实。关于如何运用逻辑推理使生活事实通过证明事实再转化为法律事实，本书将在第三章论证行政执法有效性之逻辑证成部分详述，在这里，重点探讨使生活事实最终成为法律事实的证据的合法律性问题。

证据对于行政执法来说是至关重要的，它直接关系到行政相对人是否存在执法的事实，以及行政主体执法行为是否合法。证据要证明事实，必须具备证明力。本书认为这种证明力应当符合以下标准。

（一）证据的种类应当符合法律规定

目前根据我国《行政诉讼法》第 33 条的规定，行政执法中被承认有效的证据种类包括：书证、物证、视听资料、电子数据、证人证言、当事人的陈述、鉴定意见、勘验笔录和现场笔录等 9 种类型。这与民事诉讼的证据种类基本相同，除此之外，其他的所谓证据类型都不是合法的证据类型，一般也认为这些证据不具有证据效力。

（二）主要证据应当是真实的、确凿的，具有证据力

无论是主观故意还是无意识取得的虚假证据、伪造的证据，都不具有法律上的证据力。主要证据不足的，将导致行政行为违法。因为“主要证据不足”，意味着事实不存在或事实不清或没有证据证明事实的存在。

---

① 参见《中华人民共和国行政复议法》第 28 条第 3 款和《中华人民共和国行政诉讼法》第 70 条第 1 款。

（三）取得证据的程序应当符合法律规定或者正当性要求

取得证据的程序应当符合法律规定或者正当性要求，否则也将导致证据的无效。采用威胁、利诱、强迫、欺骗等不正当手段获取的证据，即使是真实的，也不能被采信；所有证据都应当在作出具体行政行为之前获取并认定，在此之后，包括复议和诉讼阶段取得的补充证据，除非是经法院准许，否则其补充的证据即便被证明是真实的，也不具有法律效力，不能用以证明其执法行为的合法性。以非法手段取得的证据，在行政复议和行政诉讼中都要被排除，即不得作为认定案件事实的根据，因此，在具体执法过程中，应排除这类证据的产生和使用。

（四）证据应当有充分的证明力

证据的证明力，即证据的证据力或证据的价值。它是展现证据对案件事实是否有证明作用及作用大小的指标。在行政执法认定执法事实过程中，所依据的证据应尽可能是能证明该案件事实具有唯一性和自洽性的证据，证据之间不存在自相矛盾的地方。而且，要在与反面证据质证时具有优势，而不会被反面证据所推翻。特别是在使用书证时，要分清形式证明力和实质证明力的问题。如书证本身是否是为真实的（形式证明力），书证所展示的内容是否是真实意思表示，是否与本案有关联（实质证明力）。对于普通书证，如果对方否认其形式的证明力，则要求提供书证一方对该书证的真实性进行证明。形式上的证明力被确认后，执法主体还要进一步对实质上的证明力进行审查。行政主体在审查过程中，应当允许行政相对人提供证据对证明文书所载的内容不真实、不全面提出异议，并进行质证。在下面的案例——北海市国土资源局在注销苏某的国有土地使用证一案中，其注销依据的证明力就有待商榷。

二、证据合法化对执法行为合法化的影响——基于个案的分析

案例 3. 苏某不服北海市国土资源局注销国有土地使用证纠纷案[①]

苏某系广西北海市海城区西塘村民委员会十二间屋旧区居民，1998

① 该案件资料由广西壮族自治区国土资源厅法规处提供。

年，向原北海市土地局海城区分局申请办理国有土地使用证。在申请办证过程中苏某提交了北海市个人建房用地遗留问题核查表，称“于 1984 年在市十二间屋购买砖瓦结构平房一间”，原西塘村委在居委会意见上盖章同意。同时，苏某还提交了其与卖主吴某签订的房屋买卖协议，协议签订日期为 1984 年 7 月 26 日。1998 年 12 月 30 日，北海市土地管理局海城区分局在处罚完毕后核发了〔1998〕北土城字第 3278 号建设用地批准书，1999 年 5 月 5 日苏某申请初始登记换发了北国用〔1999〕字第 120942 号国有土地使用证；2001 年 4 月 9 日，换发证书北国用〔2001〕字第 700912 国有土地使用证；2004 年 8 月 2 日申请人补办出让，在缴纳出让金 4874.18 元后变更登记核发北国用〔2004〕第 802360 号国有土地使用证，土地使用权类型由划拨转为出让。

2015 年北海市纪委、北海市检察院向北海市国土资源局反馈，2013 年 4 月 15 日合浦县检察院对吴某进行询问，根据询问笔录记载，吴某明确宗地办证档案中 1984 年 7 月签订人为苏某和吴某的房屋买卖协议上“吴某”并非其本人所签，其本人也不认识苏家芳。同时，吴某在该房屋买卖协议复印件（北海市检察院调查附件）中写上“此合同不是我签，我从未将地卖给过苏家芳”。北海市国土资源局根据上述询问笔录，认定苏某在申请办理该宗土地证书时，虚构了“于 1984 年在市十二间屋购买砖瓦结构平房一间”事实，同时，提供的房屋买卖协议属于虚假材料。据此，于 2016 年 4 月 5 日向苏某发出了《关于注销〈国有土地使用证〉的通知》（北国土发〔2016〕8 号），要求苏某在接到通知后将北国用〔2004〕第 802360 号国有土地使用证交回国土局并办理注销手续。苏某不服，提出诉讼，请求予以撤销。

苏某称因其房屋所在地的旧区被纳入城中村改造项目地块面临征迁，但未能就征地拆迁补偿与征迁部门达成补偿协议。随后，就收到了国土部门关于注销其国有土地使用证的通知。苏某认为国土部门撤销的依据——询问笔录，不具有证据效力。一是因为该份证据没有经过她本人的质证，二是卖主吴某同样给她出具了一份说明。在该份说明里，吴某对收到苏某房款、卖房给苏某以及目前苏某占有房子和房子范围内的土地的事实无异议，但对是否是他本人签名的已记不清，他也从未对已卖的房屋主张过任何权利。

在本案中，由于执法主体作出注销苏某土地使用证的依据是唯一的，即有关部门的询问笔录，因此该询问笔录本身的证明力就尤为关键。但在本案中，该证据难以证明据以执法的法律事实具有唯一性，因为在案件中存在相互矛盾的证据，且没有任何资料显示同为言词证据的检察院的询问笔录比当事人提供的说明证明力更强。在没有给对方任何陈述、申辩权，对证据也没有经过质证的情况下，北海市国土资源局直接给苏某出具了《关于注销〈国有土地使用证〉的通知》。在本案中证据取得的合法性存疑，其执法行为的合法性也经不起推敲，行政相对人对此亦不服，提起了行政诉讼。一审判决维持了国土部门撤销土地使用证的具体行政行为。[①] 苏某不服，向北海市中级人民法院提出了上诉。二审判决指出北海市国土资源局仅根据检察院的询问笔录认定苏某违法事实成立，属主要证据不足，且程序违法、适用法律错误，依法予以撤销。[②]

第五节　程序合法

行政执法行为的合法律性，包括实体合法和程序合法。相对其他国家行为而言，行政执法的程序合法显得更为重要和突出。因为程序合法是看得见的正义的直接体现。行政执法程序是指执法所必须经历的过程、步骤和次序。对于行政相对人来说，可以通过行政程序所提供的有限空间合法地抵抗行政权力的不法侵害，进而接受行政程序所产生的结果，不管这种结果对自己是否有利，同时也可以免去事后受权力报复的后顾之忧。[③] 在现代行政法中行政程序具有极其重要的法律地位，因此，行政主体在实施行政行为时，确保程序合法显得尤为重要，这不但是保障公众利益的需要，也是提高行政效率的需要。各国的法律一般都规定违反法定程序的行政行为属于应撤销的行为或无效行为。如我

---

① 参见《北海市海城区人民法院行政判决书》，案号：〔2016〕桂 0502 行初 84 号。

② 参见《广西壮族自治区北海市中级人民法院行政判决书》，案号：〔2017〕桂 05 行终 73 号。

③ 应松年主编：《行政程序法》，法律出版社 2009 年版，第 11 页。

国《行政复议法》第 28 条、《行政诉讼法》第 70 条都明确规定“违反法定程序的”行政行为属于违法行为。

程序包括方法、步骤、顺序和时限等要素。“程序的本质特点既不应该是形式性，也不应该是实质性，而应该是过程性和交涉性。”[①] 在法治实践中，行政程序的法律载体包括法定程序和正当程序两种。法定程序是通过法律的形式、明文规定的，其载体可以是专门的行政程序法，也可以是各种部门法里面的有关行政程序的规定。前者是程序法中的一般法，后者是程序法的特别法。在我国，尚未制定专门的行政程序法，有关行政程序的规定多见于《行政处罚法》《行政许可法》《行政强制法》等法律中。正当程序并不限于法律规定。作为一种形式正义，在法律规定外，行政机关出于平等、公正、无特权、不歧视等理念，可以自觉履行正当程序。如听证程序，只在行政处罚等部分法律规范中有明确规定，但若为了体现公平正义，即便法律没有规定的领域，执法机关也可以自行决定举行。增加程序的是非标准是看对谁更加有利，只要对行政相对人有利的程序，即便是没有法律依据，也是正义和正当的。但从行政行为合法律性的认定来看，主要关注的是法定程序是否被遵循的问题。违反了法定程序，必然导致行政执法行为的违法。而法定程序以外的正当程序判断，则是行政行为合理性的裁量问题，即行政执法行为实质有效性的问题。因此，判断一个行政执法行为是否违反了法定程序，首先需要对法定程序的内容进行界定。下面我们对制定了专门行政程序法的美国、德国、日本的情况以及我国的现状进行梳理和分析，总结行政执法行为法定程序的一般内容。

一、美国、德国、日本有关行政程序法的规定

（一）美国《联邦行政程序法》

美国 1946 年《联邦行政程序法》诞生于关注行政程序的年代，是一个里程碑式的事件，不管是对美国行政程序立法，还是对世界行政程序立法都有着重大的影响。这部法典是伴随行政国家兴起而带来的规制行政权扩张的需要而制

① 季卫东：《法律程序的意义——对中国法制建设的另一种思考》，《中国社会科学》1993 年第 1 期。

定。[①] 其制定的直接原因有三：其一，发端于19世纪后半期的独立规制机关自20世纪30年代以来大量出现，1933—1945年间建立的新行政机关的数量差不多是美国建国以来联邦行政机关数量的三分之一。这些独立规制委员会集行政立法权、行政执法权和行政司法权于一身，在最高法院没有认为这种权力混合违背宪法之前，如何控制其权力行使成为关注的焦点。其二，罗斯福新政时期，为应对经济大萧条，施行新政，采取了很多应急措施。大量新出现的独立规制机关深度介入经济、社会生活，不仅直接干预美国自由市场经济，而且直接影响美国人民的生活。行政机关的角色，无论是制定规章的权力，还是裁决的权力，都成为全国关注的焦点。其三，"二战"期间，行政机关根据战时立法授权采取的很多措施，不符合宪法关于"正当法律程序"的规定。[②] 美国《联邦行政程序法》的制定使得美国行政法的重心由实体控制，即审查立法对行政的授权是否正当以及行政是否逾越授权，转向程序导向的控制。

美国《联邦行政程序法》是一部典型的程序性立法，它的全部内容均不涉及实体性的规定，全都是程序性的内容。该法适用于制定规章和裁决，程序类型分为正式程序与非正式程序两大类。制定规章和裁决都有正式程序和非正式程序之分，各种程序都有其相应的规则。正式程序较之非正式程序司法化程度更高，有利于保护公民权利；非正式程序较之正式程序更为简便、灵活，有利于提高行政的效率。由于行政行为数量大，在美国行政程序以非正式程序为主，正式程序仅在法律明确规定根据听证记录制定规章或者作出裁决时才适用。

1. 制定规章的非正式程序

制定规章是指机关制定、修改或废止规章的行为。制定规章的非正式程序也称为"公告与评论"程序。包括以下四个要素。

一是公告。公告必须在指定的载体上（《联邦登记》）上进行，而且内容应包括拟制定规章的权力来源、拟制定的规章的主要内容以及涉及的主体或问题、拟制定规章的性质以及时间、地点等。

二是公众评论。公告发布之后，行政机关应当为公众畅通提供发表意见、评论的渠道和平台。评论的方式可以是书面的，也可以是口头的，形式不限。

三是说明理由。行政机关在公布正式规章时，应简明扼要地说明规章制定

---

① Marshall J. Breger, The APA: An Administrative Conference Perspective, March Va. L. Rev. 337（1986），339.

② 应松年主编：《行政程序法》，法律出版社2009年版，第36页。

的目的和依据，并对收到公众评论的情况进行整理、汇总、点评，同时对是否采纳公众意见作出说明。如果在规章正文之前没有对规章的制定情况和对征集意见的处理情况进行说明，规章将不能发生法律效力。

四是定期生效。正式规章公布后，通常在公告之日起 30 日后生效。

2. 制定规章的正式程序

要求采用正式程序制定规章的联邦法律并不多，据统计约有 15 部联邦法律有此要求，不到规章的 1%。① 需要用正式程序制定规章的，一般都会在法律中有特别要求，就美国《联邦行政程序法》而言，当规定有规章的制定必须依据听证记录时，就是要求规章的制定必须遵循正当的程序。适用该法的第 556 条、第 557 条关于听证的规定。该程序与下面的行政裁决的正式程序相同。

3. 行政裁决的正式程序

行政裁决相当于我国的行政处罚、行政许可等具体行政行为。美国正式的行政裁决程序司法化非常高，也称审判式的听证程序（Trial-type Hearing）。它是指行政机关作出裁定的行为，这种裁定可以是肯定的、确认的形式，也可以是否定的、禁止的形式，它是行政机关在作出抽象行政行为之外，对具体行政行为所做的决定。行政裁决的正式程序包括以下制度要求。

听证前通知。通知的内容包括听证的时间、地点；听证主要内容以及涉及的法律和事实问题；听证的依据和管辖权限等。事先获得听证告知是相对人的重要权利，相对人在获知听证事项后，可以考虑委托符合要求的代理人参加听证。

主持人必须是中立的。为了确保主持人的中立地位和公正性，美国有关行政听证主持人的规定是目前世界上最为严苛的。首先，实现对机关内部职能实行分离原则，设立独立的行政法法官，并由该独立的法官主持听证和提出初步裁决的意见。其次规定参与本案的工作人员不得主持听证，也不得参与案件的决定，甚至都不能提出与案件决定有关的意见和建议。

第三，当事人可以聘请律师或其他符合条件的人员代为听证或陪同听证。

第四，根据听证笔录作出裁决。根据美国《联邦行政程序法》的规定，行政裁决的作出必须根据听证的记录，包括在听证过程中提交的所有文书、证物、

---

① 参见林锡尧、费玲玲：《考察美、日行政程序法立法与实务报告》第 43 页；转引自汤德宗：《行政程序法》，载翁岳生主编：《行政法 2000（下）》，中国法制出版社 2002 年版，第 967 页。

证言等作出，不能根据听证案卷之外的材料作出。这就是案卷排他性原则。如果行政裁决是根据听证案卷之外的其他材料作出，那么裁决就是无效的。也就是说行政裁决的作出不能以当事人不知道、不知情的证据、事实作为决定的依据，定案的事实是必须经过当事人的质证。该原则的确立的目标是为了维护听证的公正性和保障当事人的合法权益免受行政权的侵害。案卷的排他性原则是美国正式听证制定的核心内容。

此外，美国还确立了另一条与案卷排他性原则相关联的规则，即禁止单方面接触规则。单方接触是指行政法官（主持人）和对案件有决定权的人，在一方当事人不在场的情况下，与另一方当事人讨论案情或接受证据材料等。由于这种接触破坏了听证的双方平等的基本原则，一般会给另一方的利益带来损害，而且也影响裁决的公正性和权威，美国的行政程序法对此作出了明确的禁止。如有当事人试图对参与裁决的公务人员进行单方接触，有关人员应将接触的情况记录于案件之中。

4. 非正式行政裁决

美国《联邦行政程序法》对于正式行政裁决的程序规定非常详细，关于非正式行政裁决的程序规则规定很少。事实上，行政实务中非正式行政裁决的适用在数量上远远超过正式行政裁决。美国《联邦行政程序法》中关于非正式行政裁决的程序规定仅有一条，该规定的内容要点如下。

第一，当事人可以选任律师或其他代理人。

第二，任何人根据机关要求提供资料或证据时，可以保留一份资料或证据复印件。

第三，行政机关对申请人的申请作出拒绝决定的，主管机关应当简要说明拒绝的理由。

（二）德国《联邦行政程序法》

德国《联邦行政程序法》的出台经历了漫长的时间。该法从立法讨论到正式出台，长达 20 余载，这在德国立法历史上也是罕见的。该法正式生效的时间是 1977 年 1 月 1 日，此后经过 3 次较大的修改。德国的行政程序法法典与美国的程序法的纯粹程序性规定不同，该法典共 103 条，不但有程序性的规定，而且有不少实体内容的规定。根据德国《联邦行政程序法》第 9 条的规定，该法主要适用于两类行为：行政行为和公法契约。行政机关制定法规命令或自治规章，以及单纯事实行为，都不适用行政程序法的规定。行政行为的程序是德国行政程序法的核心内容，该法共规定了三种程序：非正式程序、正式程序和计划确定程序。

1. 非正式程序

非正式程序是行政行为的一般程序，在法律没有特别规定时，就应当适用。非正式程序规定在法典的第二章中，该章第 10 条规定，对于程序的方式，如无法律的特别规定，行政程序可以不受形式的限制，行政程序以简洁、符合目的为宜。学者通常认为该条规定是与第五章第一节所规定的正式行政程序相对应的一种程序，并把它称之为非正式程序。①

2. 正式程序

正式程序是指该程序法第五章第一节规定的程序。仅在法律有特别规定时适用。除适用行政程序的一般性规定以外，行政程序法还对正式程序作出一些特别的规定（第 63 条至第 71 条）。这些特别规定包括：（1）证人负有作证的义务、专家负有做出鉴定报告的义务，具体适用《民事诉讼法》的相关规定。（2）做出决定之前，行政机关应当给予相关人员发表意见的机会。在询问证人、鉴定人的时候，相关人应当能够在场并向之提出相关问题。书面鉴定必须送达参与人。（3）行政机关经过言词审理之后才能够作出决定。（4）决定以书面方式作出，并书面说明理由。（5）对适用正式程序作出的行政决定提起行政诉讼时，不需要先行政复议。

3. 计划确定程序

计划确定程序也是法律有特别规定时适用，主要适用于重大开发事项，如包括建设联邦长途公路干线的计划确定程序、水域改建的计划确定程序、机场和着陆点的建造和改变的计划确定程序等。计划确定程序在程序上的要求较之正式程序更为严格，包括：（1）听证机关与计划确定机关相分离。（2）参与主体的范围非常广泛。不仅任何利益受规划影响的人均有权以书面陈述或者口头表达的方式提出意见，听证机关还应取得管辖区受规划影响的行政机关的表态。（3）充分的信息披露。（4）已确定的计划在完成之前需要修改的，应经过新的计划变更程序。

---

① 翁岳生：《行政法 2000（下）》，中国法制出版社 2002 年版，第 989 页。

（三）日本《行政程序法》

来自美国对于行政指导公开化、透明化的压力直接加速了日本《行政程序法》的出台，并使得该法典的内容集中在推进行政的公开、透明。1992年2月，日美构造协议第二次事后检点会开始，美国方面作为新的提案项目，在“排他性交易惯例”的纠正方略中加入“行政程序法的制定”。同年7月，在两国达成的合意报告中日本政府以“行政行为的透明性、适当公正程序”为题，约定“以在下次通常国会上提交行政程序法案为目标”。1993年11月5日，《行政程序法》以法律第88号获得通过，同年11月12日颁布，并于1994年10月1日开始施行。为了尽快完成立法，法典选择了有限立法的思路，仅仅规范行政处分和行政指导的程序。其中，行政处分又区分为“对申请的处分”和“不利益处分”两种。该法共六章，基本为程序性规定，不涉及实体事项。

《行政程序法》法典第1条规定：本法旨在对处分、行政指导及申报之相关程序作共通事项之规定，以确保行政运作之公正及提升其透明性，并据以保护国民权益为目的。据此，日本《行政程序法》的目的有两个：其一，对许可等申请的处理、不利处分和行政指导等行为程序作出统一规定。其二，确保和提升行政行为的公正性和透明度。“确保公正”是指作出处分之前，告知相关人相关事项，听取其意见等。“提升透明性”尤其指该法典第1条括号中的说明，行政决定的过程和内容对于国民而言都是明白、清晰的，还必须是可预测的。

1. 依申请所为处分的程序

此类行为的程序要素包括以下内容：（1）制定审查基准，法典要求行政机关对于行政许可等申请，依照法令之规定制定必要的审查基准。审查基准应尽可能具体化，便于迅速作出判断。基于透明的要求，审查基准应当以适当的方法公布，至少可以在行政机关办公场所获得。（2）规定作出决定的期间。即规定行政主体收到申请至作出处分的时间。（3）尽快审查、不得迟延，并听取申请人以外第三人意见。行政机关应当依法令斟酌申请人之外第三人的利害，如有必要，应尽量以举办公听会或者其他适当方法给予申请人以外第三人听取其意见的机会。（4）提供相关信息。包括对申请进行审查的进展情况的信息。（5）驳回申请时说明理由。

2. 不利益处分的程序

不利益处分的程序是指行政主体对行政相对人作出不利处理决定应遵循的程序。所谓不利处分是指行政主体依法对特定自然人、法人以及其他组织作出的限制其权利或苛以义务的具体行政行为。不利益处分程序以保护相对人权利为核心内容，以确保行政的公正，主要规定了听取意见和说明理由两项制度。听取意见又区分为赋予辨明机会和听证两种形式，规定了各自适用的情形及相应的程序规则。(1) 制定处分基准。为了判断是否做出了不利益处分和作出何种不利益处分，行政机关应当依法令制定处分基准，处分基准应当按照不利益处分的性质尽可能具体化，并公告之。(2) 赋予辨明机会的情形和程序。这是听取意见的一种形式，实际上就是赋予可能接受不利结果的相对人的陈述申辩权。这种形式比较简单，适用于正式听证以外的所有情形。(3) 听证的情形及程序。日本《行政程序法》规定的听证情形包括两种：一是法定要求听证的，二是行政机关自身认为有必要听证的两种。法定听证的情形有三种：一是认为行政主体撤销相对人行政许可，给其造成不利影响的；二是直接对行政相对人给予行政处罚、行政强制等处分的，以及剥夺相对人某种资格的；三是行政主体作出的要求法人单位作出的对其员工不利的处理决定的情形，如解雇、除名等。除此之外，法律还规定，行政主体对其作出的行政行为，认为有必要听证的，也可以组织听证。日本《行政程序法》对听证规则作了较详细的规定，包括听证的参加人、主持人、听证通知、委托代理人情况、听证审理程序、听证笔录、阅卷、听证决定的作出以及不服的救济等作出了详细的规定。

3. 行政指导程序

第一个将行政指导规定在《行政程序法》中的国家就是日本。行政指导的规定只有 4 条。(1) 行政指导的一般原则。行政指导应当在行政机关的职务范围之内，禁止对不服从行政指导的相对人作出不利益处置。(2) 与申请有关的行政指导应当遵循的规则和与许可有关的行政指导应当遵循的规则。(3) 行政指导的方式。行政机关作出行政指导时，应当明确告知相对人行政指导的趣旨、内容及承办人。行政指导可以书面或言辞的方式进行，如果相对人请求，行政机关应当将书面行政指导交付相对人。(4) 以多数人为对象的行政指导。行政机关应事先依据事件的性质订立行政指导的共同事项，并公告之。[①]

① 参见应松年主编：《行政程序法》，法律出版社 2009 年版，第 49 ～ 51 页。

二、中国有关行政程序的规定

我国目前尚未制定统一的行政程序法典，但有关行政程序的规定是有的。主要体现在一些单行的实体法中。如《行政处罚法》《行政强制法》《行政许可法》等单行法律在规定具体行政行为的实体内容的同时，在条文中也规定了行政处罚、行政强制、行政许可的程序。如《行政处罚法》对行政处罚根据情节的不同规定了简易和一般两种不同的程序，也对需要听证的事项和听证程序作出了专门的规定。《行政强制法》对行政强制措施实施和执行等程序也作出了较为详细的规定。《行政许可法》规定的行政许可实施程序包括申请与受理、审查与决定、期限、听证、变更与延期以及特别规定。

我国关于行政执法程序的规定，更多体现在部门规章、地方法规和规章中。如公安部制定了《公安机关办理行政案件的程序规定》[①]、福建省制定了《福建省行政执法程序规定》[②]、湖南省制定了《湖南省行政程序规定》[③]。此外，随后黑龙江省、湖北省、河南省等省，以及南昌市、石家庄市、济南市、乌鲁木齐市等城市也制定了有关行政执法程序的条例。

2008 年 4 月湖南省公布的《湖南省行政程序规定》由于其较为全面、系统地规定了政府各种行政行为的程序，因此，被学者们称为是“开启了中国统一行政程序立法的破冰之旅，拉开了中国统一行政程序立法进程的序幕”[④]。该规定分十章，共计 178 条，自 2008 年 10 月 1 日起施行。其内容包括总则、行政程序中的主体、行政决策、执法、特别行为程序和应急程序、行政听证、行政公开、行政监督、责任追究以及附则。该规定的部分内容借鉴了美国程序法的一些规定，如引入了禁止单方面接触的原则。

---

① 公安部最早于 2003 年 8 月 26 日（公安部令第 68 号）发布《公安机关办理行政案件程序规定》，后经过 2006 年、2012 年修改，现在实施的是经过 2012 年修改，2013 年 1 月 1 日起施行的版本（公安部令第 125 号）。

② 1992 年 8 月 29 日福建省第七届人民代表大会常务委员会第二十九次会议通过 1992 年 8 月 31 日公布，自 1993 年 1 月 1 日起施行。

③ 2008 年 4 月 9 日省人民政府第 4 次常务会议通过，自 2008 年 10 月 1 日起施行（湖南省人民政府令第 222 号）。

④ 应松年主编：《行政程序法》，法律出版社 2009 年版，第 55 页。

三、行政程序合法化的内容

行政程序合法化内容，因具体行政行为的性质不同，要求和标准也不尽相同。如行政许可的程序和行政处罚的程序就存在巨大区别。就算是同一性质的行为，也会有简易程序和一般程序的区别。但不管怎么样，作为行政行为，它们也都有共同的地方，可以抽象出可供行政主体共同遵守的规则，对一些特别的行政行为，则给予特别的规定。综合我国目前的立法与实践情况，在行政执法过程中，程序合法化一般应包括以下内容。

（一）行政执法的一般程序

1. 申请受理和立案启动。行政执法程序有的是由行政机关依职权启动，有的是依行政管理相对人的申请启动，有的是因有利害关系的其他公民、法人或其他组织的举报而启动。一般而言，行政处罚、行政强制、行政征收多半是行政机关依职权或举报启动；行政许可、行政给付、行政确认等则多数是由相对人申请启动。

依职权启动行政执法程序的，需要办理内部启动和审批程序，对举报的执法事项，如符合立案条件的，执法主体必须予以立案，否则将构成行政不作为。对不符合受理条件的也应当予以告知。

2. 调查取证。立案后，执法主体应着手调查与案件有关的事实。在调查过程中，应客观、公正，收集的资料应全面，即收集的资料应包括对当事人不利的，也包括对当事人有利的（如果有）。同时执法人员在执行任务时一般不得少于 2 人，且应该向被调查人出示有关证件，否则，对方有权拒绝配合调查。调查获取的证据应当真实可靠。最后作为定案的证据应经过当事人的质证。

3. 告知、陈述和申辩。告知是行政执法机关的程序性义务，也是相对人最基本的权利。告知的内容至少应包括拟作出具体行政行为的事实、理由和依据，以及陈述申辩的权利和可能的后果等。告知的形式可以是口头的，也可以是书面的，一般涉及听证程序的，必须要用书面形式告知。陈述权，是当事人有权就案件情况表达自己的观点、意见，执法主体应认真听取当事人的陈述。申辩权，是法律赋予当事人辨明事由的权利。相对人对行政主体拟作出的行政决定有不同意见的，有辩解的权利，并有权提供相应的证据予以证明的权利。对合理的意见和建议，行政主体应予以采纳。如行政主体未履行上述的告知义务，剥夺了相对人的陈述、申辩权，将导致行政决定不能成立。我国《行政处罚法》第 31、32 条，《行政许可法》第 7 条对此进行了规定。

4. 回避。回避制度是为了保持行政执法决定的公正性。也就是说行政机关及其执法人员不能既当运动员又当裁判员。回避事由一般有因血缘关系的回避、因与本人有利害关系的回避以及涉嫌单方接触禁止的情形。回避方式也因申请作出回避的主体不同，区分为案件当事人申请回避、执法人员自行要求回避、上级指令回避三种情形。在最终作出回避决定之前，执法人员一般应停止处理涉案事务。

5. 听证。听证是行政执法机关调查案件事实、认定案件证据和明确法律适用的公开、正式程序。听证程序有利于充分听取各方当事人的意见并排除偏见 。目前我国行政执法法定听证的范围较窄，主要是针对当事人权益影响较大的行政决定的听证。如《行政处罚法》第 42 条的规定、《行政许可法》第 46 条的规定。学者普遍认为我国的行政执法听证范围比较小，建议从效力与公正平衡的角度考虑，适当扩大行政处罚听证的范围。① 程序合法的听证，不但体现在听证的内容范围上，还表现在听证的具体程序上。听证的准备、听证支持人的选择、听证的过程、听证笔录的制作都需要符合法定的程序要求。

6. 行政执法决定的作出。从我国目前的情况看，行政机关实行民主集中制基础上的首长负责制。据此，行政执法决定的作出是按照行政决定本身的重要程度进行区分的，如一般的行政决定由作出该决定的行政负责人签批即可；较重大的执法决定则由作出决定的行政主体单位领导集体讨论后作出，对公共利益有重大影响或专业性、技术性较强的重大行政执法事项，则需要召开评审会，由专家论证后，再作出决定。具体可见我国《行政处罚法》第 38 条第 1 款、第 2 款的规定以及《行政许可法》第 55 条的规定。

7. 送达。送达是行政执法生效的必须环节。送达的方式和诉讼文书的送达方式并没有什么区别。即根据实际情况，可以选用直接送达、留置送达（适用于当事人拒绝签收的情况）、邮寄送达、公告送达（上述方式均无法送达的情况下，才能适用该送达方式）等方式进行。

---

① 参见张千帆等:《比较行政法》，法律出版社 2008 年版，第 376 页；顾长浩等:《 中国听证制度研究》，法律出版社 2007 年版，第 171 页。

（二）行政执法的简易程序

行政执法简易程序是指行政主体在行政执法中适用的对行政事务进行快速、简捷处置的行政程序。[①]适用简易程序案件一般都是事实比较简单、金额比较小或有法律特别规定，而且对当事人合法权益影响不大的执法案件。还有一些是紧急情况下的适用和当事人同意情况下的适用。当然，符合上述条件的，行政机关也可以视情况不适用简易程序。一般而言，下列环节是简易程序要坚持的。

1. 表明身份。如果行政执法人员在执法时不表明身份，持证上岗，则无法使当事人相信其是代表国家在执法。表明身份是行政执法人员获得执法正当性的前提，这个环节不能省略。

2. 告知、陈述和申辩。这是行政主体听取意见的一种简单形式，有别于正式听证，是当事人最基础的程序性权利。该程序有利于行政执法人员查明事实，确定证据。行政主体应当充分听取当事人的陈述和申辩，对于合理的，行政主体应当采纳；不采纳的，也应当说明情况。

3. 制作现场笔录。现场笔录是行政决定作出的核心证据，不可缺少。

4. 制作行政决定书。简易程序的行政决定一般都是当场作出。作出行政决定时，应当场制作行政决定书。如不能当场作出行政决定的，一般要在行政程序启动之前起 10 日内作出行政决定，并送达行政决定书。

5. 送达和备案。用简易程序作出的行政决定，也需要送达才能生效。同时执法机关应就作出的行政决定进行备案。

简易程序与一般程序的不同在于，第一，简易程序可以省略正式意义的听证程序；第二，可以采取口头形式告知当事人，听取当事人的陈述和申辩；第三，可以采用预定格式、编有号码的文书；第四，可以仅由一名行政执法人员进行执法。[②]

---

① 张淑芳：《论行政简易程序》，华东政法大学学报 2010 年第 2 期。

② 参见宋大涵主编：《行政执法教程》，中国法制出版社 2011 年版，第 116～118 页。

本章小结

行政执法形式有效性之合法律性是行政执法有效性最直观的表现，是执法机关及其执法人员最容易把握和操作的执法准则，也是行政相对人与社会公众对行政执法行为是否合法的首要判断标准和维权的依据。行政执法合法律性的内容包括主体合法、依据合法、执法行为合法以及程序合法等各方面，涉及执法行为的全过程。上述任一环节不合法，都将可能导致行政执法的无效、被确认违法或被撤销。为了更好地规范整个执法过程，2017 年 1 月 19 日，国务院办公厅印发《推行行政执法公示制度执法全过程记录制度重大执法决定法制审核制度试点工作方案》，确定在天津市、河北省以及国土资源部等 32 个地方和部门开展试点。该方案推行行政执法公示制度、执法全过程记录制度、重大执法决定法制审核制度，并首次将重大执法决定法制审核制度从国家政策层面具体落实到国家执行层面，是我国行政执法领域的一大突破，对于规范行政执法行为、完善行政执法程序、监督执法结果、促进我国行政程序立法，维护公众合法权益，都具有十分重要的意义。这为实现行政执法的实质有效向前迈进了一步。

一般情况下，实现了形式有效、体现了合法律性的执法行为，在实质上也是正当、有效的；但有些执法虽然在形式上满足了合法律性的要求，但在逻辑证成上却缺乏必要的说理论证，其执法结果也难以为行政相对人和社会普遍公众所接受，这就涉及执法是否符合法律逻辑要求、是否实现了实质有效性的问题。本书将在第三、四章详细论述执法有效的逻辑证成问题与执法的实质有效性问题。

第三章
行政执法形式有效性之逻辑证成

在一个共和国，由于公民所接受的是理性与说服力而不是暴力的引导，推理的艺术就是最重要的。

——［美］托马斯·杰弗逊

判断一个具体行政执法行为是否合法有效，最基本的思维就是运用逻辑推理。实际上，任何法律的贯彻和落实都离不开法律逻辑推理的充分运用。所谓法律逻辑推理就是指根据已经查证属实的案件事实和选定的法律规定作为推理的前提，然后运用逻辑推理的方法推出结论，作出判决或裁定的过程。简言之，就是依据明确的命题，采用逻辑思维，推出结论的过程。① 因此，法律推理的重要作用在于规范评价自然人、法人以及其他组织的行为在法律上的合法性或合理性，以及可能带来的法律后果，并让这种评价或制裁更具有说服力和可接受性。一般认为，逻辑推理是一种形式推理。就法律推理而言，形式指的是法律内在的规律，实质指的是法律外部的世界。法律的自足性和客观性是通过"仅仅在形式层面分析法律来保证的"②，博登海默称之为"分析推理"。一般认为逻辑推理主要有演绎推理、归纳推理和类比推理三种。但就法律推理而言，这三种推理的功能和适用范围都是不同的。就我国而言，因为是成文法国家，演绎推理成为法律适用过程中最主要的推理形式。

演绎推理，主要是运用三段论方法进行的推理，即由大前提和小前提推导出符合逻辑的结论。这是从一般到特殊的推理，是一种最基本的法律推理方式。这与各国目前法律判断的推理过程基本上是一致的。因为我们现在的法律规则大多是通过设定行为构成要件和法律效果这种假设命题构成，因此，在法律适用上也是主要是通过大前提—小前提—结论这种三段论的演绎思维推导出来的，即选择作为大前提的法律规范，认定作为小前提的法律事实，根据大小前提，推出结论，该结论即判决（裁定）的结果。

卡尔·拉伦茨在其著作《法学方法论》中把这种确定法效果的三段论阐述为：假使任何一个案件事实实现 T，则应赋予其法效果 R（大前提）。特定案件事实 S 实现 T，直言之，其系 T 的一个"事例"（小前提）。对 S 应赋予法效果 R（结论）。用符号表示为：

---

① 曾庆敏：《精编法学词典》，上海辞书出版社 2000 年版。

② ［美］查理德·A. 波斯纳：《法理学问题》，苏力译，中国政法大学出版社 2001 年版，第 51 页。

T → R（对 T 的每个事例均赋予法效果 R）

S=T（S 为 T 的一个事例）

S → R（对于 S 应赋予法效果 R）[①]

可以认为，一切制定法的法规则都预设了调整某一社会关系的大前提，从而也为行政机关和法院适用它处理符合规则的具体案件提供可靠的依据。在行政执法过程中，对相对人的行为是否构成违法，以及对行政行为的合法性的判断，都运用的是演绎式逻辑推理。

另外的两种逻辑推理也在不同的案件中，发挥着重要作用。归纳推理，是一种从特殊到一般的推理，其适用的合理性是人类对正义的需求的不可或缺性和制定法的滞后性带来的必然选择。归纳推理可以运用于立法、行政执法和司法审判等不同环节。在行政执法过程中，用归纳法可以使相同案件得到相同的处理，体现法的公平性和一致性，从而实现执法的公正与合理，尽可能避免选择性执法造成的非正义。当然，归纳推理也有其局限性，毕竟“从呈现出共同要素的特殊案例中以归纳方式得出的一般性概括，很少能符合逻辑的必然性”[②]。类比推理，通俗地说，就是类似情况，参照适用。即把已有的法律规定，适用于该规定没有明确涉及的事项，但认为这种适用是符合该条规定的原则和精神的，属于该规则应当包括的情形。[③]与演绎推理相比较，类比推理可看作是一种特殊到另一种特殊的推理。类比推理可以在行政执法和司法过程中合理运用。对规则进行类推适用的目的就是要通过同样对待属于相同政策原则范围内的事项和案件来实现正义原则。美国法学家伯顿（Stiven J. Burton）认为，类比法律推理与普通法系的判例法有着渊源，因为遵循先例原则是判例法的首要原则，该原则下的推理就是要求同样的案件同样判决，这种推理主要就是通过类比推出的。这是形式主义的要求。[④]但类比推理的运用有特别的限制，在法律适用中不是所有情形都可以随意运用类比推理的，一般而言，类比推理只能适用于法律没有规定的情形。我国不是判例法国家，其判例不具有先例的法定依据效力，特别是在“法无授权不可为”的行政执法领域，类比推理的运用被压缩到最小的限度。

---

① [德] 卡尔·拉伦茨：《法学方法论》，陈爱娥译，商务印书馆 2015 年版，第 150 页。

② [美] 博登海默：《法理学：法律哲学与法律方法》，邓正来译，中国政法大学出版社 1999 年版，第 493 页。

③ [美] 博登海默：《法理学：法律哲学与法律方法》，邓正来译，中国政法大学出版社 1999 年版，第 494 页。

④ [美] 史蒂文·J. 伯顿：《法律和法律推理导论》，张志铭、解兴权译，中国政法大学出版社 2000 年版，第 31 页。

从一般立法规范来看，法律权利（法定规则）、法律行为（事实要件）和法律责任（法律后果）有机地构成法律制度的本体要素。法律规范就像是自动售货机，一旦输入的命令（案件事实）符合原先设定的密码（符合法律规范的事实要求）要求，就会自然输出想要的产品（产生法律事先规定的法律后果）。德国行政法学家哈特穆特·毛雷尔（Hartmut Maurer）认为，三段论推理其实也是行政执法的法律适用的过程，但不同的是，行政执法除了大小前提和行政结论外，还有具体执行行为，行政执法包括四个阶段的内容。首先，对依职权或以申请受理的行政案件进行调查、对证据进行收集以及对案件事实进行确认；其次，分析该案件的法定事实要件，并进行提炼；再次，对案件事实与可能适用的法律规范进行涵摄，看是否构成大前提的要件要求；第四，如果符合，即推出相应的行政决定和执行方案。行政决定和具体执行行为有时是同步作出的，特别是在简易程序的行政执法过程中。上述四个阶段是相互联系的，有时候是交叉进行的，如对事实的认定和对法律规范的选择，往往是来回往复的，同时对结论的推出过程也不仅仅是逻辑推导过程，也是对执法事实的判断认识过程，包括最后对法律后果的处理，也是一个选择、权衡的过程。

从哈特穆特·毛雷尔的分析我们可以知道，行政执法的推理论证过程，与普通的司法三段论是有区别的，因为执法的本质是要把法的实施落到实处，真正实现法的效果，而不仅仅停留在结论的作出上。因此，行政执法行为的推理论证过程应包括四个阶段：从法律规定到执法依据的选择 、从生活事实到执法事实的认定、从大小前提到行政决定的导出、从行政决定到执行行为的落实。

当然，每一个逻辑推理，都有其应该遵循的规则，如果违反了这些规则，就多半不能真正推导其结论。一个有效的行政执法推理，也必须遵循三段论推理的规则①，以及避免三段论推理过程中常见的形式谬误和非形式谬误。所谓谬误，是指如果一个论证的前提并不支持其结论，我们就是在错误地进行推理，这种论证称之为谬误。逻辑学上的标准三段论推理形式上的谬误，主要包括：四项谬误、中项不周延谬误、大项不当周延（“非法大项”）、小项不当周

① 标准式三段论的 6 条基本规则：规则 1，一个有效的标准式直言三段论必须包含三个项，在整个论证中，每一个项都须在相同的意义上使用；规则 2，在一个有效的标准式直言三段论中，中项必须至少在一个前提中周延；规则 3，在一个有效的标准式直言三段论中，在结论中周延的项在前提中也必须周延；规则 4，任何有两个否定前提的标准式三段论都不是有效的；规则 5，如果一个标准式三段论有一个前提是否定的，那么结论必须是否定的；规则 6，一个有效的标准式直言三段论，如果结论为特殊命题，那么前提不能都是全称的。

延（“非法小项”）、排斥前提谬误、从否定推肯定谬误以及存在谬误。[①] 由于形式谬误的易见性，大家在论证推理过程，常犯的谬误，大多数是非形式谬误。非形式谬误的种类、数量繁多。常见的有以下几种类别的谬误：一是相关谬误，具体包括诉诸情感、“红色鲱鱼”、“稻草人”、人身攻击、诉诸暴力、不得要领（不相关结论）等。二是不当归纳谬误，这类谬误也很常见，这种谬误，前提虽然与结论相关却太弱且缺乏力度，基于这些前提做出的推论是愚蠢的。如诉诸无知的论证、诉诸不当权威、虚假原因、轻率概括。三是预设谬误，在这类谬误中，前提中假定了太多的东西，而推论又错误地依赖于前提的这些没有根据的假定。这类谬误如偶然、复杂问句、丐题等。四是含混谬误，该谬误起源于语词或表达式模棱两可的用法，有些语词或表达式在同一个论证的不同地方有完全不同的意思。这类谬误包括：歧义、双关、重音、合成、分解。[②] “任何一段话是否果真犯了上述任何一个谬误通常都是可以商榷的。一个给定论证的错误可能由不同方式形成，在自然语言中，语境至关重要，很大程度上依赖于合理的解释。”[③]

行政执法有效性的推理，在实际运用过程中涉及这四个方面的推理过程：从法律规定到执法依据；从生活事实到执法事实；从大小前提到行政决定；从行政决定到执行行为。如何避免论证谬误，实现有效执法，是我们在行政执法过程中运用逻辑推理应注意的重要问题。

第一节　从法律规定到执法依据

“任何法律都是以权利和义务为核心的，法律规范的一切内容均围绕这一核

① [美] 欧文 · M. 柯匹，卡尔 · 科恩：《逻辑学导论（第 13 版）》，张建军等译，中国人民大学出版社 2014 年版，第 267 页。

② [美] 欧文 · M. 柯匹，卡尔 · 科恩：《逻辑学导论（第 13 版）》，张建军等译，中国人民大学出版社 2014 年版，第 136 ～ 137 页。

③ Interview with Osama bin Laden，CNN，March 1997，转引自 [美] 欧文 ·M. 柯匹，卡尔 · 科恩：《逻辑学导论（第 13 版）》，张建军等译，中国人民大学出版社 2014 年版，第 137 页。

心运行。法律就是通过权利和义务的设定展开对利益调整的手段。”① 作为执法依据的法律文本中设定的规则，又称为“法定条件”，主要解决设定什么权利和义务，以及给谁设定权利和义务的问题。这构成判断一个事实或行为是否合法的基本前提，也就是逻辑推理的大前提。这些权利和义务在法律文本中的表现形式是一套规则体系。法律规则从内容上可分为授权性规则和义务性规则。授权性规则是指人们可以作出或要求别人作出一定行为的规则，也就是哈特所说的次要规则，其特点是任意性和自由选择性，法律文本的表述是“可以”“有权”“有……的自由”“不受……的干涉”等。义务性规则是指直接要求人们从事或不从事某种行为的规则，也就是哈特所说的主要规则。义务性规则有命令式规则和禁止性规则之分：命令性规则是要求人们必须作出某种行为的规则，法律条文的通常表述是“应当”“必须”“应该”等；禁止性规则是限制或严禁作出具体行为的规则，法律文本里表述为“不得”“禁止”“严禁”等。

作为行政执法依据大前提的法律规范，就我国目前的规定形式看，包括基本法律、行政法规或者地方法规、部门（地方）规章等。其他规范性文件一般不得作为做出惩罚性的行政行为的依据。这里的基本法律是指由全国人大和全国人大会常委会制定的规范文件，如《行政处罚法》《行政强制法》等；地方性法规和规章可以由省级人大和国务院批准的较大的市制定，如《湖南省行政程序规定》（湖南省人民政府令 2008 年第 222 号）。对行政执法人员来说，要熟练掌握法律以及文本内有关授权性规则和义务性规则，以准确判断行政相对人的行为是否符合这些规则，并在执法过程中正确地适用这些规则，也就是要解释和确定法定的事实要件内容。

从法律规定到执法依据，实际上就是行政执法大前提的选择、构建过程。我国是成文法国家，在法律适用过程中运用推理的主要方式就是典型的三段论推理。也就是以行政法律规范为大前提，以行政执法主体查证属实的案件事实为小前提，在事实与规范的互动中，推导出具体行政决定或执行方案的过程。但在行政执法过程中，其依据的“法律规定”，是一个广义的概念，不仅包括狭义上的宪法、法律、法规、规章等，甚至临时的命令、决定、红头文件、行政合同等文件都有可能成为行政执法的依据，即大前提。在具体的行政执法过程

① 孙笑侠：《法律对行政的控制——现代行政法的法律解释》，山东人民出版社 1999 年版，第 46 页。

中，不同的大前提在调整对象、适用规则、效力等方面都会有所不同，再加上行政执法行为的具体性、多样性，在多数情况下，大前提的适用并不是一目了然的，存在着不确定性。因此，如何选择大前提作为执法依据，构建大前提并使之成为行政执法的正当性根据尤为重要。下面本书就简单执法案件中的法律推理大前提的选择和复杂案件中大前提的构建作区分研究。

一、简单执法案件的大前提选择

所谓简单的执法案件，是指案件事实比较清楚，法律规定也较明确，当事人对事实认定不存在争议的案件。对于这类案件，行政执法主体可以毫不费劲地在现行有效的法律规定中找到可以适用的大前提，然后直接运用三段论的演绎推理做出执法决定。如张某酒后（但未达到醉酒程度）驾驶机动车辆，被查。那么交警可以直接根据我国《道路交通安全法》第 91 条的规定，对张某处暂扣 6 个月机动车驾驶证，并处 1000 元以上 2000 元以下罚款。[①] 在这种类型的案件中，行政执法主体可以直接运用标准三段论推理选择大前提，推出结论。具体推理过程如下:

大前提：饮酒后驾驶机动车的，处暂扣 6 个月机动车驾驶证，并处 1000 元以上 2000 元以下罚款。

小前提：张某酒后驾驶

结论：张某被暂扣 6 个月机动车驾驶证，并处 1000 元以上 2000 元以下罚款。

在这种性质的案件中，形式逻辑是作为平等、公正执法的重要工具而起作用的。博登海默也认为，按照明显应适用于某一案件的法律规则来处理该案件是执法主体的首要责任。它要求执法主体在简单明确的情况下，始终如一和不

① 参见《中华人民共和国道路交通安全法》（2011 年）第 91 条第 1 款规定：饮酒后驾驶机动车的，处暂扣 6 个月机动车驾驶证，并处 1000 元以上 2000 元以下罚款。因饮酒后驾驶机动车被处罚，再次饮酒后驾驶机动车的，处 10 日以下拘留，并处 1000 元以上 2000 元以下罚款，吊销机动车驾驶证。

具偏见地执行法律命令。

二、复杂执法案件的大前提选择

通常情况下，大前提的选择，并不都是简单明了的。一方面体现在它需要多次往返于事实与规范之间，才能锁定法律事实；另一方面，法律规定（执法依据）本身存在不确定性和模糊性，需要对价值和利益进行权衡，才能合理选择适用。关于法律事实的认定，我们会在“从生活事实到执法事实”部分章节进行论述，现在主要阐述在法律事实确定的情况下，复杂案件大前提的选择问题。这里说的复杂案件，包括因案件事实本身涉及的法律难以确定和法律本身可能存在缺陷或冲突等，导致大前提的选择困难等情形。对其进行具体细分主要有如下五种情形。

（一）存在法律漏洞情况。即执法者面对的是一个法律没有明确规定行政违法法律后果的执法事实时，大前提的选择问题。出现这种情况的原因是多方面的，如立法时难以预料，因此未作规定；或者是已经预见，但对处理方式意见分歧较大，暂缓立法的，或因其他原因而未加规定的，等等。但不管是什么原因，对于执法者而言，都是必须面对的，只是在如何处理上，可能因选择的大前提不同，而存在不同的处理结果。下面通过一个案例来呈现这种情况。

案例 1. 麻某举报农某违反“一户一宅”规定案[①]

基本案情：2016 年 4 月，麻某举报农某违反法律有关“一户一宅”的规定，在其父亲农某原居住的房屋土地上，进行拆旧新建。举报人麻某要求国土部门责令农某拆除房屋，同时收回该宅基地。

据查实，麻某反映的农某占地建住宅的实地位于崇左市天等县都康乡安康村百念屯东南面。该宅基地及房屋权属人是农某，1989 年 12 月 30 日办理了集体土地建设用地使用证（集建〔1989〕字第 03114 号），批准土地面积 183.3 平方米，土地使用证上的四至与实地一致。农某的父亲已故

① 该案件来自本人田野调查的素材，由广西壮族自治区国土资源厅提供。

（母亲在父亲之前已去世），父母健在时，农某以自己的名义申请了一块宅基地，并已建房居住。

根据上述已知的案情，行政执法机关在选择大前提的时候是犯难的。因为当前的法律法规只规定了“农村村民一户只能拥有一处宅基地”[①]，但对一户多宅的法律后果并没有作出规定。如果一户超出一宅，是否不管因为什么原因，如转让、赠予、继承均被认定为非法？还是一户多宅存在非法的除外情况，即合法的可能，那么这些合法的情形又是什么？如果被认定为非法，是否由国家或集体强行收回或强行拆除？这些关于一户一宅的一系列问题，都在挑战着执法主体的智慧，最后具有可接受性的大前提选择必然是价值和利益衡量的结果。[②]

（二）法律对执法事项作出了规定，但由于规定本身的模糊性和原则性，导致对大前提的选择有不同意见。在现行法律条文中，这种情况较为常见。有些是因为法律条文本身过于概括，导致其缺乏可操作性，有些是由大量使用不确定的模糊语言导致的，如“严重”“合理”“正当”“情节轻微”等，往往让人把握不准。还有些是因为法律条文过长，主谓宾界定不清楚而引发的歧义。如《行政复议法》第 30 条第 2 款对征地批复是否应该受理的规定。[③]政府和法院就有截然不同的观点和做法。政府部门认为征地批复应该受理，属于可复议、可诉讼的范围[④]，但法院则持完全相反的观点。[⑤]那么执法主体，在面对这种情况时，就需要结合实际情况，进行价值判断，进而选择合适的执法大前提。

（三）对同一个执法事项，有不同的法律规定，且适用不同的法律规定，将会导致完全不同的处理结果。

---

① 参见《中华人民共和国土地管理法》第 62 条规定以及《广西壮族自治区农村宅基地审批管理办法》第 4 条规定。

② 经过举报、答复、复议后，最后广西壮族自治区人民政府以举报人（申请人）与案件不具备利害关系为由，驳回了麻福华的请求。具体见桂政行复〔2016〕189 号行政复议决定书。

③《中华人民共和国行政复议法》第 30 条第 2 款：根据国务院或者省、自治区、直辖市人民政府对行政区划的勘定、调整或者征用土地的决定，省、自治区、直辖市人民政府确认土地、矿藏、水流、森林、山岭、草原、荒地、滩涂、海域等自然资源的所有权或者使用权的行政复议决定为最终裁决。

④ 在 2015 年之前，广西壮族自治区政府法制办受理所有关于征地批复的申请，并在复议决定书的最后写明，如不服本决定，可以向法院提起诉讼，或向国务院申请行政裁决，但在当地法院对所有的案件均以“不属于法院受理的范围”予以驳回之后，就不再受理征地批复类的案件。可最后，因征地引起的群访事件、越级上访事件较多，国务院窗口指导要求各地省政府继续受理该类案件。

⑤ 参见《最高人民法院关于适用〈行政复议法〉第三十条第二款有关问题的答复》（〔2005〕行他字 23 号）。

如南宁市政府需要对某村进行征地拆迁。关于征拆安置标准应该如何选择呢？这是执法主体首先要考虑的问题。关于补偿标准问题，《中华人民共和国土地管理法》（2004 年）、《广西壮族自治区实施〈中华人民共和国土地管理法〉办法》（2007 年）、《南宁市集体土地征收与补偿安置办法》（南府发〔2013〕10 号）均有规定，但三者之间对补偿标准的规定有差异。在这种情境下，大前提该如何选择，即是一个规范的论证过程。根据《立法法》规定的法律适用原则，就同一问题的法律适用一般是上位法优于下位法，特别法优于普通法、新法优于旧法。“新法优于旧法”规则与“法不溯及既往”原则之间存在冲突，则行为时法优于裁决时法。但关于这个问题需要考虑的远远不止这些，其存在一系列需要论证的事项。下面通过可废止论证，用排除的方法，选择可适用的大前提。

现假定南宁市政府需要征拆的事实是确定的，下面对征拆补偿标准的大前提进行选择论证。

论证一：根据《中华人民共和国土地管理法》第 47 条规定，征收其他土地的土地补偿费和安置补助费标准，由省、自治区、直辖市参照征收耕地的土地补偿费和安置补助费的标准规定。被征收土地上的附着物和青苗的补偿标准，由省、自治区、直辖市规定。

因为南宁市不属于上述规定中“省、自治区、直辖市”。所以，南宁市政府无权制定有关征收耕地的土地补偿费和安置补助费的标准和被征收土地上的附着物和青苗的补偿标准。

《南宁市集体土地征收与补偿安置办法》是关于上述标准的一系列规定。

结论：南宁市的征拆安置补偿标准不适用《南宁市集体土地征收与补偿安置办法》。

论证二：根据我国《立法法》的第 90 条规定：自治条例和单行条例依法对法律、行政法规、地方性法规作变通规定的，在本自治地方适用自治条例和单行条例的规定。

广西壮族自治区属于立法法规定的民族地区，其制定的自治条例和单行条例可以在本地区适用。

《广西壮族自治区实施〈中华人民共和国土地管理法〉办法》属于广西

的自治条例。

因此，南宁属于广西的一个城市，其征拆补偿标准应适用《广西壮族自治区实施〈中华人民共和国土地管理法〉办法》。

但我国《立法法》第8条规定：下列事项只能制定法律：

（七）对非国有财产的征收、征用；

《广西壮族自治区实施〈中华人民共和国土地管理法〉办法》不是法律。

结论：南宁市集体土地的征拆安置补偿标准不适用《广西壮族自治区实施〈中华人民共和国土地管理法〉办法》。

通过上述论证我们发现如果单单考虑某一条文，就会导致执行的依据出现严重的错误。因此在规范论证的过程中，对大前提的确立一定要考虑法律部门、甚至法律条文之间的关联性，这样才能保证执法据以依赖的大前提的选择更加适当。[①]

法律规定存在明显对立和抵触的两种情形，执法者在依据选择上陷入两难。从学理上，不同的规定上存在立法冲突是有明确的法律适用规则的，如根据效力等级，上位法优于下位法；如果是同位阶的法律，则新法优于旧法，如根据内容，则特别法优于一般法等，并且所有法律等规范性文件不能和宪法相抵触，应符合宪法的精神以及自然正义。法律是一个内在的统一体系，各个组成部分之间是相互联系的，包括立法解释、司法解释均应遵循这种内在的联系性，任何解释都不能脱离被解释法律本身蕴含的精神和理念，否则该解释应不起作用。[②]

但是，在目前我国法制环境还不健全的背景下，行政执法在实际工作中对相冲突规定的选择显得尤为困难。与司法不同，行政执法受到临时性的政策影响更大。如法院拍卖遇到限购政策，负责不动产登记的执法人员，是否应协助法院（当事人）进行不动产变更登记？南京市房管局下设房地产市场综合执法

① 张斌峰、盘长丽：《“依法行政”该如何“依”——法律论证在行政执法过程中的应用研究》，《理论学刊》2016年第2期。

② 郑永流：《法律判断大小前提的建构及其方法》，《法学研究》2006年第4期。

办公室发文怒怼江苏省高院事件，把这种尴尬局面展现得淋漓尽致。[①]

案例 2. 房管局怒怼省高院，司法拍卖房产究竟受不受限购政策调整？

2017 年 5 月 31 日，江苏省高级人民法院在其系统内发文（苏高法〔2017〕91 号），对司法拍卖和限购政策的有关问题进行明确。认为司法拍卖是一种公权力下的强制执行行为，自判决或裁定生效时即发生物权转移的法律效力，不动产登记部门依法有义务协助办理过户登记手续，不能以限购政策为由，拒绝办理。如拒绝办理，法院将依法采取强制执行措施。[②]而南京市房地产市场综合执法办公室在江苏省发布上述文件不到 10 天的时间，就针锋相对地进行了回应，该回应基本上完全否决了江苏高院苏高法〔2017〕91 号的通知要求。该文件明确指出，因司法拍卖取得的不动产，购房者需要满足限购政策的要求，同时再次出售该房产的也需要满 3 年后才能予以办理。[③]

在这种情况下，作为执法者，在选择大前提的时候面临着极大的考验，《物权法》《民事诉讼法》等法律法规对司法裁定、司法拍卖的法律效果是明确的，但国家或地方政策对房地产的调控、限购也是强硬的，这不但涉及执法权的问题，还涉及司法是否独立的问题。本书认为，在此情景下，执法者要把行政行为置于国家的大环境中，探究立法、司法与行政行为的终极目标是什么？根据价值的位阶原则，即在不同位阶的法的价值发生冲突时，以在先的价值优于在后的价值来选择适用恰当的大前提作为执法的依据。

（五）法律的规定落后于社会发展或违背了立法的初衷，再适用该法可能导致显失公平，在此情况下，执法者的大前提选择问题。这种情况，大量出现在地方性法规、规章和部门规章中。因为政府部门的规范性文件汗牛充栋，制定时，一般是符合当时要求的，但由于这些规范性文件的时效性、针对性较强，随着时间的推移，很快就不再适应社会发展的需求了，但有关部门并没有对相

① 《房管局怒怼省高院，司法拍卖房产究竟受不受限购政策调整?》，网址：http: //mp.weixin.qq.com/s/gL-rEC0mPR2-shN4aKVTvQ，浏览时间：2017-06-29。

② 参见《江苏省高级人民法院关于司法拍卖涉住房限购政策有关问题的通知》（苏高法〔2017〕91 号）。

③ 参见南京市房地产市场综合执法办公室于 2017 年 6 月 7 日印发的《关于明确〈关于进一步加强房地产市场调控的通知〉操作有关事项的通知》。

关文件进行修改或废止，即出现了这种“不人道”或“不合理”的依据。那么，在这种情况下，执法主体对执法依据的选择就需要特别谨慎，并作灵活处理，否则就很容易引起执法冲突。正确的选择应该是依据法律的基本原则做出判断。[①]

综上可见，行政主体在进行执法大前提的选择时，除了少部分极为简单的案件，并不是轻而易举就能做出正确判断的，由于执法事项的多样性、复杂性、涉及利益的多元化以及社会发展的日新月异，再加上法律本身的滞后性，必然增加执法者对执法依据选择的困难性。因此，面对复杂案件的大前提选择时，执法主体应理性、谨慎地权衡利弊，从可实现结果的公平正义出发，根据行政比例原则、权利保护原则等选择最符合处理特定具体案件的执法依据。

第二节　从生活事实到执法事实

法律是以人为调整对象，以人的行为为调整客体的。而作为逻辑推理的小前提，是判断人（包括法人）的行为模式是否符合法律规则，这构成特定的法律行为和明确无误的事实要件。在一个具体案件的行政执法中，执法人员的一个重要使命是通过获取真实、有效且充分的证据，来认定行政相对人的行为是合法还是违法这一事实，即调查和认定案件事实：发生了什么事实？存在哪些证据？具体来说，是符合还是违反大前提所列明的法定条件。如果行政相对人对应当履行的义务没有履行，就属于违法行为，或者不符合法定的条件，不具有相应的权利；如果行政相对人从事了不得从事的活动，也属于违法行为，可能要承担相应的行政处罚。行政执法决定的作出，总是针对特定的执法事实。但执法事实的判断，不但是一个事实认定的法律判断过程，而且很多时候还是价值判断的过程。对执法事实的认定实际上也是事实论证的过程，即如何确定

① 罗旭：《论法律推理中大前提的构建》，《前沿》2008 年第 6 期。

小前提的问题。这与司法判决的事实论证是一样的道理。但由于执法对效率要求较高，且多数执法事实都没有诉讼案件复杂，因此在论证的逻辑性和严谨性方面要求相对没有那么高。但其论证的思维和程序是可借鉴的。对执法事实的准确认定，是提高执法可接受性和执法效率的关键。

一、执法事实的形成

执法事实来源于生活事实，但并不是所有的生活事实都可能成为执法事实，如何从生活事实中辨别、选择执法事实，让其产生执法的效果，是每一个执法主体应面对的问题。德国学者恩吉施认为执法事实的认定可以通过三个构成部分来说明：一是存在具体的生活事实，并与实际上已发生的案件事实相关；二是该案件事实确实发生的确认；三是该事实确实具备法律的构成要素。①

郑永流认为，事实是一种客观存在，并不是所有发生的事实都对执法主体认定执法事实有帮助。真正有意义的也就是那些与案件相关的，进入认识活动的事实。事实本身的展现和还原需要一定的载体，通常情况，是通过人主观的陈述和客观的物质性的证据予以呈现。认定事实的过程，实际上就是判断陈述和证据的真假以及相关性的问题，这也是在法律判断中，最困难的任务之一。为了更好地判断执法事实，郑永流把事实作生活事实、证明事实和法律事实的区分。

1. 生活事实或原始事实

所谓生活事实，也称原始事实，是指已经确确实实发生过的事件，如张某酒后驾车。生活事实的典型特点，就是需要通过证据予以证实。如张某，是否是张某，需要有人指认或现场遗留的物证，如身份证之类的予以证明。是否属于酒后驾车，则需要借助一定仪器设备的检查结果，如酒精检测仪，或法医的鉴定等。否则，生活事实将难以还原。但这种还原是有限的，因为证据本身就存在难以获得性和不确定性，因此，对生活事实的确认，并不一定是已经发生的生活事实的全部内容，有时候，可能还会与真实发生的事实有偏差。但这并

① ［德］卡尔·拉伦茨：《法学方法论》，陈爱娥译，商务印书馆 2015 年版，第 160 页。

不影响我们对生活事实客观真实性的追求，尽一切努力尽可能接近、还原事实的真相，这对后面执法事实的认定非常关键。

2. 证明事实

所谓证明事实，是指通过证据或证据规则予以证明了的生活事实（或原始事实）。由于生活事实的琐碎化和复杂性，要使之变成最后可以据以执法的事实，需要对其进行证明。即通过法律规定的证明程序和规则对生活事实予以证明，被证明了的事实，则被认为是已经发生了的，具有法律意义的事实。这种被证明了的事实，我们称之为“证明事实”，它与“客观事实”是有区别的。证据越多、越翔实，离“客观事实”就越接近。如疑罪从无规则，说的就是在证据不利的情况下的一种司法处理理念。证明事实仅是一种“法律真实”，其思路是：既然生活事实不可全得，只好退而求合法律性的事实。但证据等只能证明生活事实是否已经发生了，以及发生的经过等，证明本身不能对证明了的生活事实是否会发生法律后果作出判断。证明了事实，必须与一定的法律规定相联系，才能确定是否引起了相应的法律后果。如酒后驾车，只有在交通法规定了禁止酒后驾驶并得到证明时，才引起张某酒后驾驶的法律结果，否则，此行为属于与法律无关之领域。如在家里，喝醉酒并睡觉的行为，即使被证据予以证明了，也不会引起任何的法律后果。因为法律对此没有作出任何的规定。可见，证明事实与法律事实不是同一概念，法律事实必然会引发相应的法律后果，但证明事实并不必然引发法律问题。

3. 法律事实

法律事实是指符合法律规定的事实构成要件的，并经过证明了的生活事实。形成法律事实后，即可以根据法律的规定，进行法律判断和评价。法律事实的形成过程，根据郑永流的观点，是先对生活事实进行初次判断，判断其是否与实际发生的案件事实相关联，是否可以成为法律事实，如果大体上答案是肯定的，则从能成为法律事实的构成要件的角度，对生活事实进行证明。根据证据规则，最后证明的结果即是把生活事实上升为法律事实的过程，即小前提的认定过程。从上面的分析过程，可以看到小前提的建构过程是先推定生活事实与法律事实存在紧密相关性，然后再通过证据法、程序法的证明规则，使生活事实变为证明事实。而法律事实的认定就是根据法律事实构成要件要求对生活事实进行证明，使之满足或符合法律事实的过程。因此，建构小前提的思维过程是从生活事实到法律事实再到证明事实。[①]

我们认为，任何法律事实的认定，都离不开法律规范的具体规定，法律事实的形成，是在生活事实与法律规范之间不断游走、求证的结果。具体到行政执法事实的最终形成，关键就在于选择与之相适应的大前提，即法规范。而法规范正确的选择又取决于两个方面的要素，一是执法主体已获知的具体执法情境；二是执法主体对执法案件所属的规范的整体认识。在实际的操作过程中，事实论证和规范论证在很多时候是交错进行的。因为对具体法律条文的论证不可能脱离案件事实，要根据事实来选择法律的切入点，合适的法律的切入点必须是明确的，且是可以和法律对接的。如何使法律的切入点变得明确、具体，这就需要重新回到法律中来，运用法律的视野对事实进行定性、评价、类型化等。[②]因此，应从多个维度和视角入手去认定案件事实，并根据具体情况作出必要的判断。首先是以未经加工的生活事实即以感知为基础的判断；其次是以人行为的目的为导向，从人类行为的解释学为视角进行判断；再次，是依据习惯、习俗、传统等社会经验的判断；最后是进行诸如是否符合社会公平正义、公序良俗、诚信，是否存在重大事由价值方面的判断。[③]从多角度对案件事实作出认定，是保证小前提真实的重要保障。如果对案件事实没有从多角度进行考量，单从现象本身进行判断，很可能导致错误的执法。[④]

二、执法事实形成的个案分析

案例3.刘某对柳州市国土局行政处罚不服行政复议案[⑤]

基本案情：刘某系个体户，2012年5月期间，在柳州市柳南区太阳村镇长龙村拉达屯的水库边承包农民的荒地，面积3144平方米（合4.716亩），租期25年。2012年9月28日，经柳南区人民政府批复同意，刘某在申请用地范围内进行养殖。政府批准建设规模为：饲养车间2间，共

---

① 郑永流：《法律判断大小前提的建构及其方法》，《法学研究》2006年第4期。

② 杨冠祥：《法律逻辑研究的新视角》，中国政法大学博士论文2010年。

③［德］卡尔·拉伦茨：《法学方法论》，陈爱娥译，商务印刷馆2015年版，第165～174页。

④ 张斌峰、盘长丽：《“依法行政”该如何“依”——法律论证在行政执法过程中的应用研究》，《理论学刊》2016年第2期。

⑤ 该案件来自本人田野调查素材，由广西壮族自治区国土资源厅提供。

2223.6 平方米，管理办公室 2 间，卫生防疫室 1 间，员工宿舍 2 间，共 220 平方米。场地建设围墙封闭管理。后因附近兴建厂房和住房，附近的住户和行人多次投诉，柳南区畜牧水产局一直未给予办理防疫条件合格证，暂停了养殖业务。刘某称为了本人和员工生存，临时转行利用原来的设施从事塑料颗粒生产加工经营销售，并正在补办相应手续。但刘某于 2012 年 10 月动工至 2016 年 5 月有陆续进行阶段性建设行为，现已建成一层、两层砖混房各 1 处，一层钢架棚 2 处。该宗地面积为 4243.23 平方米（合 6.364 亩），建筑占地面积 2896.19 平方米，建筑面积为 2963.03 平方米，部分地面已硬化，四周建有围墙。

2016 年 4 月 14 日国土部门执法人员在开展国土资源执法检查日常巡查工作时发现刘某的行为涉嫌违法用地，即对其下达了《土地执法检查通知书》（柳国土南执调查〔2016〕35 号），告知其按指定的时间、地点到被申请人处接受调查。调查过程中，刘某提供了租赁合同、《建设养殖场申请书》和柳州市柳南区人民政府给太阳村镇人民政府的批复《太阳村镇关于办理农业结构调整批复笺》三份材料。材料显示申请人位于柳南区太阳镇长龙村拉达屯的土地批准用途为养殖用地。但巡查时发现其正在该地从事塑料颗粒生产加工经营销售。履行听证告知程序后，柳州市国土资源局认定刘俊杰的行为属于未经批准非法占地行为。并根据我国《土地管理法》第 76 条和《土地管理法实施条例》第 42 条的规定，作出《柳州市国土资源局行政处罚决定书》（柳国土南执罚字〔2016〕44 号），对刘某作出如下行政处罚：（一）退还非法占用位于柳南区太阳村镇长龙村拉达屯的土地 4243.2 平方米；（二）拆除在非法占地上已建成的一层钢架棚结构 2 处，一层砖混结构房 1 处，二层砖混结构房 1 处，建筑面积为 2963.03 平方米；（三）并处以罚款，罚款额为人民币 63648.45 元（罚款额为 15 元 / 平方米 × 4243.23 平方米 =63648.45 元）。刘某对该行政处罚决定书不服，于 2016 年 7 月提起了行政复议。

我们根据郑永流有关事实的分类将本案事实进行区分，以判定执法部门对执法事实的认定是否实现法律真实。

(1) 生活事实：刘某为了养殖，租了村民的荒地，向政府申请在租地范围内进行养殖，并申请了设施农用地获批。但在边养殖边办理防疫合格证明过程中，因附近新建住宅[1]，防疫检验不合格，未能获得合格证明。但刘某在获得土地管理部门用地批复后，即2012—2016年间有陆陆续续建设建筑物、构筑物的行为，在后期有从事塑料加工销售的行为。

（2）执法事实（即法律事实）：执法事实需要先选择大前提。在基本确定大前提的条件下，分析哪些事实可能经证实后可以成为执法事实。本案柳州市国土资源局据以执法的大前提是根据《土地管理法》第76条和《土地管理法实施条例》第42条的规定。条文如下：

《中华人民共和国土地管理法》第76条规定：未经批准或者采取欺骗手段骗取批准，非法占用土地的，由县级以上人民政府土地行政主管部门责令退还非法占用的土地，对违反土地利用总体规划擅自将农用地改为建设用地的，限期拆除在非法占用的土地上新建的建筑物和其他设施 ，恢复土地原状，对符合土地利用总体规划的，没收在非法占用的土地上新建的建筑物和其他设施，可以并处罚款。

《中华人民共和国土地管理法实施条例》第42条规定：依照《土地管理法》第76条的规定处以罚款的，罚款额为非法占用土地每平方米30元以下。

根据上述作为执法依据的大前提涵摄的小前提（即执法事实）应该是：a.刘某的行为属于非法占用土地的情形；b.刘某在非法占用的土地上新建了的建筑物和其他设施。如果证明属实，就应承担相应的法律后果：限期拆除、恢复原状、接受罚款等。

（3）证明事实：行政执法主体在做出行政处罚决定时，证明了如下事实，刘俊杰占地面积4243.23平方米（合6.364亩），已建成一层钢架棚结构2处，一层砖混结构房1处，二层砖混结构房1处，建筑占地面积2896.19平方米，建筑面积为2963.03平方米，部分地面硬化。有从事塑料加工销售活动。

据此，执法主体利用三段论推理的方式做出了如下行政决定：（1）退还非法占用位于柳南区太阳村镇长龙村拉达屯的土地4243.23平方米；（2）拆除在

① 按我国目前规定，离居民区不足50米的，不得建立养殖场。

非法占地上已建成的一层钢架棚结构 2 处，一层砖混结构房 1 处，二层砖混结构房 1 处，建筑面积为 2963.03 平方米；（3）并处以罚款，罚款额为人民币 63648.45 元（罚款额为 15 元 / 平方米 ×4243.23 平方米 =63648.45 元）。

但经仔细分析，柳州市国土资源局的行政处罚决定是有问题的。根据《土地管理法》第 76 条规定的内容，未经批准或者采取欺骗手段骗取批准，非法占用土地的，是限期拆除在非法占用的土地上新建的建筑物和其他设施，对原有合法修建的并没有要求一并拆除。本案中，刘某未按照批准用途在涉案土地上从事养殖，而实际从事塑料颗粒生产加工经营销售，属于未经批准非法占用土地的情形。执法机关关于这点的认定没有错。因此刘某依法应停止塑料颗粒生产加工经营销售，拆除新建的建筑物和其他设施，退还非法占用的土地，同时可以并处罚款。但执法机关在未查明刘俊杰地上建筑物中哪些是从事塑料颗粒生产加工经营销售后新建的建筑物和其他设施的情况下，要求其拆除从 2012 年以来建成的所有建筑物，事实不清，证据不足，与大前提规定的“限期拆除在非法占用的土地上新建的建筑物和其他设施”不符。

执法主体在证明事实的时候，如未尽到充分的证明责任，而直接把有错误的证明事实转为执法事实，就会导致作出错误的执法决定。如本案中，关于退还的土地面积责令拆除的建筑面积以及罚款的金额（罚款金额是以认定的非法占地的面积计算，因此如果面积错误，也会直接导致罚款金额的错误），都未获得足够的证据证明，如该处罚决定付诸执行，将会给被执行人的财产造成不可挽回的损失。[①] 而且基于养殖需要，经过政府批复同意而建设的建筑物、构筑物一并被认定是非法占用土地，违背了诚信政府的原则。

此外，容易造成事实认定错误的，在钓鱼执法过程中较为常见。如在“司机孙某惨遭钓鱼执法，断指证清白”，孕妇吴某被“钓鱼”信用卡套现，她被逼再钓“下家”的案例中，执法主体一开始将孙某案的案件事实定性为非法营运，将吴某案的案件事实定性为利用信用卡非法套现。这两个案件经披露后，都在社会上引起了巨大的反响。执法主体认定的事实，做出的处理结果，既没有让执法对象接受，也没有得到社会的广泛认可。这显然是在案件事实认定过程中

① 广西国土资源厅受理复议申请后撤销了柳州市国土资源局于 2016 年 6 月 23 日对刘俊杰作出的《柳州市国土资源局行政处罚决定书》（柳国土南执罚字〔2016〕44 号）。参见桂国土资复〔2016〕28 号《广西壮族自治区国土资源厅行政复议决定书》。

出了问题。在这两个案件中，执法对象确实存在搭人或帮人刷卡套现的行为，但是否就构成非法营运或信用卡诈骗等法律意义上可处罚的行政违法行为？作为执法部门，在事实认定上应该更多考虑为什么会产生这些行为，行为人其本身的目的是什么，根据社会经验，这种行为是否符合普通民众对合法或违法行为的基本认识，有关人员的执法方式是否违背了诚信和善良风俗。正是由于执法部门最初对执法的错误认定，给执法对象造成了重大的损害，也损害了政府的公信力。

通过上述案例分析可知，对于案件事实的确定，其最根本、最核心的问题就是探求执法对象“真实意思表示”中的“真意”，对行政相对人的言语行为进行理解、分析进而求本意。求“真意”的过程，即在确定案件法律事实的过程中，应综合运用语用学的合作原则、关联理论、语境原则等方法和理论进行推理①，才能正确认定事实，找到可以作为执法依据的小前提。

第三节　从大小前提到行政决定

从大小前提到行政决定的推出，实质就是一种结论论证过程，是对可能做出的行政决定的法律论证。法律论证亦有形式论证和实质论证之分，但学界更倾向于从法律论证的逻辑—分析进路、论题—修辞进路、实践—商谈进路以及其他更复杂的混合进路来研究法律论证的结果。要逻辑地推导出行政决定的效力，本书认为可以借鉴图尔敏的论证模式进行推理论证，同时运用阿列克西的内部证成和外部证成理论对行政决定作出的合法性与正当性进行论证，并结合修辞的、实践商谈的理念可以尽可能实现论证结果的正义性，同时减少非形式逻辑可能带来的谬误。

① 张斌峰、盘长丽:《“依法行政”该如何“依”——法律论证在行政执法过程中的应用研究》,《理论学刊》2016 年第 2 期。

一、结论论证研究进路

（一）逻辑—分析进路

逻辑规则对法律论证的约束性具有必然性，违反逻辑规则的法律论证，在法律上也是错误的。逻辑有广义、狭义之分，狭义的逻辑分析进路主旨是严格按照传统形式逻辑法则进行三段论推理，符合逻辑推理的结果，就是真实、有效的。不可否认，任何理性的论证，都离不开逻辑的作用，但逻辑有效并不能解决大前提、小前提的正确性问题。即逻辑推理过程没有错，但由于大小前提存在问题，其结论也不一定得到证立，因为结论的正确性取决于大小前提本身的正确性。广义的逻辑分析进路将论证分为演绎论证、归纳论证和似真论证等。

演绎—逻辑推论不能理解为证立意义上的论证，但这一事实不意味着经典逻辑的规则对法律论证没有意义。通过它——如同语言规则一样——确定以明示的主张暗示地主张了什么。这种规则禁止或允许以其他的明示主张补充一定的明示主张。如果视论证不仅是通过其他主张证立一个主张，而且是从一个明示主张过渡到另一个明示（却已经隐含在第一个主张中的）主张，那么逻辑规则正如语言规则一样，可以解释为论证规则。[①]

在逻辑视角下，区分推论之有效性的问题和前提之真或可证明性的问题，不仅是有意义的，而且是不可或缺的。但如前所述，标准的三段论型式在法律论证过程中存在明显的局限性，如对于证立判决将杀人者（M）安东（a）处以终身自由刑（F），根据标准法律三段论的模式产生下述构造：

$\Lambda x\,(Mx \rightarrow Fx)$

Ma

Fa

即对所有 x 有效：如果 x 是杀人犯，对 x 应以终身自由刑惩罚；a 是谋杀犯，对 a 应以终身自由刑惩罚。

实际上，我们在法律论证过程中，这一图示是需要补充的，当有关事实（行为或 a 个人的状态）没有论证的中间环节，不能涵摄到规范的事实构成之下时；这种情况下，要补充前提，借以能够将规范具体化到其可适用的具体事实。

① [德] 乌尔弗里德·诺伊曼：《法律论证学》，张青波译，法律出版社 2014 年版，第 35 页。

如杀人者 a 是否具有正当防卫或紧急避险的情形？是否是履行职责的行为？是否具备刑事责任年龄？以及是否具备刑事责任能力，等等。这在古典的三段论中是无法得到体现的。因此，大家开始对三段论论证图示提出了批评和反思。在这过程中，成效最为显著的当属图尔敏（Toulmin）。通过和古典三段论模式的争辩并作为替代，图尔敏创设了自己的论证模式。图尔敏争议的不是三段论逻辑上的正确性，而是其揭示论证的结构的适合性。正如图尔敏所说，如果分析性三段论大前提错误地被认作论据，而非推论规则或者支援，并且如果论证却（表面上）不拥有（允许所含有之过渡的）推论规则，那么，三段论的原则就进入逻辑中（参见 Toulmin 1975，S.120）。必须正确地在要证立的结论、证立性的论据、允许从论据过渡到结论的推论规则和对推论规则的证立（支援）之间作出区分。如论据（信息）"苏格拉底是人"，证立了主张"苏格拉底会死"，根据所有人都会死的推论规则；这一规则可以依据经验：迄今所有的人在达到一定年龄之前都已经死了。参见如下：

D（苏格拉底是人）→ K（苏格拉底会死）

↑

SR（所有人都会死）

↑

S（迄今所有人在达到 170 岁前都已死了）

（注：D 论据，K 结论，SR 推论规则，S 支援）

可见，这一重构相比三段论的图示，更好地应对了论证的"真实结构，因为它包含真实的、有意义的论证过渡"。不仅从论据到结论的步骤，而且从支援到推论规则，都含有内容上的过渡。它在正方与否认苏格拉底会死的反方进行的对话中，作为论证步骤的模式也是合理的：被攻击的命题（结论）可以指出苏格拉底是人而证立。对证立之确信力的怀疑将以提示推论规则为应对，后者反过来说明支援而证成。图尔敏模式最大的优点在于，它展示了事实上供支配并且要最终支持结论的信息。不论是论据还是支援都含有这种信息。而推论规则表达的不是信息，而是确保从资料到结论之步骤的保障（参见 Toulmin 1975，S.103）。因此，根据图尔敏的术语，推论不是分析的而是实质的。[①] 对图

① ［德］乌尔弗里德·诺伊曼：《法律论证学》，张青波译，法律出版社 2014 年版，第 26 ～ 28 页。

尔敏模式在行政执法过程中如何具体运用部分，下文将详细阐述。

（二）论题—修辞进路

论题—修辞进路作为结论论证的一种策略，重在运用修辞的力量说服听众，使结果具有可接受性。论证过程虽然也考虑规则的作用，但更倾向于创造一个开放互动的环境，让听者感同身受，进而接受论证的结果。修辞论证的具体方式方法有很多，或诉诸情感，或诉诸品格，或诉诸权威，等等，不一而足。作为一种说服论证方式，其论证结果的可接受性程度主要取决于拟论证对象的属性和可以诉诸的力量。

据记载，修辞学是科拉克斯（Croax）和他的弟子蒂西雅斯（Tisias）最先创立的。随后，希腊的思想家 Protagoras、Gorgias、Plato 对修辞学进行了不断的发展和完善，到亚里士多德（Aristotélēs）时代获得了突破性的发展。20 世纪是新修辞学较为繁荣的一个时期，研究内容扩展到了很多领域，涉及了一切以象征为媒介的交往。更为重要的是修辞学的繁荣，激活了已沉静许久的论辩术。同时，新修辞学还善于把其他学科如心理学、社会学、语言学等学科的研究成果融入自己的领域，并在此基础上提出了“情境”理论。新修辞学的一系列研究拓展，使其得以成为有效的语言运用技巧得以推广。修辞学是修辞理论产生的摇篮，而修辞论证作为一种论证方法，目前已分化出以奥特马尔·巴尔韦格为代表的分析修辞学，以瓦德墨尔·施莱肯贝格尔为代表的修辞符号学，以及以佩雷尔曼为代表的新修辞学等。其中在法律论证过程中最常用的修辞论证理论有亚里士多德的说服论证理论、伯克的同一性理论、佩雷尔曼的普遍听众理论等。①

1. 亚里士多德的修辞论证理论

亚里士多德对修辞论证的发展起到奠基的作用。亚里士多德认为，修辞术是论辩术的对应物。两者都不属于某一种科学，但大家都在用修辞和论辩说理，并企图通过这种说理论证批评某种主张或者支持某种主张，达到为自己辩护或者控告别人的目的。②

---

① 参见盘长丽：《法治话语背景下政府法律文书说理研究》，载陈金钊主编《法律修辞研究》（第三卷），中国法制出版社 2017 年版，第 143 ～ 146 页。

② ［古希腊］亚里士多德：《修辞学》，罗念生译，三联书店 1991 年版，第 21 页。

修辞术，即修辞论证，亚氏又把它称之为“手段的说服论证”，“通过语言的说服论证”是通过修辞艺术和谈话技巧可以达到说服目的的论证形式。亚里士多德把这种论证的成功归结于三个要素：一是说者的品格，二是听者的心境，三是论证本身。[①] 即现代说服学理论所言的品格证明（Ethos）、情感证明（Pathos）、说理证明（Logic）这三种论证手段。[②] 与修辞论证理论经典的三段论式的论证不同，它不是一种必然性的论证，它只是一种或然性的论证，它虽然也注意论证形式上的结构，但它重点关注论证的实质内容。因此，在论证过程中，为了达到论证的目标，除了运用修辞推理、例证法外，信誉、情感也被作为论证方法广泛用于论证。

2. 伯克的“同一性”修辞论证理论

伯克的“同一性”修辞论证理论，实质上就是求同存异，论证说服的重点在于求同。求同，是因为不同的人之间，因出身背景、受到的教育、成长的环境、价值观点等的不同，注定彼此之间存在差异，但作为社会人、理性人，大家都会有一些共同的东西，共同的元素越多，同一性也就越多，同一性越多，说服的难度就低，越容易接受对方的主张。同一性，有些是天然的，但同一性也是可以通过后天培养获得的。如通过培养建立共同的价值观、信仰，形成共同的兴趣爱好，形成共同的知识体系等，这些都可成为不同主体间的“同一性”的要素。“不同”和“同一性”是此消彼长的一对概念，每一个个体之间既彼此独立，又相互联系。修辞的作用就是在寻找“同一性”的过程中，消除分歧，达成共识。

伯克的修辞观与一般的修辞学观点不一样，它超出了根据个体的不同采取有针对性的劝说不一样的思路，它寻找的是人性的共同点，试图通过修辞影响他人的思想和行为，人类的言语活动都具有修辞的共性，修辞活动的普遍性提出了“同一性”的要求。

同一性理论的目的是在交流中，与听众建构同一性，创建良好的交流氛围，让听众在平和的环境中接受言说者的论证。特别是在一些可能会产生分歧的说理事项上，为了能让受众支持或接受言说者的观点，言说者在论证时候，会使

---

① [古希腊] 亚里士多德：《修辞术》，颜一译，苗力田主编：《亚里士多德全集》，中国人民大学出版社 1993 年版，第 338 页。

② 龚文庠：《说服学：攻心的学问》，东方出版社 1994 年版，第 20 页。

用修辞手段制度制造更多的同一性要素，言说者塑造的“同一性”外观，实际上是一种“将欲取之，必先予之”的说服策略。修辞论证的成功言说者的论证，取得了听者感同身受的效果。①

3. 佩雷尔曼的普遍听众理论与修辞技巧

佩雷尔曼认为修辞论证的运用是以取得听众对论证的前提和结论的认可为目的的，而且是在特定的语境中展开的一种技巧。它要求首先要关注听众。佩雷尔曼将听众区分为特殊听众和普遍听众的听众理论，是其修辞学理论中最重要的一个部分。特殊听众是言说者主要要说服的对象，是言说者试图影响或实际影响的特定人。普遍听众是指社会的公众，就是我们通常说的普通老百姓，是由社会群体组成的，具有广泛性。说服特殊听众，是言说者的主要目标，因此在说服过程中要有针对性地考虑特殊听众的特别性，确保论证的效果。但由于特殊听众都有着特定的诉求，容易使修辞论证失去理性的成分。一味迁就特殊听众的可接受性，有时会有碍社会公平，为此，佩雷尔曼提出了普遍听众理论，以弥补特殊听众的不足。普遍听众是社会普通群体，没有特定情境下的利害冲突，可以更客观地以一个理性人的角度判断是非，可以避免特殊听众作为利害关系人的主观偏见。因此普遍听众的可接受性是言说者论证的底线和标准。有了标准，就使论证具备了普遍性，而不是局限特殊听众。这样的说理论证结果，才更具有合理性和可接受性。②

为了让论证结果更具客观性，佩雷尔曼将修辞论证区分为关联的方法和分离的方法。关联的方法是把关于听众普遍支持的因素转移到结论中，让它们成为结论的一部分，以支持言说者论证的合理性。分离的方法则是把分歧较大的部分先区分搁置，可以避免同一前提中不相容，甚至相互冲突的因素造成听众对整体论题的否定。如当一个爱狗人士，同时也吃狗肉时，便产生了不相容。这就可以通过分离论证区别“作为人类朋友的活狗”和“作为人类食物的狗肉”，狗肉是食物，不是人类的朋友，那么，作为一种食物的狗肉，是可以吃的，通过这种方法可以避免这种不相容的前提，保证论证的可接受。关联的方法侧重于从正面证成言说者的前提的正当性，分离的方法则在维护言说者前提

① 刘亚猛：《西方修辞学史》，外语教学与研究出版社 2008 年版，第 346 页。
② 温科学：《20 世纪西方修辞学理论研究》，中国社会科学出版社 2006 年版，第 184 页。

的自洽性，避免自相矛盾。[①]

（三）实践或理性—商谈进路

实践或理性—商谈研究进路的核心是，这种说理论证是在一定规则前提下的商谈。结论的正确性依赖着对商谈规则的遵守。但该进路主要适合唯理性对话。这种对话性特征特别适用于行政执法领域，尤其是在行政程序法缺位的我国，行政主体与行政相对人在执法过程中充分商谈、交流可以极大程度提高执法结果的可接受性。但这种商谈论证也是要受法律甚至有缺失之法以及法律原则（如行政效率原则）的约束，而非无限地对话，无合意也要终结。实践—商谈结论论证的代表是以哈贝马斯的交际行为理论为代表；理性—商谈论证则以阿列克西的普遍理性商谈理论为代表。

1. 哈贝马斯的交际行为理论

言语是建立交往关系的基础，哈贝马斯认为，交往理性体现在语言的理性上。哈贝马斯从普遍语用学的角度把个人言语区分为断言型、规范型和直言型三种不同类型，同时根据三种类型的不同特征，将它们与现实结合起来，为了达到交往理性的要求，哈贝马斯对三种类型提出了各自的有效性标准。断言型言语行为的命题内容以真理性为衡量标准，主要指向客观世界，体现的是人类对客观世界的把握能力。规范型言语行为是在人与人交往过程中通常需要遵循的人际关系陈述，是规范性的要求，它以正当性作为有效性的标准。义务性的陈述，如禁止、命令等都属于规范型言语。直言型言语行为的有效性标准则是言说者的真实意思表示，即说话时的真诚性，它是言说者个人的主观态度，是个人真性情的表现。[②]哈贝马斯上述三种言语行为的划分不是绝对割裂的，它是针对每一个具体的话语情境而言的，实际上，在现实的交往中，这三种言语类型是交织在一起的，他们共同构成了哈贝马斯的交际行为理论。在人与人的交往过程，通过对言说者不用言语类型的运用，结合其有效性要求，可以知道言说者所要表达的信息。当然，作为言说者，更应该有意识地灵活运用这些言语类型为自己服务，使之更好地证明自己的观点。在哈贝马斯看来，不管是言说者还是受众，只有在遵循言语有效性要求的前

---

① 刘强：《司法裁判与修辞论证》，西南政法大学博士论文 2010 年。

② 温科学：《20 世纪西方修辞学理论研究》，中国社会科学出版社 2006 年版，第 270 ～ 278 页。

提下，才能更好地开展交际活动，才能形成民主商谈的氛围，在这样的语境下，商谈才有意义。[①]

2. 阿列克西的普遍理性商谈理论

阿列克西以法律论证理论为基础而发展的普遍理性商谈理论，与哈氏的商谈理论在基本前提上是相一致的。即预设了可能在原则上论证地决定实践问题，在证立这一要求的讨论中，能够区别好的和坏的理由，以及有效和无效的论述。[②] 不同的是阿列克西更注重论证的程序和规则。“一个规范性陈述 N 恰恰在这时是正确的。当它能够成为程序 P 的结论时。”（Alexy 1982，S.178）陈述之正确性和程序的这一关联，标志着阿列克西的理论是程序性理论。这一程序性理论的核心问题是选择和证立规则；遵守它们要保障结论的正确性。对此，阿列克西区分了五组论证规则和一组论证形式。它们共同构成了“普遍理性实践商谈的规则”。

第一组规则表述了语言交往之合理性的基本条件。在这种交往中涉及规范性陈述之正确性，这些基本规则要求无矛盾性、真诚性、原意独立于情境地使用描述性和规范性表达以及不同言说者之间语言使用的共同性。第二组规则联系到了理性实践商谈中的规范性主张之需证立性。这组中的第一个规则明确表述了言说者的证立义务：“任何言说者必须应要求证立他所主张的，除非他能给出理由证成拒绝证立。”（Alexy 1978，S.239）进行证立一个主张的人，至少假装承认其他人为有同等权利的对话伙伴。这个考虑导致要求平等权利、自由选择主题和无强制性：任何能够言说的人，可以参与商谈；任何人可以质疑任何主张，引入任何主张到商谈中并且表达他的态度、愿望和需要；任何人不得受内在和外在于商谈的强制而被妨碍行使这些权利。第三组提出的论证负担规则表述了特定的证立义务或对证立义务的免除。第四组提出任何必须能够接受他用来支持规范性陈述之规则的后果：任何规则对任何个人之利益的满足之后果，必须能够由所有人接受；并且最后，任何规则必须是公开和普遍地可接受的。第五组是检验规范性信念形成的规则：作为言谈者道德观之基础的信念，必须能够经得起历史—社会发生学和个人—心理学发生学的检验。最终，可实现性

① 参见盘长丽：《法治话语背景下政府法律文书说理研究》，载陈金钊主编《法律修辞研究》（第三卷），中国法制出版社 2017 年版，第 146 页。

② ［德］乌尔弗里德·诺伊曼：《法律论证学》，张青波译，法律出版社 2014 年，第 87 页。

要求有助于保障实践商谈的实践相关性：应该遵守事实所给定的可实现性之界限。最后，在实践商谈的框架内，处理事实问题、术语问题和商谈程序本身的可能性，由过渡规则保障：在任何时候对任何言谈者都可能过渡到理论商谈、语言分析商谈或者商谈理论的商谈。

阿列克西将商谈规则区别于标志着实践商谈的论述形式。区分规则和提示后果证立单称的规范性陈述，通过提示后果和通过规则证立规则，以及证立规则和原则之间的绝对和有条件优先关系。另一方面，阿列克西明确强调，根据商谈必然的结果、商谈可能的结果和商谈不可能的结果视角，结构化可设想之决定的领域能够是决定之时点和参与之个人的功能，商谈规则留下了广阔的未决—商谈可能的结果—领域，迫使引入规则，其允许在两个互不相容之商谈上可能的解答之间做出决定。在这一点上，法律规则发挥了作用："普遍实践商谈的界限证立了法律规则的必要性。"（Alexy 1978，S.275）根据阿列克西的观点，法的规则，被看作对普遍商谈的补充或修正，而非其替代选项，法律商谈是普遍实践商谈的特别情形。通过这一主张，法学活动被放入实践理性之领域：在法律决定的领域，涉及理性判断，而非认知视为预定之规整。据此，援用弗罗布洛斯基（Wroblewski，1974），阿列克西区分了内部和外部证成。法律论证的内部证成要求结论大小前提逻辑地导出，而外部证成的对象则是这些前提的正确性。在随后法律论证在执法决定过程的运用章节，将对内部证成和外部证成的理论和实践作进一步阐述。

上述三种类型的结论论证进路要么强调论证的逻辑性，要么讲求论证的修辞手法，要么重视论证的商谈规则，但不管是何种论证方式，其目标都是一致的：即实现论证结果正确性和合理可接受性。通常而言，结论越正确，合理可接受性就越大。①

除了上述的结论论证模式外，目前在学界较著名的法律论证模式还有麦考密克的二阶证立模式、佩策尼克的跨越理论等。

麦考密克的二阶证立是指在第一阶段裁判被演绎地推导出来，而在第二阶段则涉及证成演绎的前提。在第一阶段，裁判证立的理性不是通过其演绎结构本身，而是通过前提之普遍性而被保障。在所有案件中，证成法律裁判要诉诸

① 郑永流：《法律判断大小前提的建构及其方法》，《法学研究》2006 年第 4 期。

普遍前提。这是作为形式公正原则之要求的后果；其要求平等者平等对待。考虑这个原则是理性法律论证不可放弃的条件。不过，它当然只是一个必要而非充分条件。证立法律裁判之合理性的问题，最终在证成的第二阶即证立前提时才被决定。

佩策尼克认为在法律证成框架内运用的（非演绎）推论，能够标示在法内或从社会事件的世界到法的世界的“跨越”。因此，佩策尼克根据阿列克西在术语上的启发，区分了“入法的转化”和“在法中的转化”。（Peczenik1983，S.6，Fn.4）“入法的转化”是指关涉从社会事实或非法律的应然，过渡到法律的应然。即一定的社会事件被阐述成构成有效法和法律及法律约束性的行为。因为法律品质和约束性不能从社会事实中演绎地证立，所以这里涉及一个上面说明的实质意义上的转化。根据何种规则进入法的转化这个问题导向了自然法、法实证主义和法现实主义立场之间的谈论。这里，佩策尼克自己的观点创新了一个复杂的理论：它联结了道德、现实的和规范逻辑的标准，标志了在不同流派争论中的一个独有立场。“在法中的转化”，是指在法之脉络中的充分证实。入法的转化证立了规范系统总体（宪法和可能的若干法源）之法律性质和法律约束性，而在法中的转化则涉及赋予低阶段法源和具体法律应然判断以效力。佩策尼克认为如果不进行完整的分类，可以分为从其他法源（如宪法）证立一定法源（如先例）的法源性格（“法源转化”），从一个法源中推出不成文的法规则和原则而证立具体的法律应然判断。该法律转化模式佩策尼克用 pT_1qT_2r 结构表示。具体意义如下：

p= 事实和非法律评价

T_1= 入法的转化（具体有两个方面：Tj= 种类转化和 Tk= 标准转化）

q= 规范系统整体，其宪法和若干独立法源之法效力（法律性质）

T_2= 在法中的转化即 T1（渊源转化），Tm（一般规范转化）或者 Tn（个别规范转化

r= 其他法源、未成文（有效）法规则和法原则以及表达法律应然的具体主张之法效力（Peczenik1983，S.56）[①]

---

① ［德］乌尔弗里德·诺伊曼：《法律论证学》，张青波译，法律出版社 2014 年版，第 111 ～ 116 页。

二、适用行政执法决定的论证理论及运用[①]

从大小前提到行政决定这一个过程，如前所述，有各种不同的进路，但目标是一致的，即尽可能确保结论得出的正确性。本书认为要逻辑地推导出行政决定的效力，可以通过图尔敏的论证模式进行推理论证，然后通过阿列克西的内部证成和外部证成理论对行政决定作出正当性论证。对结论的充分论证，可以尽可能实现结果正义，同时减少非形式逻辑谬误。下面简要介绍这两种论证的运用。

（一）图尔敏论证模式

图尔敏提出的一个由主张（Claim）、资料（Data）、正当理由（Warrants）、支援（Backing）、限定词（Qualifier）和反驳（Rebuttal）六个功能要素构成的动态模式，被称为图尔敏论证模式。其中主张、资料和正当理由是图尔敏论证模式的基本要素，在每个论证中缺一不可，是论证的基本模式。支援、限定词和反驳对于所有的论证来说不一定出现，是为补充要素。在基本模式的基础上，增加这三个补充要素构成论证的扩展模式或完整模式。[②]

（1）基本模式论证

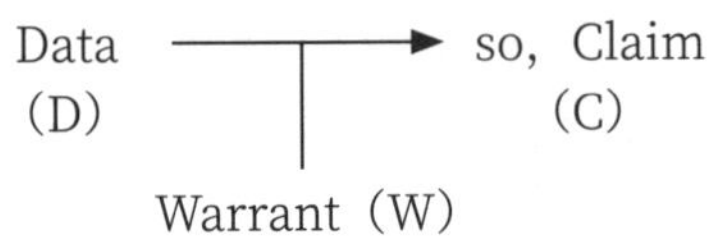

图 1　图尔敏论证的基本模式

把上述模式运用于具体案件的例证：

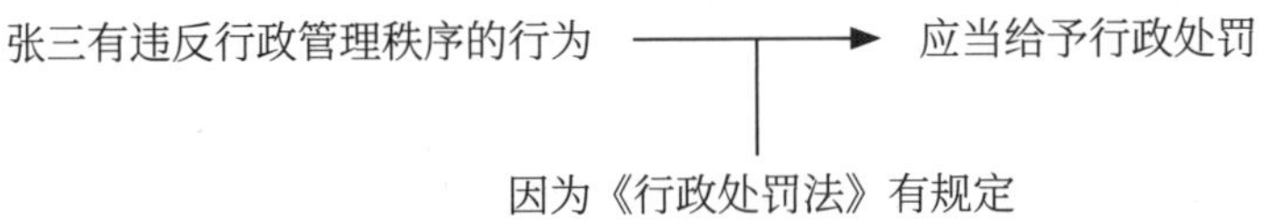

图 2　图尔敏论证的基本模式例证

① 该部分内容参见张斌峰、盘长丽：《“依法行政”该如何“依”——法律论证在行政执法过程中的应用研究》，《理论学刊》2016 年第 2 期。

② 杨宁芳：《图尔敏论证逻辑思想研究》，人民出版社 2012 年版，第 67 ～ 79 页。

论证是证明一个或一系列陈述正当性的努力。如图 1、图 2，论证的第一步是提出一个观点。如果受到质疑，观点提出者接着的任务就是为该观点辩护。辩护的首要工作是求助于有关的事实语料（D），并以主张所依赖的基础方式来证实主张，这是论证的第二步。如果提供的资料是正确的，那么是否必然导致这样的结论，因此，论证的第三步是提供其桥梁作用的概括的、假定的正当理由（W），证明资料与主张的关系。即“如果 D，那么 C”。但并非所有的论证都可以如此简单明了，在实际执法过程中，需要考虑更多的因素。如上述例子中“张三有违反行政管理秩序的行为”，他“应当给予行政处罚”这个结论不一定是真的。因为在图尔敏的基本论证模式中，缺乏对张三年龄、智力、具体违法行为等因素的描述，由此导致结论的非决定性。因此，需要通过扩展的模式，全面考量各种支援、限定词、反驳等因素。通过图 3、图 4 的扩展模式，对行政执法结果的论证，就体现了执法的有效性。

（2）扩展模式论证

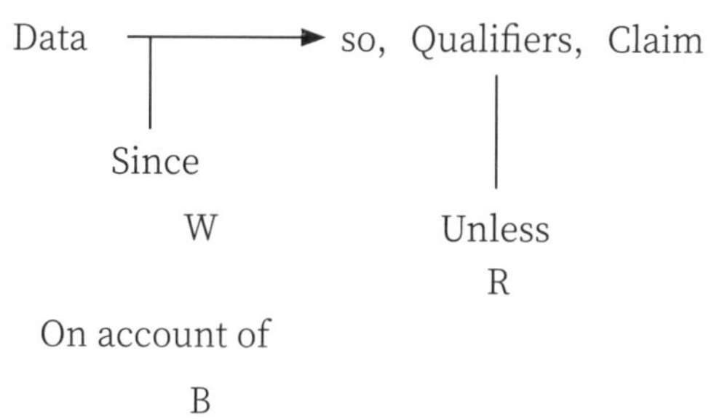

图 3　图尔敏论证的扩展模式

把上述模式运用于具体案件的例证：

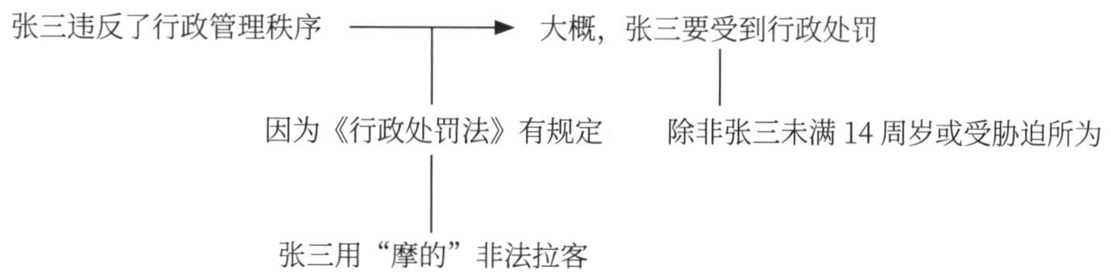

图 4　图尔敏论证的扩展模式例证

（二）阿列克西的证成理论

阿列克西将法律论证分为内部证成和外部证成两个层面。内部证成要求决定从引用之前提逻辑地导出。内部证成所要处理的是从既定的大前提推导出作为其结论的法律判断之有效性；外部证成之对象则是这些前提的正确性。法律判断的外部证成不仅检验推导的有效性，而且检验前提的可靠性。[①] 如：（1）非法营运的，要受到行政处罚；（2）张三用“摩的”非法营运；（3）张三应受到行政处罚。上述的例子，即完成了内部证成。内部证成是以演绎的形式展示行政执法结论及其直接前提。它关注的是法律论证的一致性和形式有效性。

而外部证成所要关心的是大小前提及结论是否均为真，并通过批判性思维，以质疑的方式寻求答案。上述例子中，批判性问题可以是：

CQ1.是否所有的非法营运，都会受到行政处罚？

CQ2.张三用“摩的”非法营运是真的吗？

CQ3.张三的行为达到接受行政处罚的标准吗？

CQ4.张三智力正常吗？达到法定年龄吗？

CQ5.张三的行为构成刑事违法吗？

诸如此类，可以举一反三。在对行政执法结论的实质有效论证中，不但需要考虑前提规范的有效性、事实的有效性，同时还需要综合考虑法律的目的[②]、社会公共利益、主流伦理道德等因素。[③]

第四节　从行政决定到执行行为

行政执法的具体执行行为，是行政执法有别于司法对法律运用的重要环节。

---

① ［德］罗伯特·阿列克西：《法律论证理论》，舒国滢译，中国法制出版社2002年版，第274页。

② 付子堂、宋云博：《对“法的目的”传统理论之批判与反思》，《政法论丛》2014年第2期。

③ 张斌峰、盘长丽：《“依法行政”该如何“依”——法律论证在行政执法过程中的应用研究》，《理论学刊》2016年第2期。

法的执行直接关系到法在实际实施过程中的效果如何。根据被执行主体对行政决定的遵守意愿不同，执行区分为自愿执行和强制执行。所谓自愿执行就是指行政对人、对行政主体的行政决定，在规定的时间内，自觉履行或承担相应的义务。行政强制执行有狭义和广义之分。狭义的行政强制执行，是指执法主体或者执法主体申请法院，对不履行行政决定的行政相对人，依法强制其履行义务的行为。如我国《行政强制法》规定了五类行政强制执行：一是划拨银行存款或汇款；二是拍卖或者依法处理查封、扣押的财物或房产；三是排除妨碍、恢复原状；四是加处罚款或者滞纳金；五是代履行。从法理上，行政强制执行可分为直接强制执行和间接强制执行。如前面列举的五类强制执行措施中，前三类属于直接强制执行；后两类属于间接强制执行。除了上述列举的行政强制行为外，其他如强制销毁违禁物品、强制报废、强制接种疫苗、强制服兵役、“取缔”，等等，都属于行政强制执行行为。广义的行政强制执行，又叫行政强制，除了包括上述狭义的行政强制执行外，还包括行政强制措施和行政即时强制。

行政强制涉及对相对人的人身权、财产权的限制乃至剥夺，极容易产生对行政相对人正当权益的侵害。英国的葛德文（William Godwin）指出：强制的必要性是少数人的错误和堕落而产生的。……社会和政府，本身各不相同，并有不同的起源。社会由我们需要产生，而政府则由我们的不道德行为产生。社会永远是对人有益的，而政府，即使在最好情况下，也必然是作恶的。[①] 即葛德文认为行政强制是政府所谓“必要之恶”中最具“恶性”的行为。

行政执行是行政行为完成的最后环节，通过执行才能实现维护社会秩序和公共利益，保护公民、法人和其他组织的合法权益以及为社会提供良好的公共产品和公共服务的目标。与司法执行需要另行申请启动程序不同，从行政决定到具体的行政执行除了少部分需要向法院申请执行的事项外，往往是一气呵成的。 因此，在行政执法过程中，具体执行的落实环节，也是执法主体与相对人（或公众）矛盾集中爆发的领域。我们平时看到的执法冲突也基本上是在这个环节，其他环节，如行政决定作出阶段由于公开性、参与性不够，利害关系人的意见难以得到充分反映和表达。所以到执行阶段，分歧就极容易爆发出来。因此，如何落实行政决定，处理好执行问题，事关政府治理的实效。在我国当前

① ［英］葛德文：《论财产》，何清新译，商务印书馆 2013 年版，第 123 页。

行政程序立法欠缺的背景下，要实现和谐社会的目标，对行政行为的具体执行进行有针对性的论证显得尤为必要。因为当前的执法冲突多半是由于执行思维、方式、方法不当所导致。由于行政执法行为的种类众多，对其进行论证的方式方法也应该因具体情况的不同而有所区别。下面以对公民的人身财产安全有重大影响，也是极易遭到暴力反抗的行政强制执行行为为例作论证分析。

实践的论证型式，通过举一反三式的批判性思维选择执行方案，在目前看来是最有效的。实践论证需要对论证的对象进行考察和评估。就执法而言，需要对评估执法目标实现的条件或可能的替代方案进行评估，对拟选择的具体执法措施可能产生的结果或后果的进行预判以及吸收类似案件的经验、教训等。[①]

一、阿特金森实践推理型式

阿特金森提出了一个实践推理的型式和匹配的 16 个批判性问题。[②] 在环境 R 中，我们应该实施行动 A 以实现新环境 S，新环境 S 将实现某个目标 G，该目标 G 将提升某价值 V。批判性问题是:

CQ1. 被相信的环境是真的吗?

CQ2. 在假定该环境的情况下，该行动具有所陈述的结果吗?

CQ3. 在假定该环境和该行动具有所陈述结果的情况下，该行动会实现所欲的目标吗?

CQ4. 该目标能实现所陈述的价值吗?

CQ5. 存在实现相同结果的其他替代方法吗?

CQ6. 存在实现同一目标的其他替代方法吗?

CQ7. 存在提升相同价值的其他替代方法吗?

CQ8. 实现该行动有降低该价值的副作用吗?

CQ9. 实施该行动有降低另一些价值的副作用吗?

CQ10. 实施该行动有提升另一些价值吗?

①② 武宏志:《论证型式》，中国社会科学出版社 2013 年版，第 520 页。

CQ11. 实施该行动会妨碍另一些价值提升的价值的行动吗?

CQ12. 该环境如所述的那样可能吗?

CQ13. 该行动是可能的吗?

CQ14. 结果如所描述的那样可能吗?

CQ15. 意欲的目标能实现吗?

CQ16. 该价值确实是一个正当合理价值吗?

以上为阿特金森实践推理型式的主要内容。该型式在执法实践中具有重大运用价值。

本章小结

本章主要讨论行政执法形式有效性在逻辑上的证成。这里的逻辑既包括形式逻辑也包括非形式逻辑。有关行政执法的论证逻辑——法律论证，则更多表现为非形式逻辑的运用。行政执法的论证内容包括执法依据（大前提）、执法事实（小前提）、行政决定（结论）以及执行行为四个方面。论证过程的动态过程包括从法律规定到执法依据的选择、从生活事实到执法事实的确定、从大小前提到行政决定作出、从行政决定到执行行为的落实等。不同的论证过程，适用的理论依据有所不同。图尔敏论证图式、阿列克西的内部证成和外部证成理论、佩雷尔曼的普遍听众理论、哈贝马斯的交际行为理论以及沃尔顿的实践推论型式等都对行政执法行为的有效作出起到了重要保障作用。但逻辑的证成，只能确保执法的形式有效性，无法解决执法大小前提的真假问题。同时由于行政执法本身存在大量的自由裁量空间，对执法存在多种可能，因此逻辑有效性不能成为行政执法有效性的唯一标准。① 合法律性、实质有效性仍是我们应兼顾的执法有效性标准。但任何有效的行政执法，都应该是在逻辑上可以证成的。

① 张斌峰、盘长丽:《“依法行政”该如何“依”——法律论证在行政执法过程中的应用研究》,《理论学刊》2016 年第 2 期。

第四章
行政执法实质有效性的衡量标准

……不断促进社会公平正义，形成有效的社会治理、良好的社会秩序，使人民获得感、幸福感、安全感更加充实、更有保障、更可持续。

——习近平总书记在中国共产党第十九次全国代表大会上的报告

行政执法的形式有效是指在行政执法中严格遵守法律的明确性、一致性和严谨性，对照法律条文严格执法，给予执法对象平等的对话权利，增强行政裁决的可预测性，从而减少执法专断行为的发生。它是构成现代法治的外在要件。形式法治是法律理想主义的一种表现，它追求的是法律条文与社会现实的和谐统一。①形式法治带有典型的形式主义与工具主义的行为导向，它与实质正义有着本质上的差别，有时还会被当作专制统治的工具。当然，提出形式有效性存在的不足，并不是否定规则对于法治的意义，也不是对法治所要求的形式表现的否定，而是当形式推理并不能准确无误地推理出符合理性的执法行动结论时，需要通过实质推理去寻求体现正义的结论。

法治是一种特殊的社会关系。这种社会关系有着相对稳定的逻辑化结构，但也会随着时间的推移而发生改变。有效性就是由时间和逻辑所构成的概念。伴随着法治国家的发展和法治原则的变迁，在社会法治国家与现代实质意义法治原则的时代背景下，有效性不仅仅是衡量权力使用是否合法的标杆，也是判断权力运用是否公平正当的重要依据。执法的本质归根结底就是探寻法律本身是否合理，是否能实现民主与正义。②执法的形式有效与实质有效二者间既有差别也有联系，相辅相成。二者的差别主要表现在制度安排中的理念差异上。形式有效重视法律形式的合理性而忽视法律功能的正当性；实质有效则是将民主、人权和权力的制约平衡作为法律正当性的基石加以重视，促使执法活动更合法律性。③二者的联系主要体现在二者间相互包含。形式有效包含有实质有效的成分，是实质有效发展的起始端；实质有效是形式有效不断改进发展起来的结果，是形式有效发展的高级阶段。在行政执法有效性的探索中，行政执法的实质有效是建立在对行政行为的程序和形式上的合法化基础上寻找提高和保障行政效率的契合点④，通过采取实质合理性补救措施而使形式合法律性的行为免于导致

① 谢维雁：《严格规则主义及其对中国宪政之影响》，《社会科学研究》2001 年第 1 期。

② 郭道晖：《法治行政与行政权的发展》，《现代法学》1999 年第 1 期。

③ 莫纪宏：《现代宪法的逻辑基础》，法律出版社 2001 年版，第 306 页。

④ 叶必丰：《现代行政行为的理念》，《法律科学》，1999 年第 6 期。

实质非理性的结果。

我国在推进社会主义法治进程中，要通过建设法治社会、法治政府来保障人民的获得感、幸福感、安全感，实际上就是对执法实质有效的追求。执法实质有效的实现就是社会最广泛正义的达成。依法治国、依法行政就是追求与保证实现社会广泛正义为前提的严格执法。法治是以对法律规则的依赖作为开始的，它不能破坏固有秩序的“保守性”。但在法治机制的运行过程中，则需要借助于对正义的“革新性”的运用，保持开放性的姿态，对社会利益分配中出现的问题给予及时、准确、有效的回应。从这个角度来说，法治需要实现对形式有效的超越达到实质有效。因此，在行政执法的过程中，执法的行为不应只在形式上考量它的合法性，更应当在实质上去认定它的合法性，即具体的行政行为是否能为行政执法相对人提供某种利益，从而提高服务效率。①

法律实施的实质有效性是国家的政治理想，也是社会文明的重要标尺。② 中国正处于全面建成小康社会、全面深化改革和全面推进依法治国的关键阶段，需要通过推进法治达成不断改革的共识，也需要通过法治来构建和谐有序的社会。因此，必然要求政府的依法行政不但体现在行为的合法律性上，而且必须体现公平、正义、自由和尊严的要求，使行政主体的执法决定转化为人们乐于接受并遵照执行的自觉行动。如何判断一个行政执法行为是否符合实质有效的标准，是一个需要探讨的重要问题。与形式有效的合逻辑性、合法律性不同，实质有效的重点在于行为结果的普遍可接受性，因此判断实质有效的标准更多体现在价值衡量上。

有学者认为行政执法的实质有效性问题，实质就是行政的合理性，即合理的行政自由裁量权。该权限是源自立法的授权，法律期望透过行政主体的个案上的充分斟酌，作出最佳法律效果的决定。③ 这种合理性，主要体现在以下几个方面：（1）符合法律目的；（2）考虑相关因素与排除不相关因素④；（3）遵循平等对待原则；（4）按普通人的理性和常识推定；（5）准确界定“知道与应当知道”；（6）尽谨慎义务；（7）措施得当、方式得体。⑤ 也有学者提出，行政

---

① 叶必丰：《行政行为原理》，商务印书馆 2014 年版，第 10 页。

② 付子堂：《实质法治：中国法治发展之进路》，《学术交流》2015 年第 3 期。

③ 刘平：《行政执法原理与技巧》，上海人民出版社 2015 年版，第 94 页。

④ 在行政法里，如果决定者考虑了在法律上认为不相关的事项或者没有考虑相关的事项，则权力没有被依法的行使。

⑤ 刘平：《行政执法原理与技巧》，上海人民出版社 2015 年版，第 95 ～ 102 页。

执法要实现从形式有效到实质有效的转变，需要行政主体的执法行为不仅要遵守法律法规、规章依据的要求，还要符合以下三条基本要求：一是行政行为目的与法律目的相一致，这样就能使自由裁量权在法律授权下的法定情形中行使，确保行政行为与法律目的相统一；二是行政决策科学合理，在行政决策的方法选择中，要充分考虑是否会损害当事人的权益并能够将这种损害降至最低；三是程序正当，行政行为信息公开是程序正当的基本要求。行政机关要充分给予行政管理对象知情权，让管理对象能充分地行使参与权和监督权。

本书认为行政执法的实质有效与形式有效是相辅相成的，二者是从不同的维度对执法的效力进行剖析。形式有效性之逻辑有效，重点关注执法的大小前提与结论之间是否为真值；形式有效性之合法律性，重点关注执法的过程是否符合现有的法律规定；而执法的实质有效性是判断一个执法行为是否“走心”——是否真正为人们所普遍接受和支持。因此，执法实质有效性目标的实现，要通过以下四个方面体现：即执法依据的正当合法性、执法结果的合理可接受性、执法过程的整体融贯性以及执法的价值体现最少受惠者的最大利益。

第一节　执法依据的正当性

一、正当性的界定

正当性，是英语中 Legitimacy 的转译，通常也称作“合法性”。法文是 Légitimité，德语为 Legitimación，但实际上，两者的意思并不完全等同。在词义上很难对正当性的概念作出清晰的界定，特别是对这个概念中所包含的主题、类型及特征都有很多不同视角的理解。[①] 一般来说，我们可以把对正当性的理解归类到其相应的同义词和关联词中去。与正当性同义的词

① 以正当性概念的主题而论，行为、政策、法律、制度、权力、统治，都可成为正当性评价的主题或正当性论证的对象。以正当性概念的类型而论，有道德哲学意义上的正当性、社会学意义上的正当性和法律教义学意义上的正当性。

包含有：合法性或合法律性（Legality）、有效性或效力（Validity）、合理性（Reason-ability）、权利或正当（Right）、正统性（Legitimacy）、证成性或证立（Justification）、权威性（Authority）、正确性（Correctness）、正义（Justice）、理性（Reason，Rationality）、恰当性（Rightness）等。与正当性关联的词语包含有：可接受性（Acceptability）、服从法律的义务（Obligation to obey the law）、稳定性（Stability）、守法义务（Obligation of Law-abiding）、政治义务（Political Obligation）等。[①]

本书是在“正当合法性”的基础上去界定“正当性”。但汉语的合法性也有多种含义，有广义和狭义之分。广义的合法性，就是指我们通常所指的正当性。“合法性”中的“法”不仅仅是客观存在的现实的法律法规，各类事物自身形成的规则及行为原理也被涵盖其中[②]，被称之为自然法或抽象法。而狭义的合法性，又区分为两种类型，一种称之为合法律性（Legality 或 Lawfulness），也就是符合现实法的意思。另一种称之为狭义的正当合法性，其涵盖范围较小，仅限于指法律的价值或道德层面上的正当，针对的是实体内容的范畴。本书对广义正当性所包含的合法律性内容在第三章已作出论述，本章所称的正当性仅指狭义的正当合法性。由于汉语中讲“法的合法性”比较拗口，并且容易与合法律性相混淆，以至产生误解，所以本书用“正当性”来表达。

何谓正当性？在理论学界上有着各种经典的论述。《辞海》中对正当性的定义基于伦理学上的范畴，是指社会对符合道德原则和规范的行为的肯定评价。[③]日本谷口安平认为：正当性就是人们能接受的权利行使及其结果。[④]他还认为：正当性与正确性是一致的，都是对结果正确和过程正确的意思表达，即实质的正当性和程序的正当性[⑤]；马克斯·韦伯则是从统治关系的角度界定正当性。他认为：正当性是维持统治关系的“合法性”。他进一步指出：统治目的是包含多重动机的，不仅要满足于物质动机，还要追求满足价值动机，因而，任何一种统治都要努力地维持其正当性，寻求对合法性的信仰。[⑥]哈贝马斯则将正当性与

---

① 刘洋：《正当性与合法性概念辨析》，《法制与社会发展》2008 年第 3 期。

② 严存生：《法的合法性问题研究》，《法律科学》2002 年第 3 期。

③《辞海：1999 年版缩印本（音序）》，上海辞书出版社 2002 年版，第 2174 页。

④［日］山谷口安平：《程序的正义与诉讼》，王亚新、刘荣军译，中国政法大学出版社 2002 年版，第 9、49 页。

⑤［日］山谷口安平：《程序的正义与诉讼》，王亚新、刘荣军译，中国政法大学出版社 2002 年版，第 49 页。

⑥［德］马克斯·韦伯：《经济与社会》，林荣远译，商务印书馆 1998 年版，第 238 ～ 239 页。

政治制度联系在一起认为，他认为正当性就是对合法制度的承认，也就是能承认一个制度的尊严性。这种承认要求对自身要有充分的论证。①

对正当性的论述可谓仁者见仁。虽有差异但也都有相近的认识，即正当性与民众对统治制度的“接受”“服从”“承认”分不开，是公众对统治制度认可的价值判断与评价。

探讨法的正当性问题要聚焦到对法律的道德权威、价值观念、法律理想等这些道德层面上的正当性的讨论上。要形成法律意义上的“良法”唯有通过具备正当的实在法实现，这样的法律才能体现社会共有的理想和公众的价值观念，进而得到公众长期的信仰支持。反之，缺失实质正当性的法律，无论其有多么完善的形式与内容都称不上良法，甚至会成为恶法。如一个国家在独裁统治的时期虽然存在完整的法律形式，但法律的实质表现却是在践踏人权、侵害他人。②

对法的正当性的论述，美国著名的哲学家罗尔斯的主张最具有代表性。罗尔斯提出了法律或制度的正义包括形式正义、实质正义和程序正义。③同时罗尔斯确定了正义的两个基本原则：一是自由优先原则。认为每个人都有平等的权利主张，享有这个完备体系下的各项平等自由权，即平等政治自由权在正义的法律或制度中是不可剥夺的；二是平等原则。公平机会平等原则和差异原则是这个原则的两个子原则。公平机会平等原则强调的是所有职位及地位的获取，要平等而又公平地对所有人开放，即确保每个人所获得的机会都是公平平等的；差异原则则强调正义的法律或制度要使得最不利者可以获得最大的利益。④罗尔斯认为社会制度的核心价值体现在正义上，如果社会制度中的法律或是规章制度不正义，即便它很有条理很有效率也要对其进行扬弃。他还特别论述了作为社会公平的正义不能因为多数人的更大利益或是自由而去剥夺少数人的少数利益和自由，在正义的社会里，每个公民都有确定不移的自由平等的权利，这种权利不能被政治交易或是社会利益所权衡，而应受到社会正义的保障。⑤也有学者把正当性分为形式正当性和实质正当性两类，将程序正当性归入形式正当性之内。⑥

---

① [德] 尤尔根·哈贝马斯：《重建历史唯物主义》，郭官义译，社会科学文献出版社 2000 年版，第 262 页。
② 曾祥华：《行政立法的正当性研究》，苏州大学博士论文 2005 年。
③ [美] 约翰·罗尔斯：《正义论》，何怀宏等译，中国社会科学出版社 1998 年版，第 54 页。
④ [美] 约翰·罗尔斯：《正义论》，何怀宏等译，中国社会科学出版社 1998 年版，第 60 ～ 62 页。
⑤ [美] 约翰·罗尔斯：《正义论》，何怀宏等译，中国社会科学出版社 1998 年版，第 3 ～ 4 页。
⑥ 严存生：《法的合法性问题研究》，《法律科学》2002 年第 3 期。

溯本追源，对法的正当性的讨论由来已久。古时的研究者们把对法的正当性研究重点集中在对权利影响的价值基础上的讨论。如古希腊的柏拉图就认为社会正义就是要不同阶层的人恪守本分，各司其职，把属于自己的事情做好，执行符合个人天性的事务。柏拉图通过对法的正当性的研究，将正义、理性视为法律的基础，从而确立了法律的理性本体论基础，法律被当作为理性的命令，理性主义成了评价实在法是否具有正当性的标准。① 亚里士多德更深入且具体地对正义进行研究。他把正义按类别分为“普遍的正义”与“个别的正义”。其中从“个别的正义”中划分出“平均的正义”与“分配的正义”。基于不平等的角度出发去求得比例的相称就是“分配的正义”；从每个人的平等关系的角度出发，促使利益获得的平等就是“平均的正义”。他将正义与法律作为一个统一的整体，认为二者不可分离，正义要通过法律来体现，法律的好坏完全以是否符合正义为标准，服从法律就是服从正义。② 对于权力关系的正当性问题讨论可以追溯到在古罗马时期的西塞罗所持有的法律观。他在讨论权力通过何种途径获得时使用了合法的权力（Legitimum Imprium）这一表述。③ 由他开始了对权力关系的正当性问题的思考，萌发了近于现代正当性概念的思想。此外，在他的研究中还呈现出了对法律的批判精神和自由平等的法律观。他批判性地指出正义并不是所有基于人们决议和法律的东西。④ 他还认为，正义还应该体现在人与人在个体尊严上的平等。在中国古代，对法的正当性论述主要集中在儒家思想中。孔孟之道主张施行仁政，以德治国，提倡“仁者爱人”“舍生取义”，成了判断统治者行为是否正当的依据。⑤

纵观古往今来众多对正义性的讨论，我们可以认识到：对正义的认识都有着各自时代的标准但也都有每个时代所公认的社会价值，也称之为时代精神。新的社会价值观念也都是在对旧的社会价值观念的扬弃中发展起来的，有着历史的传承性。法的正当性标准有别于个人的价值观。个人价值观来源于个体对正义的理解，可以因人而异，呈现个体特征。而法的正当性标准所表达的是一个完整的社会整体达成了共识的基本价值。每个人都有自私的追求，但为了维

① 周永坤：《法学研究中的价值处理》，《法制与社会发展》2004 年第 4 期。

② 张宏生主编：《西方法律思想史》，北京大学出版社 1983 年版，第 41 ～ 42 页。

③ [法] 让 - 马克 · 夸克：《合法性与政治》，佟心平、王远飞译，中央编译出版社 2002 年版，第 25 页。

④ [古罗马] 西塞罗：《论共和国 论法律》，王焕生译，中国政法大学出版社 1997 年版，第 200 页。

⑤ 曾祥华：《行政立法的正当性研究》，苏州大学博士论文 2005 年。

护共同的利益不受侵害，也都会去承认共同的价值，这样就形成了权利。“权利是引发冲突的本源又是化解冲突的妙方。”“权利的内容要由价值构成，权利的价值也是法律实践的基本内涵。”① 只有建立在人们的共同价值上的法律才有可能实现其目的。这些共同的基本价值就成了制定法律和制度的标准，也指导法律实践的开展。社会基本价值具有抽象性与模糊性，需要通过人的本性倾向如道德良知、善恶观念等去发现，它是人们为了共存的需要而客观存在的，因而不能因其模糊而否认它们的存在。“同一性是一个团体或是某个社会能保持其凝聚力和延续性的东西”，“社会的价值要通过同一性才得以彰显”。②

社会价值由于各国政治经济文化上的差异而出现多样性的特征。但在全球化深入发展的时代背景下，追求人权与民主成了当今时代普遍的追求，也成了世界上各种类型的社会制度包括法律制度中一致包含的正当性标准。“现代社会的法律至少应体现以人权为本、公平、实质民主才是正当的。”③

二、执法依据正当性应有的内涵

行政执法依据，属于法律规范的范畴，是行政机关及其行政执法人员作出具体行政执法行为的规范。它由国家权力机关制定，获得国家权力机关的认可，其实施受到国家强制力的保证。④ 行政执法依据的表现形式主要是宪法、法律、行政法规、地方性法规、条例和单行条例、规章以及法律解释、国际条约和国家协定。⑤ 本书认为行政执法依据的正当性内涵至少应包括两方面：一是执法依据形成过程的公众参与性；二是执法依据内容的道德性。

（一）公众参与立法是执法依据获得正当性的基础

公众享有的参与管理国家行政事务的权利主要体现在参与立法权上。公众参与立法是公民参与权在行政活动中的延伸与具体化。⑥ 行政立法的出发点是为

① [法] 让 - 马克 · 夸克:《合法性与政治》，佟心平、王远飞译，中央编译出版社 2002 年版，第 12、20 页。
② [法] 让 - 马克 · 夸克:《合法性与政治》，佟心平、王远飞译，中央编译出版社 2002 年版，第 21 页。
③ 曾祥华:《行政立法的正当性研究》，苏州大学博士论文 2005 年。
④ 杨惠基:《行政执法概论》，上海大学出版社 1998 年版，第 9 页。
⑤ 杨惠基:《行政执法概论》，上海大学出版社 1998 年版，第 10 页。
⑥ 邓佑文:《论公众行政参与权的权力性》，《政治与法律》2015 年第 10 期。

了通过公平合理地分配社会资源，化解社会利益冲突，保证执法行为做到公正、合理。因此，通过公众参与行政立法能促进行政执法更有利保障公民权益，最大限度地控制行政专横行为的发生，从而建立起执法依据的正当性基础。

首先，公众平等地、充分地参与立法活动，是达到利益平衡的前提条件。在当前社会，利益呈现出多元化时代特征，缺乏公众参与的立法会被认为只是代表执法者本身的意志，即便这些执法者的意志带有公平的品质也很难达到广泛公众对各种复杂利益的诉求，对执法者而言，要确保做到各种利益得到平衡困难重重。公众参与立法过程能提供给利益相关方充分表达自己的意见和为自己利益需求进行辩解的机会，行政立法对利益调整的公正性就能够在公开、民主的行政程序中得到保证。

其次，公众参与立法能有效地控制行政权的扩张，避免行政立法权的专横和恣意。受制于行政立法主体的能力以及社会发展所带来的情势变化，立法权扩张普遍存在，成了政权扩张本性的体现。当行政权肆意扩张不受控制的时候，就会给公众合法权益带来被侵害的风险。传统的控权方式通过立法和司法手段对权力有限的行政权能发挥出积极的作用，而在肆意扩张了的现代行政权面前则变得心有余而力不足。行政自由裁量权的出现就充分证明了这一点。面对专业程度高的各类复杂的社会事务，立法主体所制定的法律规则制度不可能做到面面俱到，法律标准在这种情势下呈现出模糊化的特征。立法主体面对这种情况不得不适度转让立法权限，一定程度上赋予行政机关制定行政规则。这样一来，实体法对行政权的控制作用就愈发微弱。而在司法过程中，由于受到合法性原则的限制，行政机关的自由裁量行为很难受到司法的监督，即使对行政权有限的司法监控也因为程序成本高而变得不切实际。公众参与立法是弥补通过立法与司法手段控制行政权扩张缺陷的有效手段。它可以使公众的利益表达在行政立法程序中得以表达，促进行政立法机关广开立法门路，开门纳谏，纠偏立法内容，破除关门立法带来的种种弊端。

再次，公众参与立法能让行政立法契合本土化需求，增强立法结果的可接受性。行政立法在我国法治建设中还处在不断完善发展的阶段。推动完善行政立法的进程需要从世界各国的立法实践中汲取养分，从而降低法治建设成本。当然，法律的借鉴需要与国情社情相符，需要经历一个本土化的过程。公众参与行政立法的过程能够使立法活动贴近民众的内心，适合民情民意，这样的法律才能得到公众的拥护和相对稳定。公众参与行政立法最大的优势在于：公众参与的立法能弥补行政机关所涉及信息渠道范围较窄的不足。公众可以通过口头或书面的方式反馈对立法的意见与建议，促进行政立法结合实际，关注社会现实，达到社会一致的需求。行政立法的可接受性就体现在法律是否符合社会利益需求上。“行政权的行使需要得到行政相对人和利益相关方的认同才能更好地有效，因此，立法过程中考虑这些人的态度愈发显得必要。换句话来说，判断行政依据正当性不能单纯以执法实际结果来断定，更要以执法相对人与利益相关方内心对该法律的接受程度来判断。”① 具有广泛民意基础的行政立法才具有可接受性，也才能获得执法对象最广泛的遵守，这样的立法可以大大地提升立法效益，使之成为社会关系的调节器。

公众参与行政立法要具备充分的条件才能实现。首先，要建立完善的信息公开制度。实现行政立法民主化的前提是开门立法，防止暗箱操作。行政立法部门要及时规范地将立法目的、依据、内容等公之于众，让公众获得前面的知情权。知情权是参与权的基础。有了知情权，公众才能做出准确的判断，提出有针对性的意见和建议。否则，公众参与将会沦为一句口号。作为建立在人民主权上的政府有责任和义务保障公众获得知情权，更应该将政府自身行为主动公开透明地向公众汇报，公众也完全享有了解、参与、监督政府行为的权利。无产阶级革命先驱列宁说过“‘广泛的民主原则’必备的条件是要有完全的公开性……不具备公开的民主是可笑的”②。作为被管理者，只有充分了解如何被管理，才能更好地学会自我管理。在当今执法为民的时代背景下，政府的立法决策深刻地影响着每个个体，对人民了解权、知情权的保障比给予任何好的具体服务行为显得都更为重要。完善的政府信息公开制度的建立能促成公众的广泛参与，让行政立法走上民主化的道路，行政执法依据就会取得正当性的基础。其次，要建立和完善听证制度。听证是公众参与行政立法、影响行政依据形成的最重要途径。在概念上，它是指行政机关在制定直接涉及民众利益的公共政策时，主动地听取利害关系方、社会公众代表及有关专家的意见，以达到善治的一项必要的规范性过程设计。

英国古老政治制度中的“自然公正原则”是现代听证制度的起源。“自然公

① [美] 恩斯特·盖尔布恩、罗纳德·M. 莱文：《行政法》，Ernest Gellhorn，Ronnald M. Levin，Administrative Law and Process，1997 West Group，p.6（影印本），法律出版社 2001 年版，第 6 页。

②《列宁全集》(第 5 卷)，人民出版社 1959 年版，第 448 页。

正原则”确定了法律或制度设计要遵循的两个最基本的程序规则：一是当权力的行使会给他人带来不利影响时，行使权力的组织或者是个人必须要听取受权力影响人的意见，使自己防卫和辩护的权利不可被侵犯；二是自己不能作为自己案件的法官。[①] 这里的第一个程序规则就是现在意义上的听证规则。在美国法律制度中，听证规则是普通法中的重要原则，也是美国宪法的正当法律程序原则之一，《美国宪法修正案》第5条中规定：任何人生命、自由和财产非经正当的法律程序不可剥夺。这是在强调权力的行使要受到规则的制约，在侵犯到公民的自身利益时，务必要给当事人表达维护利益的机会，保证当事人获得听证的权利。在行政执法过程中，正当法律程序对开展执法活动的基本要求包括：告知、听证、辩诉等环节。也就是行政机关在做出行政裁决时，首先要告知当事人，出示该行政决定的依据，确保其知晓权；同时要充分听取当事人的意见，并要给予当事人进行辩诉的机会。大陆法系的德国、奥地利、西班牙、韩国、日本等国也纷纷制定《行政程序法》规定听证程序。听证可以促进行政立法符合社会公正的要求。行政立法需要协调和平衡各种社会利益，而在市场经济条件下，社会利益分化和多样化的趋势越来越明显，行政立法要处理的情况越来越复杂，单凭行政机关闭门造车很难使行政立法公正合理地满足社会各个阶层的需要。因此，必须开门立法，实行公众参与，而听证是促进行政立法公正合理的最佳路径。通过行政执法利害关系人甚至是对立的利害关系人的积极参与，发表意见和建议，进行辩论和质证，行政机关可以了解各方的立场、观点和证据，在行政立法中公平地体现各方的利益。“为达到公共判断正当性的结果就应保证有正当的程序行为。因此，执法活动在进行利益调整时就不能将某个体的情况随意地概括化、抽象化。”[②]

我国目前的听证制度还存在形式主义严重、缺乏平等的知情权和话语权，该听证的，不进行听证、代表性不足、听证会效果不明显等问题。这些问题的存在，导致听证制度难以实现真正的公正、公平、公开，当然会引起公众的怀疑和不满，进而影响了执法依据形成的正当性。因此，完善我国听证制度，使之成为公众参与行政管理最有效的方式，甚是必要。

---

① 王名扬：《英国行政法》，中国政法大学出版社 1987 年版，第 152 页。

② ［日］佐藤幸治：《宪法》，青林书院 1990 年版，第 402 页。

（二）内容的道德性是执法依据正当性的实质体现

执法依据的正当性，除了体现在其形成过程的公众参与性外，执法依据内容本身的道德性同样重要，它是执法依据正当性的实质体现。

“道德”一词早在我国古代就有，通常被谓之“德”与“礼”，与之相对的是与“法”与“刑”。古代“道德”一词的含义是指人的高尚品德及其教育制度和方法。在西方，“道德”一词来源于拉丁文 Moralis，最开始的含义是风俗、习惯、品性的意思，常常与“伦理”通用。[①] 现代对“道德”一词的释义则较为宽泛，有广义道德和狭义道德之分。广义的“道德”是指一种特殊的社会意识形态，包括个人品德、社会规范等，它是用来规范人的一整套行为规则和制度。狭义的“道德”是指人的一种内在特别素质，有别于人的知识、技能素质，道德情感、道德观念，是狭义道德的主要内容体现。本书认为道德是一种特殊的社会调整形式，它是社会大众对善良丑恶，公平正义、光荣耻辱的内心感觉、思想观点和原则规范的总称。道德也是一种控制社会的力量，它用固有的标准去评价每个人的思想和行为，促使社会公众都能遵守普遍公认的道德规范，并依赖道德舆论、社会风俗和人们的理念信仰来维持，从而维持整个社会生活的和谐稳定。

富勒在其著作《法律的道德性》中曾说过，法律的道德性是人们愿意去遵守的根本，因为在人们的眼中有道德性的法律都是正确和必要的。任何秩序的建立，都要包括道德的因素，否则是不可能真正地被建立和维持下去的，道德就被包含在秩序的观念当中。道德毫无疑问就是法律最本源的支撑。富勒还把道德的类型分为愿望的道德和义务的道德这两种。“向善的生活的道德、高尚的道德和能体现人的力量的道德”被称之为愿望的道德。[②] 而义务的道德是指让社会变得有序或维持社会正常运转的基本准则。“倘若把愿望的道德看作是我们可以企及的最高境界的话，那么义务的道德就是它的起点。愿望的道德确立了让实现有序社会成可能的规则框架。……它会对人们因不遵守社会生活规范而去责备他们。”[③] 法律在这种义务性道德面前成为可能。但还需要满足一些条件，这些条件包括：规则的普遍性；清晰明确的公布规则；规则要指向未来情势；

① 严存生：《道德性：法律的人性之维——兼论法与道德的关系》，《法律科学》2007 年第 1 期。
② ［美］朗·富勒：《法律的道德性》，郑戈译，商务印书馆 2014 年版，第 7 页。
③ ［美］朗·富勒：《法律的道德性》，郑戈译，商务印书馆 2014 年版，第 8 页。

规则要简明易懂；规则不能自相矛盾；规则不能对无法实现的事务做出要求；要具有稳定性，不能随意修改；保持所定规则与实际执行间的一致性。[①] 富勒把这八项条件当作是一个完整的整体，每项条件均不可或缺，否则法律就不会形成一套完整的体系，甚至都不能将它称之为法律的东西。[②] 本书认为富勒上述关于法律内在道德性的论述，应该属于法律产生的程序性要求，属于本书上一章法律依据的形式有效性问题。

法作为人类社会的一种特有现象，对它的研究离不开对人本性的探寻。作为人本性的道德性是法律赖以存在的基础，正义则是道德所达到的最高境界，它能形成一种理想的人际关系与社会制度，每个人在其中都能获得尊重和关爱，每个人都各尽其能，各得其所。法律就是这样一种制度安排，即能让人的行为与道德保持一致性。[③] 所有法律都建立在道德的基础之上。[④] 法律也是项“让人的行为服从于规则治理的事业”[⑤]。不管法律本身是否带有善恶本性，道德与正义都应该成为法律矢志不渝的追求。法律的道德性，是指让道德作为善良丑恶，公平正义、光荣耻辱的标准，而法律是作为达到这样标准的方式，法律也应该是基于道德理念层面上的一种宣示，是道德正义在公众内心的确信。因此本书认为执法依据的道德性应体现在如下方面。

首先，行政执法依据要符合社会普遍的道德标准。法律与道德休戚相关，从实体上来说，法律要把社会的理想当作追求的价值目标，从形式角度来说，法律的表达形式和运作程序也要符合道德的规范要求，遵守公认的道德原则。

其次，执法依据至少应是最低限度的道德。法律的实质合法性要得到国家强制力的保障，否则将不能确保民众守法，因而也就无法树立法律的权威。法律的权威建立在广泛社会公众的接受力上。虽然法律的实施需要通过强制力来保驾，但也只有具备道德赋予的法律强制力，才能确保法律被遵守，让法律成为一种权威。“法律可以建立某种特定的义务，却不能建立服从法律的一般义务。制定一项要求服从法律的法律是没有存在意义的，法律必须以它想努力建立的那种东西的存在作为前提条件，这种必须存在的东西就是所说的服从法律

① [美] 博登海默：《法理学、法律哲学与法律方法》，邓正来译，中国政法大学出版社 2004 年版，第 203 页。
② [美] 朗·富勒：《法律的道德性》，郑戈译，商务印书馆 2014 年版，第 47 页。
③ 严存生：《道德性：法律的人性之维——兼论法与道德的关系》，《法律科学》2007 年第 1 期。
④ [英] 哈特：《法律的概念》，张文显等译，中国大百科全书出版社 1996 年版，第 181 页。
⑤ [美] 朗·富勒：《法律的道德性》，郑戈译，商务印书馆 2014 年版，第 8 页。

的一般义务，而道德性是这种义务所必需的。”[①] 所以，公众在接受法律的同时做到遵守法律，遵守法律就是遵守道德，法律也就要符合最低的道德。[②]

再次，执法依据应体现人权保障的精神内核。“人权属于道德权利范畴，它本身就要解决关于政治秩序的合法性问题。换句话来说，道德权利范畴的人权归为道德法或理想法体系。实在法的正当性就是通过道德法、道德权利之中的。”“一个国家如果把人权当作一个法治原则，就应该把保护和实现社会公众基本权利作为目标，也就更不能侵犯人民大众拥有的各项权利，不然它就会失去合法性了。也就是说，人权原则必须使法治做到以个人权利为核心价值，经过对权利的确定和维护来树立和实现法律的权威，这样一来，法治才能超越工具主义的规则之治。”[③] 行政法作为一个国家法律体系中不可或缺的组成部分，理所当然地要以维护人权作为自己执法依据的正当性。人权可视为道德权利，又可说成是法律权利，二者还可以相互转化。在宪法中将确认的人权转化为公民权利就是这种转化的例证。在行政法中，行政相对人所拥有的权利就是人权在其中的表现。一方面，行政法是将宪法确认的公民权利进行具体化设定，从正面保障行政相对人的合法权利；另一方面，行政法通过对政府机关行政权的界限确定，对行政权进行约束，这是从反面保障行政相对人的合法权利。既然人权是能通过法律转化成为法律权利的，而这种具有高度概括性和抽象性的法律权利恰恰就是法学的核心，那么，把人权当成行政执法依据的逻辑起点，就可以很好地彰显“权利本位”的法律价值与理念。人权不仅是行政法的出发点，还是行政法最终所要达到的目标和归宿。古典自然法的理论认为：国家和法律还未出现前，人类是生活在一种“自然状态”之中，所拥有的是如生命、健康、自由和财产之类的“自然权利”。为了更安全、方便地享有这种权利，人们开始签订“社会契约”，组建国家和政府机关，让这些由人们自愿联合创建的组织来保护他们的生命、特权和地产，也就是我们通常叫作财产的东西。[④] 马克思主义是不承认“天赋人权”的，但同样认为国家的一切权力属于人民，公民权利是国家权力的源泉，国家机构代表人民去行使权力，受人民的委托去设置机构、

---

① ［英］米尔恩：《人的权力与人的多样性——人权哲学》，中国大百科全书出版社 1995 年版，第 95 页。
② 米晓波：《道德：法律的起源与归宿》，《社科纵横》2009 年第 3 期。
③ 夏勇：《人权概念的起源》，中国政法大学出版社 2001 年修订版，第 177 ～ 178 页。
④ ［英］约翰·洛克：《政府论（下篇）》，叶启芳、瞿菊农译，商务印书馆 1964 年版，第 77 页。

选录官员，制定运行程序和方式，这些都是公民权利的结果。[①] 从中充分地看到了行政权是来源于人权的，行政法的出现就是为了规范行政权的使用和更大程度上保障人权。人权为本，行政权是末。行政法只有体现人权内容，才不会本末倒置，才能避免行使行政权的执法人员由公仆变成主人。

最后，执法依据的道德性还应体现人与自然的和谐共生关系。当今时代，人类社会面临着严重的生态危机，生态环境保护成了一项重大的关乎未来命运的重大任务。作为人类社会基本制度的法律对此要做出积极的反应。行政法作为法律制度中覆盖内容最为庞大的部分，在法律与具体行政行为之间起承上启下的作用，它能让法律更加具体化，又能制约具体的行政行为。不当的人类行为活动导致了环境问题的产生，理所当然的只能依靠改善人类自身行为才能解决，而行政行为本身就是人类行为中的最核心的组成部分。因此，行政法就要在生态文明建设、人与自然的矛盾关系处理中发挥重大的作用。这个执法依据为在当前形势下评判行政立法是否具有正当性又添加了一个新的标准。[②] 要让行政法在人与自然建立和谐共生的关系中发挥作用，首先就是要使行政立法在生态文明观和可持续发展观下进行，要符合生态文明建设中尊重自然、顺应自然、保护自然的理念。建设生态文明也是一项涵盖了人们生产、生活、思维等方式和价值观念的变革，要取得这场变革的最终胜利，就必须依靠法治推动，而行政立法首当其冲。

第二节　执法结果的合理可接受性

一、行政执法可接受性现状

在当前我国社会，行政执法行为可接受度较低是一个普遍存在的现实。这

① 张文显：《法哲学范畴研究（修订版）》，中国政法大学出版社 2001 年版，第 396 ～ 397 页。
② 曹呈宏：《从禁放成本看立法的价值取向》，《检察日报》2001 年 2 月 3 日。

一现实活生生地体现在日益激化的官民矛盾上。造成这种现状的原因是多方面的，如执法者违法行政、执法粗暴执法、执法不公；公众的守法意识不够，还包括缺乏法律论证、轻视法律修辞的运用，等等。[①] 还有学者认为导致行政执法可接受低的根源在于中国行政法律体系中滞后性、混乱性、藏私性、脱节性恶法的存在，这就导致了以这些法律作为执法依据的行政执法行为不仅不能被行政相对人和公众接受，就连执法者本身在一定程度上也难以接受。[②]

行政执法的可接受性低，从近些年来政府对受理的行政案件（包括复议和诉讼）的统计数据可见一斑。因为行政相对人对行政执法决定或行为（包括作为和不作为）提起行政复议或行政诉讼是对行政执法不接受的最直接的反映。[③] 根据国务院法制办公布的 2016 年全国行政复议、行政应诉案件统计情况，省区市受理行政复议案件共 157660 件（各省的受理情况详见表 1），行政诉讼案件共 161210 件（各省应诉情况详见表 2）；国务院部门受理行政复议案件总共 6530 件（各部门受理情况详见表 3），行政诉讼案件共 4229 件（各部门应诉情况详见表 4）。[④]

表 1　省区市受理行政复议案件情况（按数量降序排列）

省份	数量	省份	数量	省份	数量	省份	数量
广东	22037	浙江	7300	黑龙江	3206	甘肃	1533
河南	13425	安徽	5760	重庆	2982	海南	1466
辽宁	11518	河北	5223	天津	2746	云南	1112
山东	10820	湖北	5036	江西	2696	新疆	919
江苏	9879	福建	4598	吉林	2452	宁夏	647
上海	8920	湖南	4570	陕西	1968	青海	215
北京	7653	贵州	4012	内蒙古	1888	西藏	41
四川	7561	广西	3847	山西	1630	总计	157660

① 张斌峰、盘长丽：《“依法行政”该如何“依”——法律论证在行政执法过程中的应用研究》，《理论学刊》2016 年第 2 期。

② 王学辉、张治宇：《迈向可接受性的中国行政法》，《国家检察官学院学报》2014 年第 3 期。

③ 当然除了复议和诉讼外，对行政执法行为的不接受，还表现在大量的信访、举报、拒不履行、暴力抗法等事件上。

④ 参见国务院法制办公室于 2017 年 4 月 19 日在其官网上公布的《2016 年全国行政复议、行政应诉案件统计数据》。网址：http: //www.moj.gov.cn/Department/content/2017-04/19/601_89993.html。

表 2　省区市行政应诉案件情况（按数量降序排列）

省份	数量	省份	数量	省份	数量	省份	数量
广东	15273	辽宁	6743	广西	4756	甘肃	1975
河南	13239	湖南	6447	陕西	3088	云南	1890
江苏	11784	贵州	6183	海南	2987	新疆	1598
山东	11171	河北	6040	天津	2732	内蒙古	1587
北京	8986	上海	5920	山西	2270	宁夏	910
浙江	8473	福建	5620	江西	2202	青海	350
重庆	7040	湖北	5530	吉林	2142	西藏	46
四川	6785	安徽	5390	黑龙江	2053	总计	161210

表 3　国务院部门受理行政复议案件情况（按数量降序排列）

部门	数量	部门	数量	部门	数量	部门	数量
工商总局	978	知识产权局	129	林业局	38	铁路局	10
国土资源部	844	人力资源和社会保障部	117	文物局	30	科技部	6
住房城乡建设部	560	食品药品监管总局	116	交通运输部	30	宗教局	6
税务总局	456	农业部	112	水利部	27	民航局	5
保监会	374	人民银行	108	能源局	27	旅游局	4
银监会	331	司法部	108	商务部	26	保密局	4
质检总局	301	卫生计生委	107	气象局	22	体育总局	3
公安部	213	民政部	107	新闻出版广电总局	19	国管局	2
海关总署	200	环境保护部	102	烟草局	19	民委	1
证监会	193	教育部	76	安全监管总局	15	档案局	1
发展改革委	169	审计署	71	外汇局	13	测绘局	1
财政部	165	监察部	49	文化部	12	总计	6530
工业和信息化部	163	邮政局	49	海洋局	11		

表 4　国务院部门行政应诉案件情况（按数量降序排列）

部门	数量	部门	数量	部门	数量	部门	数量
知识产权局	1159	发展改革委	90	民政部	25	铁路局	7
税务总局	367	司法部	88	气象局	22	林业局	7
国土资源部	277	农业部	82	卫生计生委	20	档案局	6
保监会	229	烟草局	69	商务部	20	外汇局	5
工业和信息化部	209	海关总署	66	能源局	16	科技部	4
住房城乡建设部	199	食品药品监管总局	63	水利部	15	文化部	4
银监会	197	财政部	61	保密局	15	文物局	2
工商总局	185	教育部	55	国管局	13	测绘局	1
证监会	139	人民银行	46	环境保护部	12	旅游局	1
公安部	116	新闻出版广电总局	38	交通部	11	总计	4229
质检总局	110	审计署	37	海洋局	10		
人力资源和社会保障部	91	邮政局	31	民航局	9		

而 2012 年全国行政复议、行政应诉案件统计数据显示，省区市受理行政复议案件总共才 105957 件，行政诉讼案件总共才 67158 件；2016 年与 2012 年相比，4 年间复议和诉讼案件分别增长了 49%、140%；2012 年国务院部门受理行政复议案件共 3596 件，行政诉讼案件共 1242 件，2016 年与之相比，复议和诉讼案件分别增长了 82%、240%。① 从目前政府一些部门受理的案件情况看，2017 年案件的数量亦呈增长趋势。② 从上面数以十万计的行政复议、诉讼案件来看，民众对政府执法行为的不接受现象是大量存在的，这还不算数量远多于复议、诉讼的信访案件。如政府的执法行为可接受性长期不高的话，极容易陷于“塔西佗陷阱”③。因此，提高政府行政执法的可接受性程度，对稳定政权、保障国家的长治久安具有重大意义，是提高人民获得感、幸福感、安全感的重要途径。

① 参见国务院法制办公室于 2014 年 2 月 25 日在其官网上公布的《2012 年全国行政复议、行政应诉案件统计数据》，网址：http: //www.moj.gov.cn/Department/content/2014-02/25/601_89985.html。

② 广西国土资源厅给笔者提供的资料显示，2016 年该厅行政复议和诉讼案件共 92 件，2017 年的案件总数 181 件，2018 年超过了 250 件。

③ “塔西佗陷阱”，著名的政治学定律，得名于古罗马时代的历史学家塔西佗，通俗地讲，就是指当公权力遭遇公信力危机时，无论说真话还是假话，做好事还是坏事，都会被认为是说假话、做坏事。

二、可接受性是主观与客观相统一的心理认知状态

可接受性核心是接受，可理解为人对事物的接纳、认同、吸收、遵守的内心反映。与接受相反的是不接受，所体现出来的是人对事物的抗拒、回避、轻视、对抗等内心反映。[①]对于这种心理状态是主观的还是客观的，不同的学者有不同的看法，不同的属性界定也直接影响了学者对可接受制度、标准的建构。目前，关于可接受性理论属性的界定，代表性的观点主要有三类。

一是认为可接受性是一种主观问题。孙光宁认为："可接受性是主观上人们对客观世界形成的认同、接纳、内化甚至尊崇的心理活动状态或倾向。"[②]他还认为"受众本位是可接受性的最典型的特征"，"某种意义上说，可接受性理论将受众本位作为其理论的出发点和归宿。"可接受性会常常表现出它的不确定性。这是由于受众自身表现出的多样性引起的，行政执法中运用单一方案或者结论满足受众的多样性显然是很难做到的。可接受性推崇形式与实质的分离。据此，孙光宁提出的可接受性实现方案是："基于听众，运用方法，分析共识，实现接受。"[③]

二是把可接受性作为客观性问题。"可接受性并不是由接受的概念发展而来的，而应把它当作接受概念的前提：因为只有一个事物在客观上具备可接受的属性，才能会让人们从心里查收接受它的效应。"[④]王学辉还认为：对于人们来说，接受虽然是一个反映人的主观性的概念，但一个事务能让人接受，是因为它本身具有某种客观的可接受性。因此，进行心理干预并不是实现法律可接受性的有效途径，要确立法律的可接受性要通过对立法、执法等环节的变革来实现，只有确立法律可接受的客观属性，法律制度才能得到更好的作用发挥。

三是认为可接受性是语用或修辞的问题。张斌峰、陈绍松主张修辞学是司法判决可接受性概念的理论来源，强调判决通过修辞对听众的说服；但同时认为说服不能保证裁判证成的合理性，因此需强调以体现交往理性的法律商谈为路径去实现合理的可接受性。修辞论辩是一种具体的法学方法论，它能对法律所出现的逻辑功能缺陷进行填补并通过其能实现与法律主体行为的互动。例如，

---

① 胡平仁：《法律接受初探》，《行政与法》2001 年第 2 期。

②③ 孙光宁：《可接受性：法律方法的一个分析视角》，山东大学博士论文 2010 年。

④ 王学辉、张治宇：《迈向可接受性的中国行政法》，《国家检察官学院学报》2014 年第 3 期。

合理的法律修辞的方式就能大大地增强司法判决合理可接受性。①“说服”是修辞学研究要达到的主要目的，“说服”目的的达到需要通过说者与听众间的达成一致，虽然“说服”是一种论辩的艺术，但同样需要利用修辞的手段来增强论辩的说服力，从而达到论辩可接受性的效果。“法律的修辞属性是其可接受性获得的本源所在，法律修辞成了法律论证和法推理中不可或缺的一种方法，也成了研究与思考法律问题的一种理论资源和思维方式。”②把可接受性当作语用或修辞的问题进行研究其实都是把可接受性当作是行为的主观性问题。在司法实践中，修辞会被当作一种增强法律观点的工具，对事实的真相和法律的正义性则不予关注。

可接受性在理论和实践中要把握的一个重要问题是关于它是主观性还是客观性的问题。本书认为“可接受性”从“接受”的层面上可以被认为是一个主观的心理状态，但合理可接受性应该是一个主观和客观相统一的结果。

合理可接受性的包含的主观性属性主要体现在作为主体的受众本身的差异性。首先，接受主体的多样性，决定了主观上的可接受程度千差万别。站在不同的立场，有时候双方的接受程度是完全相反的，如针对一个有罪判决，坚持自己无罪的被告，就会对这样的结果难以接受。而公诉人、被害人、法律职业共同体、法律学术共同体可能看法又各有不同。其次，接受首先是一种心理认知过程，与受众的心理素质、法律思维以及个人素养有关。如有些判决或决定在普遍公众看来已经非常合情合理、依法有据了，但特定的受众仍然觉得无法接受。

合理可接受性的客观性，则表现在可接受的事物本身包涵着可接受的客观属性和特征。如行政决定的合理可接受性必然要求案件的证据本身应符合真实性、合法性、关联性的要求，且事实清楚、程序合法、适用法律依据正确。这是合理可接受性的前提保障。如上述案例“基本农田种柑橘 政府叫停引群体信访”事件，就是因为执法主体在作出行政决定的过程中，引用了大量与基本农田种植柑橘可能导致的法律后果无关的依据，如影响当地政府主推的黑木耳种植、抬高了租金等作为叫停种植的理由，导致该决定一经作出，即遭到了广大民众的质疑和抵制，最后引发了群访行为。

① 张斌峰、陈绍松：《试论司法判决的合理可接受性——以修辞学为视角》，《齐鲁学刊》2014 年第 1 期。
② 宋保振：《法律可接受性的修辞表达——以逻辑视角为切入点》，《山东青年政治学院学报》2013 年第 3 期。

三、行政执法结果的合理可接受性

目前学者对可接受性的研究多集中在司法裁判领域以及法律论证的可接受性上，专门对行政执法行为的可接受研究屈指可数。[①]这并不是因为行政执法的可接受性不重要，也许是因为行政行为本身所具有的先定力、公定力、确定力、拘束力和执行力，让人忽略了行政相对人对行政行为的接受的能动性。近年来，越来越多的不接受，导致的有令不行、有禁不止，群访、甚至暴力抗法事件，让人们开始重视行政执法的可接受性问题。如当前我国学术界兴起的研究哈贝马斯、罗尔斯、桑德尔等人的政治哲学热潮都是在探寻一个现实的理论命题——可接受性。在我国加快服务型政府的建设进程中，行政执法行为开始越来越关注执法对象的切身感受，重视行政执法的可接受性。具体表现为：行政执法机关按照法律平等、行为自愿、协商一致、诚信为本的基本原则，自觉约束自身的行政权力恣意行为，放弃执法中的高压姿态和为所欲为，强调执法主体与执法对象间权利义务的均衡性，主动改善执法环境，变革旧体制下靠行政主体通过统治的执法方式去寻求与行政相对人之间利益平衡点的错误做法。

（一）提高行政执法结果可接受性的理论

由于行政执法的合理可接受性是一种主观与客观相统一的心理认知状态，因此，基于主客观的不同接受维度，学者们对可接受的论证理论也各不相同。从可接受性的主观性出发，学者们认为通过修辞技巧可以提高执法结果的可接受性；从可接受性的客观属性出发，则应在相关法律制度上完善、提升法律论证水平，通过建构客观标准，实现行政决定的合理可接受性。

1. 通过修辞的方式提高执法结果的可接受性

作为一种论辩艺术，修辞并不把命题的真和必然性当作关注点，而是更关心论辩的说服力和命题的可信性。有学者认为，“可接受性理论就是直接来源于修辞学”[②]。学术界对修辞学的研究是从科拉克斯（Croax）和提西阿

---

① 以“可接受”为关键词在中国知网上搜索，涉及行政法的只有颜莎莎的《正义重在以人们可接受的方式实现——对行政决定可接受性的思考》载《经济研究导刊》2014 年第 24 期；王学辉等《迈向可接受性的中国行政法》载《国家检察官学院学报》2014 年第 3 期等少数几篇文章。

② 孙光宁：《可接受性：法律方法的一个分析视角》，山东大学博士论文 2010 年。

斯（Tisias）开始的，也是他们开创了修辞学说。古希腊的修辞学家高尔吉亚（Gorgias）、思想家普罗塔哥拉斯（Protagoras）、柏拉图（Plato）都对修辞学理论与实践进行了完善和发展，到亚里士多德（Aristotélēs）时代修辞学获得了突破性的发展。修辞学的理论来自西方的修辞学思想，它是众多哲学家、思想家凝练出来的，其具有代表性的经典理论包括：亚里士多德的说服论证论、佩雷尔曼的普遍听众论、伯克的同一性理论和哈贝马斯的法律商谈理论等。[①] 这当中以哈贝马斯和佩雷尔曼的理论尤为突出。

佩雷尔曼在他的《新修辞学》一书中构建了一个论辩者怎样说服听众接受他的观点的模式。他提出了将有效性作为评价平时语言中论述的充分基础，用这种有效性标准代替常用的逻辑标准。他认为："只要一个论证能让听众所接受，这样的标准就是正当的。"[②] 依此立论，他坚持价值判断是能和事实陈述那样达到其可接受性评价的。当辩论者成功地使他所面对的听众接受了他所提出的主张，这个论证就可认作是理性的。也就是说，这种价值判断通过其可接受性获得评价。也正是这样，修辞论证与法律推理在一定范围上是有重叠的，是法律推理的一个重要理论来源。"听众"和"普泛听众"概念构建是佩雷尔曼论证理论核心，这种论证理论以关联和离析的辨析构建一个新的论证模式。论辩者要实现论证就要以被听众接受的作为出发点，选择明确的论证起点和科学的论证方案说服听众。这一理论运用到法律推理论证中就是，论辩者要获得对自己法律主张的认同，就需要有为法律共同体所接纳的起点。这样，法律推理是否具有正当性，论证是否有质量的问题就转移给了行政裁决所指向的听众。"'认同'和'接受'是新修辞学的核心所在。"[③] 它鼓励辩论者和听众建立双向交流和对话的机制，强调修辞本身的普遍性和认知性。修辞的作用不仅停留在作为语言的附随工具上，更多地体现在它作为发现真理的过程本身。这样推论的方式，是和可接受性对行政行为活动的评介以听众作为出发点的主体相契合的，新修辞学在理论上成为可接受性的评价标准的理论来源。新修辞学侧重听众对行政决定接受的关注，重视对每一个行政决定的选择，行政主体所作出的

① 盘长丽：《法治话语背景下政府法律文书说理研究》载《法律修辞研究（第三卷）》，中国法制出版社 2017 年版。

② [荷] 伊芙特 · T. 菲特丽丝：《法律论证原理——司法裁决之证立理论概览》，张其山等译，商务印书馆 2005 年版，第 46 页。

③ 焦宝乾：《法律修辞学导论》，山东人民出版社 2012 年版，第 165 页。

法律的解释通常都是经过价值衡量的。强调执法主体所作出的选择不是主观作出的而是经过证明为主体间可接受的。也就是说，执法主体必须为它的决定提供依据，这样才能说服行政行为的直接受众和社会公众。然而，合理性并不能通过说服获得保证，公众的接受也不能说明法律推理就是正当的。因此，可接受性虽然有修辞学的理论支撑，可能实现个别案件中“案结事了”的说服效果，但也有可能出现一些学者所担心的人治的危险。

哈贝马斯通过深入的研究提出了代表其可接受性思想的法律商谈理论。他认为法律论证需要通过论辩的方式确保其结果更具有可接受性，这个过程他称之为“法律商谈”。对于具体的某个行政决定而言，要达到结果的可接受性需要获得充分必要的论据与和经历最广泛的论辩过程。法律商谈理论中的可接受性被当作是合理的可接受性。具备充分论证与通过答辩形成的合理性是行政执法可接受性的基本形式。哈贝马斯认为：法律要通过充分的论证过程才能形成法律效力，要充分证明法律规则的意义只有同时具备以下两个条件：一是事实有效性，即得到接受；二是规范有效性，即合理的可接受性。①事实有效性和规范有效性组成了哈贝马斯法律商谈理论有效性的基本概念，它是哈贝马斯有效性研究的基础。哈贝马斯运用哲学中交往理性的思想去构建他的有效性理论。哲学范畴中的交往理性就是指交往主客体之间的经过沟通协调的方式达成一致，以相互间的理解促成规范的形成。交往理性最核心的要义是主客体双方相互理解的达成。“我把达到理解作为目的的行动当作是最重要的东西。”②哈贝马斯在论述法律有效性时运用了康德的观点，认为法律有效性的由强制和自由两个成分组成，它使法的承受者拥有选择其行动视角的可能。③他认为法律的合法性来源于程序中的合理商谈，要让法律具有可接受性就必须要求商谈中双方能达成共识。以某个人或者组织的最初意愿出发是不能获得结果的合法性的。结果的合法性要在所有人意愿形成过程中方能实现……合法性结果不是每个人意愿的体现，而是所有人讨论结果的体现。结果合法是经过意愿的协商过程才能获得的。讨论的展开需要个人意见的表达，也要体现广泛的集中民主……不管遇到

---

① [德] 尤尔根·哈贝马斯：《在事实与规范之间——关于法律和民主法治国商谈理论》，童世骏译，三联书店 2003 年版，第 35 页。

② [德] 尤尔根·哈贝马斯：《交往与社会进化》，张博树译，重庆出版社 1989 年版，第 1 页。

③ [德] 尤尔根·哈贝马斯：《在事实与规范之间》，童世骏译，三联书店 2003 年版，第 35 页、第 36 页。

什么样的情况，必须保证合法性是基于最广泛的讨论中确定的，而非仅是普遍意愿的表达。① 哈贝马斯从语用学角度对可接受性设定了两个前提条件：一是要满足存在言语—行为—类型被限定的关联域；二是言说者可进入一定的言语—行为—类型义务（诚意规则、本质规则）的可认同的约定。②

根据哈贝马斯的设定的两个前提条件，取得合理的可接受性首先要排除与商谈无关的事项，确保商谈行为在一个既定的范畴中展开；其次，要由诚意规则、本质规则来确保协商的结论具有可接受性。据此可以看出，在哈贝马斯的眼中，程序对行政决策的确定性有着尤为重要的影响。“可以确信的是，在法律产生的程序，与之相关的法律依据显得尤为重要，而并非是毫无关联的。”③ 程序的规范是哈贝马斯在其可接受性理论研究中特别重视的一个方面。他用“内在运用程序的规范”来定义法律中的程序规则。他认为只有程序规范才能确保决定的唯一正确性。程序规范促进了行为结果的可接受性。

2. 通过制度完善提高执法结果的可接受性

由于可接受性存在客观属性一面，仅通过修辞或语用的方法进行心理干预是难以实现真正的合理可接受性的。单纯的言语修饰结果，可能会出现合理不接受或接受不合理的情况出现，对接受的标准缺乏一个公众普遍认可的最低限度的尺度，这会给整个执法行为带来不确定性，牺牲效率的同时，可能会对社会公平、正义带来更大的损害。因此，不少学者提出，通过构建可接受性的基本方法应从外部世界入手，建立实现合理可接受性的基本规则。

张继成通过规范研究的视角，提出了可能生活的概念，在此基础上构建了可接受性的新标准：应得可能生活。他认为，构建应得可能生活要通过合理的法律论证这一唯一途径来建构。“具有可接受性的判决结论应该是具有相关性的事实命题和具有普遍性质法律规范命题中推导而来的，而并非从前提命题中推论出来。”“司法判决应以应得可能生活为主要内容的才具备可接受性。”应得的可能生活对某些当事人而言也可以是各得其所的可能生活，一样具有可接受性，但它只能实现形式正义，而应得的可能生活不但可以实现形式正义，还能真正实现实质正义，只有这样才能发挥法律作为一种社会规范的整体功能。因此，

---

①［德］尤尔根·哈贝马斯：《公共领域的结构转型》，曹卫东等译，学林出版社 1999 年版，第 23 页。

②［德］尤尔根·哈贝马斯：《交往与社会进化》，张博树译，重庆出版社 1989 年版，第 66 页。

③［德］尤尔根·哈贝马斯：《在事实与规范之间论》，童世骏译，三联书店 2003 年版，第 271 页。

法律论证活动的最高目标和根本目的是要论证形成以应得可能生活为基本内容的判决结论。张继成认为作为合理的、制度性的法律论证由四个基本要件构成，即规则正当性和合理性的法律规则，这是构建应得的可能生活的制度根源和法律依据；案件事实明确充分、证据可靠确凿，这是构建应得可能生活的认识论依据和本体论依据；合乎逻辑规则的法律论证，这是建构应得的可能生活的逻辑依据；符合理性论辩规则和诉讼程序法规则的诉讼证明活动，这是建构应得可能生活的制度保障。以这个标准构建可接受性理论，让其评价标准有了操作的可能性，也为判决受众提供了发现或拒绝司法判决的合理性理由。① 张继成从规范角度对可接受性的研究，更多针对裁判结果，但对行政决定的可接受性的规范研究具有重要借鉴作用。因为一个规范的行政决定的作出过程，其法律思维和程序与司法裁判的作出基本是一致的。但要构建一个结果可接受性的标准仅凭一种纯粹方法论的论证方法，显然是不够的。行政决定结果要让当事人所接受要获得合理的法律论证所提供的正当性支持。此外，当事人需要是否得到满足也是行政决定结果能否获得当事人接受的关键。

王学辉、张治宇认为我国社会主义法律体系已经形成，新时代的工作重点是提高行政执法的可接受性。造成当前行政执法活动可接受性较低的主要原因之一是作为执法依据的现行行政法律体系存在“滞后”“混乱”“藏私”“脱节”等严重问题，因此提升我国行政法治可接受性的基本路径不是通过法律修辞和法律论证等方式进行心理干预，而应进行全方位的理论创新和制度变革。其中理论创新层面的关键是厘清行政法治所追求的可接受性的具体内容，提炼出不同社会群体的重叠共识的核心要旨所在——有利合作原则。制度变革层面的关键则是确立行政法的便宜原则。所谓便宜原则是指在某种特定情况下法律允许执法者做出超过法律约束范围内的执法行为，也就是给予行政执法活动一定的自由裁量权。构建行政法律体系以法治原则为基础，利用便宜原则建立规则，用比例原则约束自由裁量权。② 所谓比例原则是指执法者应该在法定允许的裁量幅度内符合规定比例地使用裁量权。从中可以看出便宜原则和比例原则二者是不同的。便宜原则可以使执法者直接突破法律的处罚种类和幅度的限制，决定是否处罚及处罚的幅度。王学辉教授认为：“在一定意义上，便宜原则可以对恶

---

① 张继成：《可能生活的证成与接受——司法判决可接受性的规范研究》，《法学研究》2008 年第 5 期。

② 参见王学辉、张治宇：《迈向可接受性的中国行政法》，《国家检察官学院学报》2014 年第 3 期。

法进行有力的纠偏，让执法者有针对性地处理个案，它能较好地避免机械执法带来的不公，让行政决定更具可接受性。”[①] “为了提升行政执法效率并使其能更灵活处置各种执法行为，有必要运用便宜原则开展执法，这也是对行政相对人的一种保护。”[②]

本书认为，基于合理可接受性的主客观双重属性，对行政执法合理可接受性的评价与衡量标准应兼顾法律标准和心理标准的方法，多角度论证提高行政执法结果可接受性。法治需要法定原则，但是现实中的政治都是建立在“认可”统治的基础上的，需要获得广泛的接受。因此，通过行政主体与相对人之良性交互，实现相对人对行政执法行为的认可、服从，并转化为相对人的自觉行动必不可少。因为“建立在协商一致的基础上并能将法律特有的刚性和灵活性有机结合起来的法律制度才能成为伟大的法律制度。这样的法律能把稳定连续性的优点和长处同不断发展变化的利益结合起来，它具备在不利的情势下仍保存和避免灾难的能力”[③]。虽然这种创造性的结合，实现起来并非易事。但我们仍应努力，争取让正义以人们看得见、可接受的方式实现。[④]

四、行政执法合理可接受性面向的主体

行政执法实质有效之结果合理可接受性，要明确合理可接受性的行为对象问题。行政执法主体、行政相对人、公众等都可以成为合理可接受性的行为对象。合理可接受性标准会因为不同社会群体的利益、价值观的不同而标准各异。何种可接受性才是行政法治所追求的？执法的实质有效要通过怎样的可接受性执法才能达到呢？这是我们在探讨执法的可接受性问题时需要首先界定的问题。

（一）可接受性的主体

可接受性的主体，实际上就是佩雷尔曼所称的“听众”“受众”问题。在佩雷尔曼的听众理论中，他将听众分为普遍听众和特殊听众。普遍听众言说者内

① 参见王学辉、张治宇：《迈向可接受性的中国行政法》，《国家检察官学院学报》2014 年第 3 期。
② 参见洪家殷：《行政罚法论》，五南图书出版股份有限公司 2006 年版，第 61 页。
③ [美] 博登海默：《法理学：法律哲学与法律方法》，邓正来译，中国政法大学出版社 2004 年版，第 424 页。
④ 颜莎莎：《正义重在以人们可接受的方式实现——对行政决定可接受性的思考》，《经济研究导刊》2014 年第 24 期。

心构筑的概念，由社会群体组成，具有广泛性。特殊听众是言说者想要影响或实际影响到任何人，是说服的对象。考虑特殊听众的特性病让他们接受是言说者在修辞论证中所要达到的论证效果。但由于特殊听众都有着特定的诉求，若只考虑特殊听众的可接受性，容易损害其他潜在的利益，有时会有碍社会公平，缺乏正当性，为此，佩雷尔曼提出了普遍听众理论，以弥补特殊听众的不足。普遍听众是社会普通群体，没有特定情境下的利害冲突，可以以一种超越特定社会群体与时空制约的合理眼光，判断事情的是非对错，能跳出特殊听众的自私和偏见，普通公众的理性的检测标准和可接受性底线是由言说者对普遍听众的论证获得的。言说者以普通听众为说服对象，不局限于特定的人或特定的情境，可以更容易获得社会的普遍认可，从而实现整体的赞同、接受的理想效果。[①]

本书认为，在行政执法活动中，“听众”是指行政执法对象和社会公众，也包括执法者本人。其中社会公众，根据其专业程度不同，又可以区分为普通的社会公众、法律职业共同体（实务界）和法律学术共同体（理论界）三类。行政执法结果的合理可接受性，并不仅仅需要获得直接的执法对象（行政相对人）的认可，还需要社会公众，特别是法律共同体也认为该结果是合理可接受的，甚至还包括执法者本身的认同。否则，行政决定往往难以落到实处。如近年来，在征地拆迁领域，频现的钉子户以及暴力阻止、抵抗征地、拆迁的行为，就是因为在征拆过程中，补偿价格，征拆程序、方式让相对人无法接受，特别是征收集体土地时的补偿价与政府转手拍卖的巨大价格差[②]，让社会公众普遍觉得显失公平，执法者也深感不安，因此，在强拆时如没有武警、特警的护卫，基本不敢进入强拆村。

（二）可接受性标准

行政执法合理可接受性主体的多元化，容易导致对可接受性的标准仁者见仁，智者见智。佩雷尔曼在修辞学论证理论中提出，通过分析最低共识，即可明确可接受性的基础是什么。他认为“共识”指的是“价值判断性的或事实性的信念，它为论证所指向的听众所共有”[③]。佩雷尔曼还把这种“共识”分为两

---

① 温科学：《20 世纪西方修辞学理论研究》，中国社会科学出版社 2006 年版，第 184 页。

② 如南宁市的城中村，政府征收土地的价格，每亩是补偿 13 万元，但征收后的拍卖价格基本上都在每亩 500 万元以上。

③ 廖义铭：《佩雷尔曼之新修辞学》，唐山出版社 1997 年版，第 76 页。

类，一类是包括真理、事实和推定的实在性共识；第二类则是包括价值、喜好、层级的好恶性共识。行政主体在行政执法过程中，就要不停地找寻这种最低共识，获得听众对案件事实的认同，甚至是获得对执法本身要实现的价值的赞同，从而实现结果的合理可接受性。王学辉则把可接受性和正当性当作成为意蕴大致相同的词汇，认为从法律正当性基础上获得法律可接受性的基础是有可能实现的。一般来说，法律的正当性基础包括四个方面：一是符合事物本质；二是体现法律原则；三是契合司法经验；四是吻合社会常识。依此来看，行政执法可接受性就应当包括：第一，行政决定应该获得公众的认可；第二，行政决定应该获得法律学术界的认可；第三，行政决定应该获得法律职业界的认可；第四，行政决定应该获得行政相对人的认可。①

本书认为可接受性结果的实现要经历一个动态性的过程。行政主体在执法过程中，要在遵循合法性原则、合理性原则和效率原则的前提下，做到以德感人、以情动人、以理服人、以辞说人。倡导具有同情心（Pathos）、应被信任（Ethos）、富有理性（Logos）的行政执法。②

可接受性就是共识的达成。它形成于公众对利益的诉求之中。但是，共识往往很难达成，因为公众的利益诉求往往具有多样性，导致执法行为不能确保都能取得共识。因此，就有必要将整体的融贯性作为执法正当性的另外一个评估标准。

第三节　执法过程的整体融贯性

一、融贯性理论

融贯（Coherence），一般理解为“融会贯通”。意思是指一个人对各方

① 王学辉、张治宇：《迈向可接受性的中国行政法》，《国家检察官学院学报》2014 年第 3 期。
② 张斌峰、盘长丽：《“依法行政”该如何“依”——法律论证在行政执法过程中的应用研究》，《理论学刊》2016 年第 2 期。

面的知识或道理在经过前期的初步认识后将其融合贯穿起来，从而得到系统透彻的理解。在哲学范畴，融贯表现为一种知识证实方式，也被当作是一种真理观，就是一个理论主张或者某一信念要成为真理，是获得过已有信念体系在整体上的支持的，这个体系中的单个命题间又能相互支持。因此，系统内每个命题之间的相互支持是融贯的基本要求。张其山等人在翻译《法律论证原理》一书时，把“Coherence”译为“融贯性”[①]。此外，还有学者将其翻译为“融贯论”“协调性”等[②]。融贯性是法律论证的最高境界，它通常表现为一致性、系统性和整体性。融贯性要达到的目标是融会贯通，不仅是形式融贯更要做到内容的正当与合理。作为一种论证标准，融贯性在法律论证的过程中起非常重要的作用。因为确立法律有效的命题都能进行反驳，命题的正确与否很难通过形式逻辑的论证得到确保，这一点在行政执法领域显得尤为明显。[③]

西班牙学者索里亚诺通过研究，提出了融贯论在法学领域使用上的两种意义：一种称之为法律体系的融贯（Coherence of the Legal System）。这种融贯探究的是某一个决定内容如何才能与一个完整的法律体系的内容融合在一起；另一种称之为法律论证的融贯（Coherence in the Legal Reasoning）。[④]它带有推理论证的目的，关注的是如何把各种论证有机地结合在一起，使之形成一个整体。其主要关注怎样使证据的收集、理由网络或理由链建构变得融贯。这两种使用意义之间的区别在于前者指向的是裁判规则的特征，后者指向的是论证的特征。两者相互交织，共同发挥作用。支持结构的形成需要得到法律论证的融贯的支撑，它又能为法律体系的融贯开辟两条路径：一是通过法官将法律体系中存在冲突或缺乏关联性的部分融合起来；二是通过法官把法律体系和一国的宪政制度、人文传统以及道德伦理等融合在一起，以获得更多法外的理由（Non-legal Reasons）的支持。[⑤]

有关融贯性的理论，学界研究较多的有佩茨尼克的融贯论、麦考密克的

① [何] 伊芙琳 · T. 菲特丽丝：《法律论证原理——司法裁决之证立理论概览》，张其山等译，商务印书馆 2005 年版，第 85 页。

② [英] 尼尔 · 麦考密克：《法律推理与法律理论》，姜峰译，法律出版社 2005 年版，第 149 页。

③ 张斌峰、盘长丽：《“依法行政”该如何“依”——法律论证在行政执法过程中的应用研究》，《理论学刊》2016 年第 2 期。

④ Leonor Moral Soriano，“A Modest Notion of Coherence in Legal Reasoning： A Model for the European Court of Justice，” Ratio Juris 16，2003，p.297.

⑤ Leonor Moral Soriano，“A Modest Notion of Coherence in Legal Reasoning： A Model for the European Court of Justice，” Ratio Juris 16，2003，p.300.

融贯论、拉兹的局部融贯论（Local Coherence）以及德沃金的整体性融贯论（Global Coherence）。[①] 结合这些理论对行政执法的影响，本书仅对麦考密克的融贯论、佩茨尼克的融贯论介绍如下。

（一）麦考密克的融贯论：规范的融贯（Normative Coherence）和描述的融贯（Narrative Coherence）

麦考密克提出，在法律论证中，有两种不一样的融贯性检验：一种是对裁判规范或者较为平常的规范性规则的检验，称之为“规范性融贯”的检验；另一种是对事实认定和对证据开展合理推论所得结果的证立[②]，称之为“描述性融贯”的检验。

1. 规范的融贯

应对各种事态的有效规则构成了法律。要满足一致性（Consistency）是对这些有效规则的最低限度上的要求。法律最重要的作用就是确立和规范社会秩序，因而其本身也是要讲“秩序”的。这种“秩序”要求构成法律基本要素的规则要具有融贯性，能容易被理解。麦考密克认为：一个成熟的法律制度，应该是能将不同的规则联结在一起的，这样才能体现出法律的“有意义”。[③] 同时，他认为，有两种方式可以考量出规则之间是否融贯：第一种考量方式是看规则是否能对一些相关的价值产生增进作用，并能减少与其他相关价值的冲突；另一种考量方式是看某个规则在任何条件下都作为另一个普遍原则的例证，那么这个规则是具有融贯性的。[④] 规范的融贯是将法律原则有效地融合在一起，通过这种有效地融合使得法律体系的价值得以彰显。

2. 描述的融贯

描述性融贯多用于对法律事实的研究中，它是验证法律事实与法律论证结果是否合理的一种标准。司法裁决是基于法律事实作出的。法律事实是一种过去已经发生的事实并非案件审理中法官现实观察到的事实。过去已经发生的事

---

① Joseph Raz，“The Relevance of Coherence，” Boston University Law Review 72，1992，pp.273-321.

② Neil Mac Cormick，“Coherence in Legal Justification，” in Scott Brewer（eds.），Moral Theory and Legal Reasoning. New York/London：Garland Publishing，Inc.，1998，p.265.

③ Neil Mac Cormick，Legal Reasoning and Legal Theory，New York：Oxford University Press Inc.，1978，p.152.

④ Neil Mac Cormick，“Coherence in Legal Justification，” in Scott Brewer（eds.），Moral Theory and Legal Reasoning. New York/London：Garland Publishing，Inc.，1998，p.268.

实不能经由审判者的即时审查而得以证成，而是要确立一个标准，组合已经掌握的相关证据，让这些证据构成一个相互融贯的整体。描述性融贯就要在这个过程中发挥作用。即使是现实观察获得的事实也有必要开展融贯性的检验，以确保观察结论的准确性与全面性。司法审判要进行描述性融贯的检验从以下两个层面开展：一是检验证据链条之间能否融贯。如果各个证据链条之间能够建立彼此的互联关系，那么，这些证据就是能客观反映过去已经发生的事实，它们就是一个融贯的整体。二是检验事实陈述与民众的信念是否融贯。对已经发生的过去事实的证成最好的判断标准就是：对过去事实的陈述是否符合民众的普遍信念。[①]

麦考密克的融贯性思想颠覆了传统法学研究中规范与事实二分的观念，对传统法学只重视法律规范的研究进行了纠偏。他所提出的规范性融贯和描述性融贯两种检验标准不仅传承了已有的法律与事实二分的观念，重新激发了研究者对日趋淡化的事实认定的关注。融贯作为一种法律检验标准，不仅要遵循规范的选择，事实的认定也同样必须遵循。[②]

（二）佩茨尼克的融贯论：融贯的标准

佩茨尼克对于融贯性的研究与其他学者不同，他对融贯性的研究没有停留在宏观层面上讨论法律论证，而是建立在对批判法律论证的逻辑形式主义之上，提出了系统的融贯性标准。从这个角度上看，佩茨尼克的研究显得更具有现实的可操作性。针对法律与现实、逻辑与经验相互衔接问题，佩茨尼克提出了“转换”（Transformation）的概念，并对这个过程作出了合理的解释，从而克服了演绎推理存在的不足。

转换概念是针对三段论推理中存在的“跳跃”（Jump）现象而提出的。我们可以用一个例子来说明佩茨尼克说的这个现象[③]。

前提 1：甲从不做坏事

前提 2：甲常关心他人

---

① 侯学勇：《法律论证的融贯性研究》，山东大学出版社 2009 年版，第 56 页。

② 侯学勇：《麦考密克论融贯》，《政法论丛》2008 年第 2 期。

③ Aleksander Peczenik, On Law and Reason, Dordrecht/Boston/London: Kluwer Academic Publishers, 1989, p.114-116.

结论：甲是一个善良的人

很明显这一推理过程中至少还缺一个前提 3，即如果甲不做坏事，且关心他人，那么他就是一个善良的人，这一个推理的完整形式则应该是：

前提 1：甲从不做没坏事

前提 2：甲常关心他人

前提 3：如果甲从不做坏事，且常关心他人，那么甲就是一个善良的人

结 论：甲是一个善良的人

佩茨尼克指出，从前面前提 1 和前提 2 直接到结论的过程，就是所谓的"跳跃"。在这种情况下，就必须增加一个另外合理的前提，这样才能使这个三段论推理获得演绎意义上的正当化，实现推理过程的"转换"。与此同时，佩茨尼克认为，加入前提 3 必须满足两个基本前提：一是这个推理前提不能被证伪。越具有合理的前提越是不能被证伪。二是这个推理前提要获得广泛的支持，也就是各个前提之间形成融贯的支持，融贯的支持越大，这一前提的合理性也就越强。对于如何检验"融贯""不能证伪"的问题，佩茨尼克经过研究又提出了前提之间要形成"合理的支持"（Rational Support）：前提 P 能够合理地支持前提 Q，且当 Q 属于合理的前提 S 的子集，则 P 就能通过前提 S 以逻辑的方式获得。反过来说，如果后面加进来的前提不能对前面形成的前提给予合理的支持，那么就算原来的前提有意义，这个推论过程也是不合理的。[①] 在佩茨尼克与阿列克西合著的一篇文章中，他们把这样结构的合理性标准详细地划分为十个方面：（1）在所有理由中，支持关系占有的数量。（2）支持链的长度。既考虑支持关系的数量，也考虑所有相关的全部理由。（3）支持的强度标准。要考虑整个论证链的逻辑正确性，而不是只考虑每个理由的强度分量。法官通过连接各个理由形成较长的支持链的同时，还必须确保在每个前提之间建立较强的支持关系。（4）理由链之间的关系。一个具有融贯性的法律证立，至少要有两个以上的理由链。这就要求给定的理由链要具有关联性，不然其中的一个理由链就必定会是一个无效的论证。（5）各理由间的排序问题在个案的体现。（6）各理由之间应该是能相互印证的。（7）融贯性要求概念的运用应普遍化。（8）概念指向的同一或近似。这是指在不同的理论和体系中所用到的概念越近似，理

① Aleksander Peczenik, On Law and Reason, Dordrecht/Boston/London: Kluwer Academic Publishers, 1989, p.117-118.

论之间就越是融贯。(9) 覆盖的案件范围。一个融贯的理论要尽可能地覆盖最多的案件。(10) 应用生活领域范围的多样化。[①] 通过以上的合理性标准，可以看出这些标准的严苛性，依据这些标准，仅有逻辑支持成为对结论的成分证立显然是不够的，各个理由之间的或然关系也在融贯过程中发挥重要作用，也能说明法律证立结构的最佳形式是千丝万缕的网络结构，证立的立体网络结构能给各理由予充分的支持。[②] 根据各理由之间或然支撑关系的认同，说明了两个方面的问题：一方面说明人们用来证立一个决定的知识并非不可动摇；第二方面说明支持决定的理由不仅包含规范性的理由，经验性理由也应被涵盖其中。佩茨尼克在《对理性的热情》这篇文章中，借用邦久（Laurence Bon Jour）的话语，认为一个融贯的体系要具备以下条件：(1) 在逻辑上是没矛盾的；(2) 具备高度的无矛盾可能性；(3) 体系中信念之间有着许多数量互相有逻辑蕴含的关系；(4) 只发生很少数不能说明的特殊情形；(5) 它能提供某个对于客观世界相对持续稳定的理解方式；(6) 它能满足观察的要求，即它自身建立有一套法则，能提供给人们在合理范围内形成多样性的、自发性的信念。[③]

二、执法过程中融贯性不足的体现

通过麦考密克、佩茨尼克等法学家对融贯理论的观点，可以看出，“融贯”不管是对于法律论证、法律体系还是对于法律事实、法律规范都具有重要作用，是一个有效的法律裁决、法律规范得以成立的必要条件。融贯性也必然应该成为行政执法行为是否有效的重要衡量标准。但目前，在我国的行政执法领域，融贯性仍不尽人意，导致执法结果的可接受性不高。下面举两个典型的行政执法案例来反映这一现象：一是临时工的问题；二是网约车问题。

关于临时工的问题，本书通过简单的两种论证模式对比来展现行政机关在

① Alexy Robert and Aleksander Peczenik, “The Concept of Coherence and Its Significance for Discursive Rationality, ” Ratio Juris 3, 1990, pp.130-147.

② Leonor Moral Soriano, “A Modest Notion of Coherence in Legal Reasoning: A Model for the European Court of Justice, ” Ratio Juris 16, 2003, p.318.

③ 颜厥安：《论证、客观性与融贯性——由几篇文献检讨法律论证的基本问题》，正来学堂，网址：http: //dzl.ias.fudan.edu.cn/ShowTopic.aspx？ topicid=6593。

执法过程中使用“临时工”一词的不融贯情况。

论证 1:

a. 根据我国《治安管理处罚法》规定，阻碍国家机关工作人员依法执行职务的，属于妨害社会管理的行为，可以被处以警告或者 200 元以下罚款；情节严重的，处 5 日以上 10 日以下拘留，可以并处五百元以下罚款。

b. 张三是国家机关聘用的临时工，在一起执法事件中代表国家执法；

c. 李四阻碍张三执行职务，情节严重；

d. 李四可能被处 5 日以上 10 日以下拘留，并处 500 元以下罚款。

论证 2:

a. 根据我国《治安管理处罚法》规定，阻碍国家机关工作人员依法执行职务的，属于妨害社会管理的行为，可以被处以警告或者 200 元以下罚款；情节严重的，处 5 日以上 10 日以下拘留，可以并处 500 元以下罚款；

b. 张三是国家机关聘用的临时工，在一起执法事件中，代表国家执法，但由于暴力执法，导致被执法对象商贩李四重伤死亡；

c. 张三是临时工；

d. 张三不是国家机关工作人员，张三行为后果，由张三自负。

论证 1 是目前的常态，政府部门由于编制受限制等原因，大量雇佣没有执法主体资格的临时工作为一线执法人员，这些没有资格的执法人员进行执法时，被执行人仍是没有拒绝执行的权利，否则，将构成违法或面临更严重的后果。然而，由于这些临时工缺乏正规系统的训练，在执法过程中，因方式方法不对，常引起执法冲突。如果在冲突中造成被执法人员伤亡的情况，一些政府部门则以具体执法的人员是临时工为由推卸责任。于是就出现了论证 2 的情形。关于这方面的案例早些年比比皆是，具体行政执法部门不为此承担任何法律责任。从这些案例，我们可以看出基层政府部门对临时工职权的认定不具有融贯性，有关部门是根据利益需要，针对不同的情形，赋予或否定临时工的执法权。这种前后的不一致，严重影响政府执法的公信力和权威性。①

① 张斌峰、盘长丽:《“依法行政”该如何“依”——法律论证在行政执法过程中的应用研究》,《理论学刊》2016 年第 2 期。

2. 关于网约车的问题

案例 1. 滴滴顺风车车主因“非法营运”被罚，诉至法院获支持，某市交委败诉[①]

2016 年 4 月 17 日，滴滴平台的顺风车司机蔡某，接到通过滴滴平台约车的乘客的单，接单后，蔡某将该乘客送到目的地。车费为 16.7 元，该车费是由滴滴打车软件向乘客直接扣款。这个过程中执法人员发现该车涉嫌违章并要求蔡某出示该车的经营许可证，蔡某表示自己的网约车未办理道路运输经营许可证。2016 年 5 月 16 日，某市交委以蔡某未取得经营许可证却开展客运经营为由，依据《道路旅客运输及客运站管理规定》第 84 条和《中华人民共和国道路运输条例》第 64 条的规定，对蔡某做出停止非法经营并处 3 万元罚款的行政处罚。

蔡某对某市交委的行政处罚不服，向市政府申请行政复议，行政复议被维持后，蔡某向法院提起行政诉讼。经过一审、二审，法院最终认定广州市交委所作的行政处罚不当，作出了撤销的判决。

网约车的问题，是近期引起社会普遍关注的问题。社会公众对一、二审的判决结果基本上都持肯定态度，对某市交委向网约车司机蔡某作出的 3 万元的行政处罚决定都颇有微词。正如一审法院认为，网络预约出租车是传统的出租汽车行业与“互联网 +”相融合的新的商业模式，网络车经营行为应该是司机个人和网约车企业平台共同实施的行为。蔡某以个人所有的私家车注册加入网约车网络平台，原告的经营行为应该是由网约车网络平台和作为网约车司机的原告这两个主体共同完成，网约车网络平台是运营服务的提供者，也要承担营运人责任与相应的法律责任。

某市交委在本案中只对网约车司机进行查处，对要承担共同责任的“滴滴打车”平台却不予调查和处理，既事实不清，又显失公平。一审法院认为，网约车作为一种新的服务业出现后，对于这种新的服务形式，由于法律的滞后性，并未对此有明确的界定，在交通管理领域也处于一种模糊发展状态，直到 2016

---

① 《滴滴顺风车车主“非法营运”被罚 3 万元 法院终审判决广州市交委败诉》，网址：http: //www.sohu.com/a/250054805_733746，浏览时间：2017-11-15。

年7月交通运输部、工信部等七部委联合发布的《网络预约出租车经营服务管理暂行办法》提出有序发展网约车并明确了网约车的发展定位；政府相关部门对网约车也持支持、鼓励与引导的态度。对这种伴随科技进步与市场经济发展而出现的、被大家广泛接受且没有危害性的“互联网+”新型行业，应当给予适度的理解和宽容。网络预约出租车的出现，为广大市民提供了安全、便捷、舒适、经济的出行服务，不但较好地解决了市民出行难打车的问题，也缓解了公共交通压力，积极作用明显。在二审中，法院也认为：网约车是新兴的大众服务行业，法院鼓励和支持交通部门对网约车业态进行依法规范管理，减少对原有的客运出租汽车市场造成的冲击。但也认为，网约车是一种“互联网+”共享经济模式，网约车运营司机虽然经过运输行政许可，但与传统的个人非法营运行为有较大的不同。行政机关面对还没有法律、法规规范的新生事物，要从指引的角度引导公民、法人或组织有序经营。行政机关直接将法律性质并不明确的网约车运营行为定性为“非法营运”，将其混同为传统违法运营的行为作出同样处罚，这与法治的基本原理和原则并不相符。行政机关执法中对有司机、网络平台运营商、乘客三方参与主体的行为只选择其中一方进行执法，存在选择性执法的问题。①

该案件一、二审法院在法律适用、案件事实、法律目的、公共利益等角度对广州市交委的行政执法行为的合法性、合理性、正当性进行了审查，与行政主体作出处罚决定所依据的法律和事实理由相比，法院的判决因更具有整体融贯性而获得社会公众的欢迎和支持。通过这些案件，行政机关应该如何做才能更好保障其执法行为因融贯而实现实质有效呢？这是值得我们进一步探讨的问题。

三、执法过程整体融贯性基本要求

根据佩茨尼克有关融贯性的标准理论结合行政法的特殊性，我们认为体现实质有效的行政执法过程至少应包含以下融贯性要求。

第一，执法的目的，即出发点和归宿应体现行政行为的服务本质。也就是说，某一具体的行政执法不是为了某团体、某部门或某些个人的利益，而

①《滴滴顺风车车主“非法营运”被罚3万元 法院终审判决广州市交委败诉》，网址：http://www.sohu.com/a/250054805_733746，浏览时间：2017-11-15。

是一种为相对人或公众提供服务的行为。包括行政机关的行政处罚在内也都是为了维持一个良好的社会秩序，而行政征收则是为了满足公众对公共设施服务的需要，任何违法目的的行政行为，都因缺乏有效性基础，而不具备融贯性。

第二，对执法对象的确定，应尽量避免出现“选择性执法”。除非这种选择是为了保护位阶在前的利益，且除了“选择执法”，并没有其他更合适的方案。如本章案例 7 中滴滴顺风车车主因“非法营运”被罚 3 万元的事件，就存在明显的选择性执法的问题。网约车的车主之所以能营运完全依靠网络平台运营商（本案是滴滴）以及乘客的网约，换言之，如网约车被认定为“非法营运”，造成这种后果的责任主体并不仅有车主一人，网约车平台、乘客均有责任。在一定程度上说，网约车的平台运营商最大，因为平台运营商对注册的车辆、司机，均有审查的义务，是否符合驾驶以及运营的资格，平台最清楚，但行政执法部门最后只对网约车司机进行了行政处罚，对平台运营商则放之任之。这种选择性执法让社会公众感觉执法主体专挑“软柿子”捏。缺乏融贯性的选择性执法，最终会导致政府公信力降低、法治权威性流失、执法成本日益高昂。第三，相同的案情，应坚持同一执法标准，并使之普遍化。第四，执法的理由之间、理由链之间应具有逻辑关系，并应相互证立。第五，为执法者和执法对象搭建一个对话的平台并完善对话的法则与机制。就像索里亚诺所说的那样，融贯在法律意义上的概念是一个适度的（Modest）概念，它追求的是不同的、不可通约的价值能在某一法律体系中共同存在，而不是根据单个原则体系确定法律是什么。它能提供论辩的方式对多元价值进行交涉，其目标不是提供一个确定性的答案，而是系统地阐述论证的融贯性支持结构。[①]

① Leonor Moral Soriano,“A Modest Notion of Coherence in Legal Reasoning: A Model for the European Court of Justice,” Ratio Juris 16, 2003, p.296.

第四节 执法的价值体现“最不利者的最大利益”

一、“最不利者的最大利益”与“最大多数人的最大幸福”

“最不利者的最大利益”是美国著名的政治哲学家约翰·罗尔斯（John Rawls）建立在对功利主义“最大多数人的最大幸福”正义观的批判基础上而提出的公平正义观。罗尔斯的“最不利者”（Least Advantaged ），也称“最少受惠者”，是指处于社会底层的群体，拥有最低期望的收入阶层（Income Class）。[①]

杰里米·边沁、斯图亚特·密尔倡导“最大多数人的最大幸福”功利主义原则，其核心是：当某个社会所构建的主要制度能达到总计属于这个社会的个人而形成的满足的最大净余额时，那么就认为这个社会是被正确地组织的，也就是正义的。身处任何地位的人，他的基本追求都是为了满足自己的欲望，增加自己的福利，社会的功能则是个人功能的扩大，当一个社会的功能总和大于这个社会个人功能相加时，社会的正义就实现了。[②]边沁从利益原则出发，他认为：判断某个政体的优劣标准应该看它能否为多数人谋取最大量的快乐。[③]与边沁有着基本一致的看法的密尔认为：把最大幸福原则看成是道德基础的信条：行为的正确性和它带来幸福的程度正相关，它的错误性与带来的不幸成比例。[④]最大幸福原则是指按照促进或妨碍、增加或减小利益有关者幸福的倾向，来赞成或否定任何一项个人行动与政府措施。[⑤]政府的工作，就是通过赏罚来促进社

---

① [美] 约翰·罗尔斯：《作为公平的正义》，姚大志译，中国社会科学出版社 2011 年版，第 75 页。

② JohnRawls，A Theory of Justice，Cambridge，Massachusetts： The Belknap Press of Harvard University Press，1971，p22.

③ [英] 边沁：《政府片论》，沈叔平等译，商务印书馆 1995 年版，第 175 页。

④ [英] 韦恩 . 莫里森：《法理学——从古希腊到后现代》，李桂林等译，武汉大学出版社 2003 年版，第 211 页。

⑤ [英] 边沁：《道德与立法原理导论》，时殷弘译，商务印书馆 2000 年版，第 57 页。

会幸福。[1]最大幸福原则为了实现幸福的最大化目标，获得更大的功利总额，它会牺牲一些人的利益，甚至是剥夺少数人的自由和权利。[2]

罗尔斯认为，把只强调效率原则的功利主义视为最高的道德原则，应用于法律制度，虽然重视了利益的总量，但是利益的分配却被忽视了，是偏重“最大多数”而忽视少数。这样一来，就会导致实现一部分人的最大利益是建立在对另一部分人的利益侵害之上的；也就会使制度以大多数人或社会整体的利益之名去侵犯少数人的个人权利成为可能。社会如果按照这样发展，显然会使强者更强，而弱者更弱，弱者成为社会运行牺牲品，这样的制度是不正义的。罗尔斯认为，社会体系的正义，其本质上应在于怎样合理分配基本权利义务以及如何分配由社会合作所得的利益。功利主义很显然没有做到合理分配权利和义务，罗尔斯通过个人与社会的类比，将个人的合理选择原则推广到社会，将其应用到法律制度。但是制度的伦理原则并不是个人的道德原则的简单扩大。

罗尔斯的公平的正义理论基的出发点是“平等和自由公民之间合作体系的秩序良好的社会”这一基本理念。社会被看作是平等和自由和公民之间的社会合作体系，合作的条款就要符合每一个参与者的利益，也要满足每个参与者的合理生活期望，在分配由社会公民间合作产生的利益时，应确保每个人应得的份额。由此，罗尔斯用公平的正义理论来取代传统的功利主义，他的主要观念是：社会分配应从符合每个人的利益出发，尤其是要从符合“最不利者”的利益出发。收入、财富、自由与机会等所有社会的基本价值等都应被平等地分配，如果出现某种价值被不平等地分配了，那么这样的不平等的分配也要符合每个个体的利益。罗尔斯企图通过正义的有差别分配原则来改善“最不利者”的状况，保护“最不利者”的利益。他将自己的平等观叫作“民主的平等”，这种“民主的平等”也就是他所建立的分配原则——差别原则。罗尔斯认为：社会底层的人们才是社会中最需要帮助的对象，他们所获得的机会和权力、收入和财富都最少，在他们身上明显地看到社会的不平等。正义的制度应该通过合理的社会制度安排给这些“最不利者”带来希望，缩小与其他人之间的分配差距，改善这些“最不利者”的处境。假若一种社会制度安排由于某些原因无法避免会产生某种不平等，那么这种社会安排也只有尽可能地增加最不利者的利益，

---

① [英] 边沁：《道德与立法原理导论》，时殷弘译，商务印书馆 2000 年版，第 250 页。

② 姚大志：《罗尔斯与功利主义》，《社会科学战线》2008 年第 7 期。

这样它才能是正义的。罗尔斯指出："社会每一个人都拥有基于正义的不可侵犯性，它不能以社会整体利益之名而被逾越。因此，正义否认多数人享受的较大利益会绰绰有余地弥补被侵犯的少数人的牺牲，不承认一些人为了分享最大利益而剥夺其他人的自由是正当的。所以，在一个正义的社会里，公民自由平等是确定不移的，政治的交易或社会利益的权衡也绝不能侵害由正义所保障的权利。"①

二、行政执法体现"最不利者"最大利益的必要性

（一）"最不利者"的处境决定了行政执法要体现"最不利者"最大利益

"最不利者"意指处于社会底层的群体。根据罗尔斯对"最不利者"（最少受惠者）的确定标准，具体是指对"基本的善"拥有最低期望的收入阶层。罗尔斯认为，识别"最不利者"的依据是基本善所分享的份额多少。这些基本善包括："（1）基本的自由和权利：良心自由、思想自由和其他自由。（2）职业选择自由和移居自由，能获得追求各种目标的机会，也能获得修正和改变他们的机会。（3）拥有官职和职位的权利以及特权。（4）财富和收入。它们被当作达到任何一个目标所需要的手段。（5）自尊的社会基础。它们被视为基本制度的组成部分，能够让公民强烈地感觉到自身价值，并给公民推进他们的目标带来自信心，因而是极其重要的。"②

"最不利者"是很多原因造成的。罗尔斯认为，社会偶然性（如出生时所处的阶级）、自然偶然性（如天赋、机遇等）、幸运偶然性（运气好坏）是影响人们生活前景的三大因素。③正是因为每个人出身的阶层、自然禀赋与发展机会各异，加之还会有幸不幸的偶然性因素，社会就会出现更有利者和最不利者。罗尔斯界定的"最不利者"，在我国被称为社会弱者群体、脆弱群体、弱势群体

① 张斌峰、盘长丽：《交往理性视域下政府执法有效性研究——暴力执法与暴力抗法的现实困境与法理破解》，《社会科学家》2015年第11期。

② ［美］约翰·罗尔斯：《作为公平的正义》，姚大志译，中国社会科学出版社2011年版，第74页。

③ 转引自王宏疆：《为"最不利者"呐喊——罗尔斯的平等观研究》，广西师范大学硕士论文2008年。

等。王思斌认为："弱势群体就是在受到社会问题的冲击时无法应对而容易遭受挫折的群体。"① 在我国现阶段"最不利者"（弱势群体）主要包括：农村贫困人口、城市失业者、老年人群体以及残疾人等。由于弱势群体本身的特殊性，其抗风险能力和谋生能力差，在执法过程中，对其利益予以特别关注是非常必要的。有效地解决弱势群体问题，不仅能更好地调适社会关系与社会结构，还能更好地维护社会稳定，促进社会发展。否则，将会损害社会公平，提升社会风险，进一步会损害社会效率，妨碍社会和谐发展。

（二）社会合作的需要行政执法要体现"最不利者"最大利益

荀子说："人生不能无群。"② 这里的"群"意思为合作，"人生不能无群"就是人类在生存和发展过程中离不开合作。"人类的生存需要彼此间建立相互依赖的关系，人们对合作的好处具有天生的依赖性。……虽然人类都有自私的一面，但是也不愿意放弃合作所带来的好处，这样只好通过建立健全合理的合作制度来提升合作关系。"③ 人际间的合作关系能够给人带来最大的利益，因而，合作成了人类生活要遵循的最高的理，也是立法、执法所要遵循的最高的理。"人们为能形成良好的制度而进行博弈，是因为这个制度能起到维护人们取得最大利益的合作关系，人们的幸福、安全等最大利益都依赖于这种合作关系。"④ 在执法中，对"最不利者"最大利益的保障，正是基于合作的需要。"最不利者"作为社会的弱势群体，生活在社会的最底层，但他们对社会做出的贡献是不可忽视的，特别是农业、城市建设、制造业以及家政服务业领域等，忽视他们利益的结果，也会严重影响社会本身的发展。如"最不利者"最后的面包都得不到保障，也将会影响社会的稳定和国家政权的长治久安。近年来，发生的严重的执法冲突、暴力抗法事件多半是由对最不利者利益的关注不够甚至是剥夺造成的。俗话说，"光脚的不怕穿鞋的"，就是这个理。因此，行政执法体现"最不利者"最大利益是社会发展与合作的需要，让最不利者过上更有尊严的生活，这样的行政执法才会更和谐、更有成效。

---

① 王思斌：《社会工作导论》，北京大学出版社 1998 年版，第 17 页。
② 参见《荀子·王制》。
③ 赵汀阳：《坏世界研究——作为第一哲学的政治哲学》，中国人民大学出版社 2009 年版，第 11 页。
④ 赵汀阳：《坏世界研究——作为第一哲学的政治哲学》，中国人民大学出版社 2009 年版，第 17 页。

（三）社会主义本质内在需求行政执法要体现“最不利者”最大利益

邓小平同志提出“社会主义不是少数人富起来、大多数人穷，不是那个样子。共同富裕是社会主义本质的体现”[①]。“社会主义本质，是解放生产力，发展生产力，消灭剥削，消除两极分化，最终达到共同富裕。”[②]可见共同富裕是社会主义的根本属性，保障“最不利者的最大利益”是社会主义本质的内在需求。因此，在行政执法过程中，基于“最不利者”的弱势地位，执法主体在执法措施、方式方法的选择上需要尽可能实现“最不利者”的最大利益，而不是给他们雪上加霜。如城管对街边摆摊谋生计小贩的粗暴执法，可能就剥夺了这个小贩家庭的唯一生存希望。面对当前社会贫富差距的加剧以及经济和社会的诸多不平等的社会现实，政府执法符合“最不利者的最大利益”是实现共同富裕的必然选择，否则，贫富差距只会越来越大，离共同富裕的社会主义目标只会越来越远。

三、行政执法实现“最不利者最大利益”的举措

行政执法要实现“最不利者”的最大利益，绝非易事。罗尔斯《正义论》对如何改善“最不利者”的处境也进行了探讨。他认为正义要符合两个基本原则：第一个原则是：所有人都应该在平等自由体制中拥有一致的不可剥夺的权利；第二个原则是：社会与经济的不平等要满足以下两个基本条件：（1）任何社会职位对每个人来说都应该是开放而且是机会平等的；（2）它们应该有利于社会最不利成员的最大利益（差别原则）。[③]从中我们可以看出：社会正义原则要依靠国家执行才能获得确立，正义的国家和制度才能最终改善“最不利者”的处境。政府是解决弱势群体问题的主导性的力量，扮演重要的角色。此外，社会公正是国家制定社会政策的价值诉求，因此，国家可以通过建立健全的社会政策，强化对弱势群体问题的解决，保证社会公平公正，从而实现社会富裕文明。

---

①《邓小平文选》第 3 卷，人民出版社 1993 年版，第 364 页。

②《邓小平文选》第 3 卷，人民出版社 1993 年版，第 373 页。

③［美］约翰·罗尔斯：《作为公平的正义》，中国社会科学出版社 2011 年版，第 56 页。

对弱势群体提供社会支持是政府的责任。具体到执法领域，政府应在以下几个方面关注“最不利者”利益的保障。

一是在作出执法决定时，全面考量行政决定对“最不利者”的影响，并做好应对方案。如在城市管理过程中，当执法主体面对一个路边摊小贩执法时，首先需要考虑的是执法对象为什么会在不允许设摊点的地方摆摊，而不是一上来就没收了所有“作案”工具。如果小贩是文化水平低、没有固定工作的一家之主，执法人员的没收，对于这个小贩来说也许就是毁灭性的执法，面对这样的执法行为，他可能做出最强烈的反抗。在本书看来，面对这种“最不利者”群体的执法，执法主体应先考虑“最不利者”的需求。如上述案例中，政府完全可以在市场需求旺盛的地方，划出一片区域，专供这些小贩在规定的时间点进行经营，没有生存的压力，不是迫不得已，谁（理性的正常人）都不会做一个随时被抢夺经营工具、流窜街头的经营者。现代国家中政府的社会管理职能已经从传统的统治方式更多地转移到提供综合服务上来了。如果政府服务做好了，针对极少数一些违法者的执法行为，就会更有成效、更能获得社会的支持和认同。这种现象，与政府征地拆迁过程中的情况一样，如果政府补偿的利益远不如因征拆损失的利益，被征拆者的生活会陷入更不利的困境。适当提高补偿标准，与市场挂钩，才能更有效保障最不利者的最大利益。

二是完善“最不利者”诉求表达机制，最大诚意地倾听他们的意见反馈。中国社会与经济的发展，社会阶层分化加速，各种利益冲突现象、社会矛盾加剧。社会公共政策往往倾向于体现社会主流群体而无视了弱势群体的诉求。要维护社会弱势群体的利益需要我们有诚意地倾听他们的诉求，建立结构完善、机构健全的政治参与和利益表达机制，真正做到让弱势群体的合理诉求在行政决策及执行中体现出来，从而维护良好有序的社会秩序。

三是加快社会保障与福利体系建设，解决弱势群体的后顾之忧。虽然一个完整的社会管理体制都有关于保证人人公平竞争的政策和法规，但由于受到自身各种条件的限制，就会使得这样的弱势群体在公平竞争中处于弱势地位，这些人无法仅凭自身的能力去实现其获得的权力。解决弱势群体问题的关键在于找到一条合适的路径使其能摆脱所处的弱势地位，这就要通过建立完善的社会保障和福利体系来实现。大多数福利国家所确立的让每个公民都拥有享受社会保障和福利的权利是社会公共政策基本价值观。我国社会保障和福利体系仍存在着诸多与实现最广泛的公平与正义所不相符的地方，还需要进一步的完善。

国家对弱势群体建立社会保障与福利体系可以通过立法手段进行国民收入的再次分配，对弱势群体给予生活、工作等全方位帮扶，让社会保障和福利体系真正成为“社会的稳定器”。当前，我国正在推进的精准扶贫就体现了对最不利者的最大关怀。

四是要提升执法能力水平，对最不利者的利益保护要能落到实处。执法者执法能力水平如何是确保社会政策能否起到对弱势群体利益保护作用的关键。“在传统的行政科层体制管理惯性下，执法者依然是以重管理、轻服务的意识来管理弱势群体。这样的管理模式虽然执行了政策但却缺乏人性化的关怀，无法满足弱势群体的多方面的需要。”执法者应当增强为弱势群体服务的价值理念与工作方法，通过良好的服务帮助弱势群体走出困境，从而更好地构建良好的社会秩序，保证行政执法有效开展。

本章小结

行政执法的实质有效性问题，实际上就是执法行为的公平正义问题。与形式有效关注的重点不同，执法的实质有效重点在于执法的过程与结果的合理可接受性。这种接受不但是行政相对人的接受，而且是社会公众的普遍认可与支持。然而，可接受的前提，是执法行为本身的正当合法性与整体融贯性。在贫富差距悬殊、大量贫困人口存在的现实背景下，执法的实质有效，还要体现在对社会最底层人群（“最不利者”）利益的倾向性关爱，确保每一项执法行动，能保障“最不利者”的最大利益，以实现社会的和谐稳定与共同富裕的目标。但实质有效的实现，并不是一个静止的状态，随着社会的发展，利益的需求、正当性的衡量标准都会发生变化，要把执法的实质有效落到实处，还得在交往理性的动态互动中实现。

第五章 行政执法有效性的动态实现：交往理性

任何一种不借助赤裸裸社会暴力来完成的社会整合，都可以被看作是对这样一个问题的解决：多个行动者的行动计划，可以作怎样的彼此协调，以使得一方行动时同另一方行动“相衔接”。一种持续进行的这种衔接，减少了双倍不确定地彼此碰撞的诸可能选择的作用空间，以至于意向和行动的多多少少无冲突的网络因此而成为可能，由此形成一般意义上的行为模式和社会秩序。

——[德]哈贝马斯

在目的理性的传统观念指引下，行政主体在执法过程中，从单个主体的视角出发，导致执法冲突频发，执法成效低下。然而，随着行政相对人与行政主体之间多样化行政法律关系的出现，行政相对人权利与行政主体权力已具有对称性，执法活动的顺利开展离不开执法者和被执法者之间的相互理解和相互协调的机制。交往理性是建立在一种达成理解的语言目的上，通过商谈、沟通，创设理想言谈情境，根据具体情况开展执法活动的一种主体间性执法理念。政府执法需要借助交往理性在主体间的理解与相互承认过程中形成的约束力提高执法本身的有效性。

第一节　行政执法研究的语用学转向

笛卡儿认为：人类知识储备的增长和认知能力的提升都要通过理性的方式来实现。要实现行为或者认知上的理性，语言必不可少。对传统的哲学研究一直都以本体实在论和认识论为主要方向。到了 20 世纪初，哲学的研究方向发生了转向，那就是将语言领域内的“话语”“语词”“语句”的探究列为重点，语言成了哲学的主要研究对象。法的逻辑和语言分析方法伴随着逻辑实证主义和语言分析哲学的发展而愈显重要。法理学则恰恰是要借助逻辑的方法，通过分析法律概念的语源、语境、语脉来揭示法律概念、内容上的准确含义，避免概念的滥用、误用和混合，为法律获得正确适用提供条件。[①] 法理学的语言学转向已经成为一个不可逆转的发展趋势。语言不但是反映人类生活现实本质的一部分，也是用来观察法律现象的必要手段。语言是法律的起始点，通过对语言中语词的运用使法律得以订立和公布，语言陈述、辩论或者分析也广泛地运用在概念建构、事件描述、文本沟通、语境判断等各种法律行为之中。因此，语义学（Semmantics）为法理学研究领域的拓宽创造了充分条件。“法学其实就是法律语言学。”[②] 法律与语言使用者及其言说环境、语言行为密不可分。

一、语用学方法及其基本特征

（一）语用、语用学及语用分析方法

“语用”顾名思义就是对语言的使用。这里的“用”是作为在特定背景下符合对象需要的一种言语行为。因此，语用学就是研究“语言 + 语义 + 语境”的一门学科。具体来说，“语用”是指言说者的具体话语，通过一定的语法，表达特定的语义，并在特定的环境下展现出来。[③] 语用学研究的主要对象是语言符号与语言符号使用者之间的关系。张斌峰认为：语用学是一个符号使用者从某种特定处境与目标意向出发去研究言语行为的价值和有效性的一种跨学科理论体系。语用分析方法，则是将语用学运用于分析谈话环境、谈话动机、谈话过程、谈话机制、话语论证等言语要素的意义和功用。因此，语用分析方法的构成要素涵盖了语用预设、语境、语义、言语行为的功用、话语论证结构与规则以及论证的有效性等。

由于语境是动态性的，会根据具体谈话的情境不同而发生变化，这种变化包含着主客观的因素。即语用分析方法是一种具体情况具体分析的动态分析方法。这种分析方法是遵循一定规则下的动态分析，有其内在规律性，并可形成普遍性规则。语用分析方法实质就是以语言使用者为中心，并以语言使用者的语言行为和语言行为的功能和有效性作为研究对象的综合研究方法。这种研究

① 参见葛洪义主编：《法理学》，中国政法大学出版社 2002 年版，第 23 页。
② 参见张斌峰主编：《法学方法论教程》，武汉大学出版社 2013 年版，第 47 页。
③ 张斌峰主编：《法学方法论教程》，武汉大学出版社 2013 年版，第 37 页。

方法，针对每一种言说者的语境都能相应地作出一种语言的描述，因此语用是最灵活的。[①] 其基本内容包括语境、语言功能、关联理论以及言语行为理论。[②] 语用分析方法，可以让我们在交往过程中，更重视语言的作用，通过语用分析可以更好地理解话语的生成、语篇内容、语言的魅力以及语用价值等，进而更好地促进商谈的成功。

（二）语用分析方法的基本特征

语用分析方法有别于其他研究方法最显著的特征是它的主体间性和动态性。此外，作为一种方法，它还具有方法性、跨学科性和综观性（整体性）等特点。本书主要介绍语用分析方法的显著特性——主体间性和动态性。

1. 主体间性（多主体性、社会性）

耶夫·维索尔伦认为“语言主体间性是构成语言意义的情境条件”[③]，“语言的功能首先并不是要表述一个客观事实，而是想通过施行某种行为而建立一种人际关系”[④]，主体间性就是这样一种在人与人的交往中希望建立起来的理想互动关系。主体间性是在破除工具理性下主客二元对立的模式下提出来的。在主客对立模式下，人与人之间的交往，都以主客关系展开的，即言说者为主体，听者是客体，反之，亦然。即彼此都把对方当作客体，而未视为主体予以尊重。如果说，以认识客观世界为对象，为了追求自然界的客观和真实，那么，主客二分的研究视角有其存在的合理性。但以语言为媒介构成的认识共同体之间的交往，必须是在主体间性的前提下进行才能实现交往的合理性和有效性。而语用本身就具有主体间性的特质。主体间性是指生活世界中参与交往的各主体之间彼此联系的全部形式，在此形式下，为了摆脱唯我论认识的不足，各主体均以共同性为基础，构建我与他人的共同体。语用学认为社会本身就是一个交往的共同体，而言语行为就是多个主体自我存在的表现形式，各主体间以言语为媒介，展示自我，实现互动。由此主体间通过这种言语的互动消除了彼此主客二元的对立和冲突，在此语境下开始以“我”和“他者”的共同立场分析和解决问题，从而达成共识。

---

① 成中英：《世纪之交的抉择》，知识出版社 1991 年版，第 34 页。

② 张斌峰主编：《法学方法论教程》，武汉大学出版社 2013 年版，第 38 ～ 43 页。

③ [比利时] 耶夫·维索尔伦：《语用学诠释》，钱冠连译，清华大学出版社 2003 年版，第 9 页。

④ [德] 尤尔根·哈贝马斯：《后形而上学思想》，曹卫东译，译林出版社 2001 年版，第 68 ～ 69 页。

语用分析着重从主体在交往过程中言语行为可能蕴含的意图、动机和目的出发，观察、研究多主体之间的言语互动以及由此可能产生的效果。主体间性是语用学的出发点和前提，只有在主体间性的条件保障下，主体间在生活世界的交往，才能构成由交往者的交互行为与言说者语境构成的社会交往共同体，主体间的交往才可能真实地展示或揭示社会现象和人类历史情况。

2. 动态性

语用学是从言说者的具体语境出发，而语境总是根据对话的场景不同，而发生变化。因此，语用学的研究方法是一种动态的研究，它以语义的生成过程为研究对象，分析言说者之间或言说者与受众之间基于特定语境下的真实意思表示。由于参与言说的主体之间，各具特征，且在交往过程，因情境不一样，言说立场也会产生变化。因此，语用分析的要素，应包括语言使用的具体时间、空间因素以及人物活动的特定场景、事件的性质等。并在此框架下，对言说者的交往过程进行动态分析。语用学在分析行政执法过程有效性中的作用在于为执法主体和相对人之间的交流、沟通、博弈与合作的过程提供一个动态的观察视角，并提供一套动态的具体语境分析方法。①

二、行政执法研究的语用学转向

法学的语用学转向，或者是法律的语用分析的维度，意味着在法律关系中，运用语用分析方法，对法律关系主体在交际活动过程中、语言使用的互动过程中所处的语境以及语言使用、生活世界、话语行为等，通过语境把握法律关系主体言谈的内在意义。②行政执法研究的语用学转向体现在服务型政府和参与式行政理念的出现。服务与合作、参与和沟通离不开“以言行事”（奥斯汀语），行政执法研究的语用学转向，恰逢其时。

（一）执法行为本身就是一种言语沟通过程

“在人际交往中，解决冲突可选择的办法一般只有为数不多的几种，一种是

① [比利时] 耶夫·维索尔伦：《语用学诠释》，钱冠连译，清华大学出版社 2003 年版，第 171 页。
② 张斌峰主编：《法学方法论教程》，武汉大学出版社 2013 年版，第 48 页。

地理上的隔绝，不见不烦。另一种是一方主动退出，老死不相往来。第三种是最理性的，即通过对话沟通。这也是弥合价值差异最有效的办法，通过沟通可以增进理解。第四种是通过暴力或武力解决价值冲突。在当今地球村式的社会里，交流与合作已成为主题，地理上隔绝和武力解决问题的方式已经越来越少了。”[①] 沟通和对话是现代社会解决价值冲突和其他问题的主要途径，正如德国哲学家雅斯培（Karl Theodor Jaspers）所说“人与人之间的沟通是达到各种形式的真理之途径”[②]。真理也只有在沟通中才能越来越明确。行政执法从决定的作出到最后的落实过程，都是在言语沟通过程中得以实现的。我们说，虽然服务与合作已经是当代政府行政的价值导向，公共利益与个人利益在理论上是一致的，但在具体的执法实践中，政府在服务与公众的需求之间还是存在不协调的地方，各种障碍依然存在，如地位、语言、心理等，这些障碍的解决都需要行政主体与相对人通过充分的沟通获得。因为行政主体的想法与它所要服务的公众之间的愿望，因大家的立场和角度不同，总不尽一致。在这种情况下，强制或斗争都无助于问题的解决，即行政主体不能通过暴力或其他强制的方式把行政意志未经过沟通直接强制给相对人，相对人也不能直接用暴力或非暴力不合作的方式表达自身的意见或抵制行政机关的执法行为。因此，要解决执法过程中的问题，沟通和对话，是双方的唯一选择。只有在沟通前提下，才可以避免双方的摩擦和误会，才能最终落实执法的预期目标。可见，执法本身的过程就是一种言语沟通的过程，言语本身就包含着行为的力量。

言语沟通的功效不但体现在事前沟通上，而且对事后的沟通也有重要的作用，它是消除分歧和冲突的一种有效补救机制。即如果在事前沟通未果或事前未能进行及时沟通的情况下，导致行政主体与公众之间的分歧已经形成，那么事后的有效沟通，对消除分歧仍起着关键作用。也只有通过沟通、对话，才能建立起信任，才能消除分歧、解决冲突，行政主体也才能提供更好的服务，公众也能更好地配合行政主体的执法行动。在执政为民的背景下，用地理隔绝和主动回避退出的方式解决行政冲突的可能已经不存在，因为行政服务必须惠及所有的公众。另外，行政执法诉诸武力的结果，只能引起民众更强烈的反抗。因暴力执法导致的暴力抗法事件就是典型。狄骥指出：公法是国家的法、统治

① ［美］华勒斯坦等：《开放社会科学》，刘锋译，三联书店1997年版，第75页。
② ［德］雅斯培：《关于我的哲学》，载［美］W. 考夫曼：《存在主义》，陈鼓应等译，商务印书馆1987年版，第150页。

者的法；因此人们就不能直接对自己行使强制。① 也就是说，对公众而言，对执法者的违法行为的制止也适合用暴力的方式来处理。因此，当行政法律关系的主体之间发生冲突时，只有协商、对话才是唯一的出路。只有在理想的对话情境下，才可能修复由违法行政行为破坏的公共利益与私人利益的一致性。

（二）参与式行政就是一种主体间性的互动过程

国家公共利益与个人利益的一致性，决定了当代政府治理的过程不再是政府一方的独角戏，而是行政主体与社会公众共同参与的治理、互动的过程。治理与管理、控制、命令的行政思维不同，它是个人或私人机构与政府在管理公共事务方面各种方式、方法、手段的总和。治理的过程重在对话、协调。治理解决纠纷的方式，很多时候不需要国家的强制力保障，即可实现预期的效果。而且更为关键的是，在公共治理过程中，治理的主体可以是个人或私人组织（非政府组织），并不一定非得是政府及其相关部门②。同时，治理的过程、方式即参与式行政是一种主体的互动过程，主要是通过对话、博弈、讨论、合作的方式实现行政过程，在参与式行政过程中的互动，体现在行政主体与公众是双向互动的过程，即存在着意见表达、质证和反馈、吸收的过程。而统治或管理是一种自上而下的政治权威，在权力威严下，官本位思想让执法者无暇顾及被管理者的呻吟。这与在参与式行政背景下的、以言语为媒介进行的交互行动完全不同，这是一个动态的开放过程，言语的力量在执法的互动过程中得以彰显。“私人对行政过程的无障碍参与，正是人的主体性在政治领域的彰显和实现。”③

三、我国当前行政执法有效性缺失的语用分析④

法律的事实性与有效性要实现互动，必须是通过人与人之间的语言和行为

① [法] 莱翁·狄骥：《宪法论》，钱克新译，商务印书馆 1962 年版，第 504 页。

② 目前政府很多事务性的工作都进行了外包，即政府通过采购服务的方式，引进专业的机构和人员，解决专业的事情，越来越符合社会共同治理的发展趋势。

③ 李卫华：《行政参与主体研究》，山东大学博士学位论文 2008 年。

④ 张斌峰、盘长丽：《交往理性视域下政府执法有效性研究——暴力执法与暴力抗法的现实困境与法理破解》，《社会科学家》2015 年第 11 期。

为媒介的交互行为活动。内在于法律言语交往行为活动的事实性和规范性，它以交往理性为面向，将事实性与规范性的内在紧张关系搁置于法律的言说者和使用者——多主体的会话、论辩、论证商谈等言语交往行为活动之中。通过创设“理想的话语情景”，实现执法的有效性。如前第一章所述，当前我国行政执法存在的暴力执法、选择性执法以及各种错误执法等问题，从语用角度分析，根本原因在于执法主体与执法者之间缺乏交往理性，执法主体不能平等地对待执法对象，主客二分的执法思维，严重阻碍了平等对话机制的建立。具体表现如下。

（一）主客二分的执法思维，强化了执法者与民众的对立

执法者主客二分的执法理念和姿态，往往将执法者本身摆在高高在上的位置，执法对象则是执法者执法所要针对的客体，在执法者行使行政权的过程中，执法对象只能服从，不能平等对话、沟通。在这种境况下，执法者与执法对象之间的关系会冷漠、猜疑和缺乏安全感，各种冲突和矛盾就会此起彼伏。“唯我论”成为执法者无法走出的根本困境。主客二分的思想会在执法者和普通民众之间树立起一块天然对立的屏障。由于主客的区分，民众难以与执法者形成利益共同体，没有主体意识的民众，无法参与到社会的共同治理过程中，而是被放到了被管理的对立面，人民的主体地位没有得到认可。这是造成执法与民众冲突以及执法有效性低的根本原因。这也是为什么政府在执法过程中，在出现暴力抗法事件后，不管执法本身的对与错，普通民众普遍质疑执法的正当性，声援暴力抗法者，舆论几乎一边倒的一个很重要的原因。

（二）执法缺乏理想的商谈平台，民众的意见得不到充分表达与合理采纳

主客二分的结果，必然导致执法者和民众之间的商谈处于不平等和效率低下状态。主体间性是民众得以自由、真诚表达自己意见的前提，信息公开是民众可以正确表达自己建议的保障。然而，在主客二分的执法背景下，公众的参与权多半停留在纸面上或形式上。如本该听证的项目没有听证，本该主动公开的信息没有公开；不得已召开的所谓论证会、听证会、座谈会被通知开会的民众亦未能在会前获得与之相关的全面信息，导致参与权受到限制。即使有部分合理的意见，也难以获得采纳，因为在主客二分背景下，执法主体往往已先入

为主，听取意见仅是完善有关法律程序的需要而已，并非出于真意。可见，我们执法部门在许多执法过程中，并没有让民众对其本身的情况进行充分表达，通过商谈制定出大家都愿意共同遵守的规则。比如，有些行政程序中听证制度并没有得到很好的推行，涉及民众切身利益的项目在启动前，也未征求民意，导致有些项目刚动工，就遭到民众的强烈抵制。

针对执法面临的困境，哈贝马斯认为在现代社会中，公民如果遵守法律不仅仅源于政治权力的强制和出于他们对于制裁的恐惧，执政者就必须使法律成为值得遵守的规则。根据商谈原则，只有公民既是法律的承受者，又是法律的创制者，该法律才是合法之法，而只有合法之法才既是必须遵守之法又是值得遵守之法。[①] 法律的事实性与有效性要实现互动，必须是通过人与人之间的语言和行为为媒介的交互行为活动，行政执法的有效性必须通过交往理性来实现。

第二节　交往理性的内涵及有效性规则

一、交往理性的内涵

（一）交往理性的提出

交往理性（Kommunikative Vernunft），这一概念是德国哲学家哈贝马斯提出来的。最初在其著作《公共领域的结构转型》和《认识和兴趣》中出现，当时并未引起大家的普遍关注。交往理性在哈贝马斯的《交往行动理论》中出现，并在哈氏提出交往行为理论（Theorie des Kommunikativen Handelns）的核心概念后，才引起了学界的关注。这一理论的重要价值在于通过对人类生活世界和主要以语言为媒介的社交行为的语用学分析，发现了人们交往行为活动的理性内涵。

① [德] 尤尔根·哈贝马斯：《包容他者》，曹卫东译，上海人民出版社 2002 年，第 47 页。

哈贝马斯认为，交往理性与实践理性的不同，首先在于主体的不一样。交往理性得以进行的前提是把多个主体通过语言媒介的互动联系在一起，而不是单个主体或国家层面的宏观主体。交往理性的“合理性”（Rationalität）是以言语为媒介，在遵循一定商谈规则、条件的前提下，以达成共识、理解为目的的交往活动。在商谈过程中，任何一方只要参与了商谈，就必然意味着认可某种规则、价值，承诺某些前提，并为此采取一种积极的态度，达成理解。“别的不说，他必须从预设的前提出发：参与者必须是无保留地追求他们的语内行动目的（Illokutionäres Ziel），他们的同意是同对于可批判的有效性主张（Geltungsansprüche）的主体间承认相联系，并表现出准备承担来自共识的那些同以后交往有关的义务。”①

（二）交往理性是以理解为核心的互动过程

哈贝马斯首先对人在物质世界的所有行为进行分类，这些行为分别归属于如下四类：（1）目的性行为。这种行为的具体表现就是劳动。目的性行为主要针对的是客观世界，即人对客观世界的改造。（2）规范调节性行为。规范调节性行为因规范的不同，调节的标准也各异。如社会规范、宗教规范、自然规范等不同规范调节的行为，表现也会各具特色。但它们的行为都与社会世界相联系。（3）戏剧行为。与前面行为不同，戏剧行为的核心在于表现自我。虽然戏剧行为与主观世界、社会世界、客观世界都有着千丝万缕的联系，但侧重于对主观世界的演绎。（4）交往行为。交往行为是涉及两个或两个以上主体的交互行为，是主体之间通过语言符号的互动，并通过这种借助言语的互动，达成交往主体之间的理解和共识的行为。较之目的性行为、规范调节行为和戏剧行为，交往行为更具合理性。因为交往行为在导向客观世界、主观世界以及社会世界的同时，创造了生活世界。即人们通过语言媒介在日常交往中形成的世界。

按照哈贝马斯的见解，所谓生活世界，它是以言语为媒介，联结人际交往与人们行为规范的互动平台。人们的交往行为无一例外都是在生活世界这个动态平台下发生和发展的，而且生活世界本身蕴涵着某种交往的规则。它体现着社会公众普遍认可的道德价值观和期待。生活世界不但是个体间交往的行为准

① ［德］尤尔根·哈贝马斯：《在事实与规范之间：关于法律和民主法治国的商谈理论》，童世骏译，三联书店2014年版，第4～5页。

则，而且整个社会的习俗、传统以及文化都是在人们理性交往的生活世界中形成的。[①]

语言是人类社会在交往过程运用的最基本的工具。独立的个体，只有借助语言交往，才能形成集体，并进而组成社会。作为交往工具的语言，天然地附带着有效性要求，可以让使用语言进行交往的主体间，通过语言就可以了解、理解对方所要表达的意思，进而再通过语言促进、达成共识。这就是哈氏称之为“交往理性”的基本内涵。

交往理性是以达成理解为核心的商谈过程。当然“理解”本身也有着多种意蕴。最狭义的“理解”，是主体间以相同的方式理解一个语言所包含的意思。最广义的“理解”则是指主体间就某一话题在某种原则上有着相同的正向或负面认识，主体之间就同一问题存在协调的可能性。另外，“理解”还可以表示主体间在事件的看法上达成理解，即彼此理解对方的立场和观点。

理解是主体间在互动过程中的一种意识活动。哈贝马斯认为，要借助于语言工具才能实现真正意义上的“理解”。在不同的行为种类中，语言媒介对于它们的意义也不尽一致。在目的性行为中，行动（劳动）本身对语言媒介的依赖性不强，语言仅仅是交往媒介中的一种。但行为者也可以通过语言媒介影响他人，进而改造客观世界。在规范调节性行为中，言说者希望通过语言建立起大家都普遍认可的规范，指导人们的行为，进而建立合法世界。在戏剧性行为中，语言是个体展现自我主观世界的重要媒介，表达着言说者个人的情感和认知。综观上述三种行为类型，都没有发挥语言的所有功能，仅侧重于某一种功能。因为语言本身不但具有陈述某事实的功能，还有判断、识别的功能，使主体间达成共识的功能，以及展现自我的功能，等等，在发挥上述功能的同时，使行为者与客观世界、主观世界、社会世界以及生活世界发生这样那样的联系。

交往理性就是建立在借助言语的多功能效力下，达成理解的一种交流活动。交往理性的合理性，需要在达成理解的过程中预设商谈的前提条件。即商谈本身是一种语用行为。谈话的目的就是追求主体间的相互理解。根据哈贝马斯的交际行为理论，参与交谈的主体在商谈过程中，都必须承诺或确认某些前提或商谈规则，在此语境下，通过商谈达成的协调行动或共识，都是参与者可以自

---

① 章国锋：《交往理性》，《外国文学》2004 年第 1 期。

觉遵守和自愿执行的。

二、语言交往的有效性规则

哈贝马斯认为，一切交往行为，都在特定的语境中发生，这种交往行为或符合现行规范和价值的要求，满足了人们的期待，或违背了社会所确认的常规，带来了负面的影响。但无论一个交往行为以何种形式进行，成功的人际交往行为本身必须遵循着某种内在条件和理性要求。真实性、正确性和真诚性就是人们进行有效沟通时所必须遵循的语言学规范要求。

根据哈贝马斯对人类行为的分类，由于不同行为所针对的世界不一样，因此对语言学规范要求的标准也有所区别，如戏剧性行为侧重对真诚性的要求，目的性行为更关注真实性要求，规范性调节行为则对正确性有更严格的要求等。与前者不同，交往行为涉及三项有效性要求，同时满足真实性、正确性和真诚性要求的交往行为，我们称之为交往理性，因此符合交往理性标准的交往行为是人类最理想的社会行为。

哈贝马斯认为，上述的有效性规则体现在主体的交往行为活动中是这样的：一是说话涉及对客观世界的陈述时，必须是真实的；二是说话涉及社会世界时，规范必须是说者和听者所认可和接受的，并被视为正确的规则；三是说话涉及主观世界和参与者的内心时，交流的姿态，应是真诚的。也就是说，在交际行动中，参与者需要满足上述条件，实现三个有效性要求，才能进入商讨的相互理解的过程。

哈贝马斯指出，语言本身蕴含着“生活世界的规范系统”，其基本要素是“话语”。同时，哈贝马斯从语用的角度把“话语”分成两个部分，即每一个话语都包含着“以言行事”（Illokutionär）和“以言表义”（Propo-sitional）两个层面的意思。以言表义，是通过语言陈述某一事实或现状。以言行事，则对以言表义部分所陈述的事实的语境和意义进行限定。因为每一个以言行事的指令，都必然包含着表义的真实性要求。话语中以言行事部分的重要意义在于使说话的主体进入一种商谈的互动关系中。

据此，哈贝马斯认为的三个有效性要求是：以言表义内容的真实性、以言行事规范的正确性和主体间内心的真诚性。由此，哈氏又将语言交往划分为断言式（Konstativa）、调节式（Regulativa）和表达式（Repräsentativa）。其中，断言式话语必须体现真实性要求；调节性话语是对参与者角色的定位，包含着权利和义务的内容，因此要求具备正确性；代表式，因为是向听者传达说者的内心世界和感受，因此，要求应当真诚。实际上，以语言为媒介交往的三个有效性要求，就是交往理性得以贯彻和实现的决定性前提。只有在这些前提条件下的交往行动，才能实现社会共同体对客观事物、事件的共同认识，才能在面对客观世界时，采取协调、统一行动，在与自然界的改造中，获得成功，促进人类自身的发展和进步，并借以形成共同的社会伦理价值观和道德规范，人们在社会生活中，共同遵守着彼此认可的有效交往规则，一起维持着社会生活的正常运转。①

理论上，每一种类型的语言行为对有效性维度的关注点并不相同，如目的性行为倾向于对真实性的侧重，但要想在交往中实现成功、有效的交流，还是必须同时满足真实性、真诚性、正确性三项有效性的要求标准。因为每一个听者都希望说者在交往过程的陈述首先是真实的，适用的标准是正确，谈话的态度是真诚友善的。如果违反了任一有效性要求，可能都会导致听者对说者以言行事内容的真实性、正确性以及真诚性的质疑，最后导致之前建立起来的人际关系受损，双方的交往行动以失败告终。②

三、“理想言谈情境”

哈贝马斯认为，上述有效性要求都是未主体化的。对于语言的有效性规则的主体化，最好的办法是通过策略性行为遵循约定俗成的习惯。对交往过程的要求提出质问并在一定的规则下合理回应它们，往往比纯粹的说理和论证更有效。换言之，就是通过合理的程序，运用论证的实用逻辑，从而实现理解过程的合理可接受性。

根据普遍语用学的基本理念，要想在交往行动中达成理解、形成共识，交

① [德] 尤尔根·尔哈贝马斯：《交往行为理论——第一卷：行为合理性与社会合理性》，曹卫东译，上海人民出版社 2004 年版，第 128 ～ 141 页。

② 转引自章国锋：《交往理性》，《外国文学》2004 年第 1 期。

往行动完全合理、有效，就必须在某种理想的语境下进行。在这种理想语境下，参与商谈的主体各方都必须遵循一定的规则或条件。这就是所谓的“理想言谈情境”。根据哈贝马斯的论述，“理想言谈情境”应包含以下四项规则。

1. 利害关系人都有权参与话语论证，在论证过程中可以随时发表意见和建议，提出质疑或作出反馈。

2. 进入话语论证的每一位参与者都有同等的话语权。都可以畅所欲言，可以对自己的主张提供证据，或对对方提出的观点进行反驳并提供理由，同时对商谈的有效性规则提出质疑等。不管是何种方式的建议表达，都应被允许，不该压制。

3. 每一位参与者的地位都是平等的，不因出身、地位、信仰、受教育程度等受到歧视。每一位参与者都应获得尊重。

4. 每一位参与者都获得自由表达意志的权利。保障商谈过程和结论的作出是在民主、自由、不受约束的条件下作出的。参与者在话语论证过程中，不受任何力量的干扰，不管参与者的政治经济地位如何，均得以自由表达意见。①

建立一个公正、民主、理性的话语体系和规则，是实现个体话语自由和平等的重要保障。这种合理公正的话语体系不但在某个具体话语共同体内得以实现，而且应该普遍适用于或推广至他者，让其具有普适的意义，即在生活世界的每一个交往者都应该获得同样的尊严和同等的尊重。也就是说理想的话语情境应该是一个开放的话语伦理共同体，让所有人的话语权利得以在这样的情境下实现，在对话中消灭歧视，给予关爱。在开放式的“理想话语情境下”进行的商谈、论证，一旦形成共识，将是一种巨大的力量，因此这样的共识，是获得社会群体普遍认可和理解的，因此，达成的共识也将被所有人遵守，由此产生的后果，所有参与者也会愿意自觉承担。这是因为“个人在与他人共同生活中的自由，取决于所有社会化个体自由的实现”②。一旦这种自由实现了，大家都会在有效规则下，各行其是，和谐相处。

哈贝马斯指出，交往理性的实质其实就是参与论证的各方在意志自由、不受任何强制和影响下达成共识的交往行动。在交往中，为了建立客观世界的同

① ［德］尤尔根·哈贝马斯:《包容他者》，曹卫东译，上海人民出版社 2002 年版，第 47 页。
② 章国锋:《交往理性》,《外国文学》2004 年第 1 期。

一性与生活世界的主体间性，参与者自愿摒弃了纯粹的个人主观的东西。[①]交往理性视域下的人们的社会交往活动是以达成理解和共识为目的的主体间性行为，而不再是纯粹的工具理性、目的理性的主客二分的管理与服从或命令与控制行为。体现主体间性的交往理性是认知与工具理性、道德与实践理性的统一。交往理性不但关注交往目的的正确性和结果的合理可接受性，更关注手段的恰当性和过程的开放性。在交往理性视域下指导的行政执法，不再是行政主体的独角戏，其基本范式就是要在公众的普遍参与下，实现执法过程和结果的整体合理可接受性，最终实现执法的预期目的。

第三节　交往理性视域下行政执法有效性的实现

基于对工具理性视角下的传统行政执法研究范式的反思，我们深刻地认识到抛弃价值因素，坚持价值中立、效率至上原则，仅仅通过技术理性的提高建构的理想化官僚行政执法体系不仅不能使人们对未来的政府充满希望与幻想，相反，人们看到实践中政府做的与他们期待的缝隙是愈来愈大。针对权力的两面性——既可以为善也可以行恶，世界各国依然面临着政府治道变革的选择问题。一方面，日益增多的社会问题，诸如贫困、社会差异、社会歧视、失业、能源危机、信仰危机与冲突、社会暴力等，我们比任何时代都需要一个强有力的政府，能够维持社会秩序和主张社会公正与公平。另一方面，政府行政权力的扩大，威胁到人的基本自由、价值与权利，政府行为的不当构成官民之间关系的紧张，使政府威信丧失，诚信度降低，合法性受到质疑。无论是理论研究，还是执法实践，行政执法都无法回避其价值前提。交往理性作为对工具理性的超越，试图达到社会行为分析中的价值理性与工具理性的辩证统一。以此为视角，建构一种公民参与式的行政执法理论，这不仅具有理论分析意义，更具有

① [德] 尤尔根·哈贝马斯：《交往行为理论——行为合理性与社会合理化》，曹卫东译，上海人民出版社 2004 年版，第 10 页。

现实实践意义，且迎合了当代民主化浪潮的趋势和民主行政发展的客观要求。作为与官僚制相适应的精英民主论，与官僚制一样都是从工具理性的视角单向度地构建社会合作机制。它们都忽视了人的社会性及主体间性，最终形成了一个无人格的社会。重建民主理论，我们必须从人的社会性及其主体间性入手，构建一种通过人际互动而形成的参与式民主。这就要求我们从交往理性的视角重建民主理论的基石。当前我国的政治体制以及执政理念、方式、方法都在向着“放管服”方向改进，就行政执法而言，本书认为如何重新把握人性，定位公众，优化服务，提高效率，实现以人为本，设计出有效的行政执法程序和规则，交往理性无疑提供了一种全新的思路。

一、交往理性与行政执法的适配性

交往理性以主体间性为基础，将人的行为界定在社会联系上。所谓主体间性，是指作为主体的人在生活世界与他者之间的关系。主体间性意味着交往各方是以平等的身份进行话语互动。主体间性范畴的主体可以是认识的主体、实践的主体、伦理的主体、生存的主体等，主体间性即主体与同时作为上述主体的他者之间的维度。①人不再是工具理性思维下的单个的人、孤立的人，人是社会的人。人生的目的也不再是单纯地追求自身的功利。作为社会的人在追求自身功利时必须顾虑社会的和谐。人通过交往、沟通、协商进行互惠合作，才是行政行为存在的必要性和合法性基础。

交往理性是以语言为中介的主体间性理论，是一种共识论。它既注重手段，更注重目的及目的形成的过程。与工具理性的个人主义结果论相比，交往理性强调以语言作为媒介，在主体间通过满足语言交流的条件，相互理解，最终达成共识的过程。交往理性的对话性、商谈性，有利于推进社会公共生活中的公民参与及执法民主的进程。与工具理性所倡导的技术官僚统治不同，交往理性“强调以由主体间的统一认识形成的共同规范为基础，进行协调活动，并可在协调过程形成新的共同认识。这个过程是通过对话实现的”。它是一种以语言为媒

① 王晓东：《西方哲学主体间性理论批判：一种形态学视野》，中国社会科学出版社2004年版，第22页。

介，通过满足人际交往中有效性语言的条件，主体间经过相互沟通、协商、相互理解达成共识的活动。如果把这种共识理解为民意，它正是人民主权的基石。在交往行动中，公民不仅是作为一个“意志自由”的主体，被动地在法律的边界内活动，而且是作为一个“自主性”的主体，他们本身就是规范、法律的理性创造者。

交往理性作为一种整合道德—实践、认识—工具以及审美—表现三种理性的综合体，有利于全面解决社会和谐、协调发展的动力机制问题。它的主体性、语用性、论争理性、正当程序性以及开放性为行政执法的有效性提供了全面的机制保障。

二、主体间性是实现执法实质有效性的逻辑起点

形成于 19 世纪末的主体间性理论，打破了以往从主体到客体的单向度认识模式，提出了在交往过程中，人与我共享的生活世界，主体间要通过对话实现视域融合，实现了从单主体的思维方式向多元主体的思维方式转变。当时的先哲们开始意识到主客二分的思维方式无助于解决分歧和激烈的社会冲突，无法实现社会的和谐。因为主客二分下的主体，仅从自身角度和感受出发，把与之交往的对象客体化，由此导致行为结果由于缺乏他者的参与，在执行过程中遭到抵制。主体间性理论正是基于这种认识，另辟蹊径，试图提供一个与主—客单向度模式全然不同的认识视角和模式，它致力于在不同主体间如何有效达成共识。

主体间性对于解决当前行政执法存在的暴力执法、暴力抗法等突出问题，实现执法有效性有着重要意义。主体间的本质在于使参与者各方在平等的前提条件下，开展对话，促进理解，达成共识。主体间性是实现执法实质有效性的逻辑起点。

（一）行政相对人的权利与行政主体的权力已具有对称性，具备主体间性的商谈基础

传统观点认为，官民之间是天然的不平等关系，即执法主体与执法对象之间本身就是不平等的管理与被管理的关系，不平等的双方何以实现主体间性？

实际上，随着我国社会主义民主和法治建设的完善，行政相对人已成为具有“自主性、自觉性、自为性、自律性，某种主导的、主动的地位”[①]的市场主体。行政相对人的主体地位开始彰显，其权利也有了迅速增长。如参政权利、受益权利、受平等对待的权利、自由权利以及程序权利等。“行政相对人权利的全面扩展，展现了行政相对人权利与行政主体权力已具有的对称性，而行政相对人对行政主体积极作用的形成和发挥，则显示了行政相对人与行政主体之间的均势形态。”[②]

行政相对人权利充分强化和扩展、公众参与意识的显著提高，实际上已经打破了上千年来行政权力与公民权利明显不对等的格局，这主要表现为：

一是在当下参与式行政背景下，行政主体拥有绝对权力而行政相对人只有义务的这种“命令—服从”式的单方强权行政现象已经发生质的改变。

行政主体权力的单向度性发生质的改变主要体现在：在当前的具体行政法律关系中，行政主体只有权力，相对人只有义务的法律关系已经不存在。取而代之的是双方都互负权利（权力）和义务（责任）的情形。只是由于职责不同，他们的权利和义务的具体内容和性质存在差别而已。

如在行政处罚法律关系中，过去执法主体仅享有处罚权而不承担任何义务，被处罚一方也只有接受处罚的义务而无任何申辩的权利。但在参与式行政背景下，这种权力行使的单向性发生了质的改变，当事人的陈述和申辩对行政决定的作出起着重要的作用，甚至可以影响行政决定的效力。如我国《行政处罚法》第 31 条、32 条、41 条规定，行政机关及其执法人员在作出行政处罚决定之前，不依法向当事人告知给予行政处罚的事实、理由和依据，或者拒绝听取当事人的陈述、申辩，行政处罚决定不能成立。[③]可见，任由行政主体独断专行的时代已经一去不复返了。同时，法律还对行政机关的一些特殊执法事项作出了应当告知当事人听证的义务规定。如需要作出责令企业停产停业、吊销企业许可证或者企业营业执照、进行较大数额罚款等行政处罚的，应当告知当事人有要求举行听证的权利，而且，一旦当事人要求听证的，行政主体不得拒绝，必须组织听证。从法律规定上的变化，我们可以看出，执法主体在作出执法决定、执

① 张文显：《法学基本范畴研究》，中国政法大学出版社 1993 年版，第 169 页。
② 方世荣：《对当代行政法主体双方地位平等的认知——从行政相对人的视角》，《法商研究》2002 年第 6 期。
③ 参见《中华人民共和国行政处罚法》（2009 年修订本）第 31 条、第 32 条、第 41 条规定。

法行为时，为了保障当事人的合法权益免受日益强大的行政权的侵害，对执法主体苛以更多的程序性、义务性要求，如果执法主体未给予当事人充分的陈述、申辩权，应举行听证而未听证的，最终会导致其执法行为的无效，行政相对人有权拒绝履行相应的义务。

二是随着服务型政府建设深入人心，大量行政相对人享有权利、行政主体履行义务的行政执法出现，强化了相对人对行政主体的平衡地位。

如行政机关向行政相对人提供服务、行政指导或进行救助等，这类以行政主体履行义务而行政相对人享受权利的大量新型法律关系的形成，使得行政主体从过去的权利本位转为义务本位，行政相对人从过去的义务本位转为权利本位，这种转变的结果，使行政相对人的主体地位得以确认和提升。当然，这种由行政相对人享有并与行政主体的义务相对应的各种权利的实现，是以行政主体必须履行义务为前提的。由于这种执法的目的是为了实现行政相对人（社会公众）的权益而进行的，因此，行政主体在执法过程中，根据行政相对人的意愿选择执法方式显得非常重要。沟通与合作往往是实现执法目的的重要方式。行政相对人的主体地位在与行政主体的沟通和合作过程中得以彰显。

三是行政相对人的权利成了约束行政权的重要力量，对行政权形成了强大的抗衡。

随着国家民主法治建设的日益完善，法治监督机制的日益健全，行政执法环境开始不断优化，在此背景下，我国行政相对人的权利有了迅速增长。如公众的参政权利、受平等对待的权利、受益权以及程序权利等权利的内容都有全面的扩展，对违法行政的抗衡力明显增强，倒逼行政权的行使越来越规范，使得行政权的专横性不断收敛。行政相对人开始成为规范行政执法最强有力的监督者和见证人。行政相对人所具有的一系列实体权利和程序性权利，构成对行政权的制约和抗衡的同时，还具有促使行政主体自动纠正错误、规范执法、提高执法有效性的效果。另外，行政相对人的陈述、申辩权以及听证等程序权利，已经成为行政执法行动的必要组成部分，当行政执法缺乏对当事人程序权利的尊重，忽略了行政相对人程序权利对行政执法的作用时，其执法行为将被归于程序违法而无效。因此，行政相对人的程序权利是一种参与行政权力运行的权利，该权利的核心作用在于可以阻止违反法定程序的执法行为发生相应的法律效力。可见，相对人权利对行政权力抗衡度的增长，在很大程度上均衡了行政主体和相对人双方的地位和力量对比关系。[①]

（二）行政执法从主客二分到主体间性转变的必然性

哈贝马斯认为，只有从主体间性的角度出发，才可以发现一种新的路径，这就是通过以言行事的商谈达成规则共识，通过多元的沟通互动重构同一性。[②]

在执法过程中，即执法者与执法对象交往过程中，通过执法者单个主体与其他主体的相互协调，主体间性代替了主体性，从而克服了“主体与客体的两难”和“唯意志论”的尴尬。获得了平等地位的执法对象，才可能在交往行为中，充分表达自己的愿景，存在的问题、困难和希望解决的问题等，与此同时，通过平等的交往，执法主体可以借此将执法的依据、目的、价值与民众充分交流沟通。因为建立起了信任，民众更容易接受执法者的执法行为和执法结果。执法从主体性到主体间性的转变，不但消除了执法者与民众之间的敌意，而且普通民众从原来的被治理对象变成了共建法治社会的主体，这将极大提高执法的有效性。

如上所述，行政相对人的权利与行政主体的权力已具有对称性，同作为执法主体的行政相对人在执法过程中，发挥着不可或缺的作用，是落实执法有效性的直接践行者。因此，从主客二分到主体间性转变，不存在现实和体制的障碍，在实际操作上是可行的，需要的是执法人员在执法方式和法治理念上的改变。“由主客二分到主体间性的行为互动，由面向单向度的工具理性转向实践理性，再由面向单一主体的实践理性转向多主体之间的沟通理性”[③]，是执法行为由事实性向有效性转变的必由之路。

1. 行政相对人是行政主体依法行政的必要合作力量

在传统的行政法理念主导下，不管是管理型的行政法，还是控权型的行政法，都是把相对人作为被管理或被保护的对象来定位的，因此，在这两种管理理念下的行政相对人都处于被动和弱者的地位，它们除了服从行政主体的决定外，难以发挥作为行政法律关系主体的另一方的积极作用。然而，随着民主法

---

① 方世荣：《对当代行政法主体双方地位平等的认知——从行政相对人的视角》，《法商研究》2002 年第 6 期。

② 高鸿钧：《走向交往理性的政治哲学和法学理论（上）——哈贝马斯的民主法治思想及对中国的借鉴意义，《政法论坛》2008 年第 5 期。

③ 张斌峰、陈绍松：《法学方法论研究的语用学转向（下）——法学方法论研究的语用模式及其新开展》，《政法论丛》2014 年第 2 期。

治建设的进一步推进，行政相对人的权利的扩展以及参与式行政逐渐成为政府依法行政的一种趋势，行政相对人的权利开始对行政执法效果产生直接、有效的影响，行政相对人除了对行政权的行使有约束作用外，而且成了行政主体依法行政的必要合作力量。

从行政权的来源看，行政本身即包含着公民权。因为现代国家的权力均来源于人民的授权，因此，公众的权力是行政权正当性和合法性的基础。公民在参与行政权的那一刻，行政权就不再是行政主体纯粹的单方行为，有公民权参与的行政权是保障行政权在法治的轨道上运行的保证。了解现代民主行政，也需要从行政主体与公众之间的关系进行。正如法国行政法学家贝尔纳·古尔内（Bernard Gournay）所言，“如果不把行政置还于公众——它从其中产生并且其活动亦是面向它们之中，就不可能了解行政”①。

公众的合作是行政主体有效依法行政的保障。依法行政本身包含两个方面内容：一是行政主体本身守法，不越权、不滥权；二是行政主体依法贯彻、落实法律法规的规定和主权者的命令。后者的实现则需要公众的普遍参与和配合才能实现。具体表现在：

（1）行政主体有效实施法律，需要相对人的配合。行政主体贯彻、落实法律的结果，其实就是相对人享有权利、履行义务的过程。有相对人的支持与配合，行政权才能得以有效实现。

（2）行政主体依法管理的实现，需要相对人（公众）的协助和支持。特别是对违反行政法相对人的有效制裁，需要其他相对人（公众）的支持和配合，否则，如果其他相对人站到了违法者一边，暴力抗法将不可避免，其后果将严重影响执法的有效性。

（3）相对人对行政立法的实效最具有发言权，是衡量法律正当性的重要参考依据。知屋漏者在宇下，相对人对法律内容是否科学、合理的反馈，使法律的立改废更具有针对性和可接受性。同时，相对人对执法方式、方法的反映，可以促进行政主体改进执法方式方法，切实做到依法行政、有效行政。

2. 行政相对人的参与是落实执法有效性的重要保障

行政相对人的参与是落实执法有效性的重要保障，主要体现在两个方面：

---

① [法] 贝尔纳·古尔内：《行政学》，江振霄译，商务印书馆 1995 年版，第 78 页。

一是约束执法主体，减少其执法的任意性；二是对行政执法有效实现的帮助性作用。

（1）约束执法主体，减少其执法的任意性。根据现行法律规定行政相对人可以直接以个人实体的或程序性的权利监控或阻止违法执法行为的发生或生效，而不需要借助司法权或其他国家权力。当然这些权利的实现仍然要以国家权力为后盾。行政相对人对执法主体的这种约束和监督作用具体表现为：一是行政相对人是行政主体依法行政的直接的提醒、告诫者。相对人进入行政活动后，或以积极身份行使批评建议权，或以消极身份提出要求或陈述、申辩意见，这些意思表示的表达，不管是客观的，还是主观的，都在一定程度上起到提醒和告诫行政主体必须依法行政的作用。二是行政相对人对执法主体的约束作用，还体现在可以依照法定程序直接阻止违法行政行为的生效和执行。如面对该听证的没有听证的处罚行为、罚款不出具法定收据的行为等，当事人有拒绝履行的权利，在要求必须听证的事项，执法主体未告知听证权利等执法行为中，可以直接阻止违法行政决定的发生。[①]

（2）公众的参与，帮助行政执法有效实施。行政相对人对行政权的保障作用，不仅体现在对行政权的约束作用，更多时候，是体现在帮助行政权的落实和有效实施。当然，这种帮助作用强度的大小取决于行政主体在作出行政决定时，在多大程度上听取了公众（广义的相对人）的意见和建议，协商过程是否充分和有诚意。行政执法方式有多种，行政主体可以通过行政强制、行政处罚等方式实现，但这种高成本且消极的方式，不利于执法的目的的有效实现。最好的办法是行政相对人及广大公众自觉遵守，并帮助、配合行政主体实施法律，落实国家意志。

行政权与公民权在理论上利益是一致的，不存在完全的冲突或对峙关系，也不是此消彼长的关系。实际上，在行政执法过程中，公众的参与，对行政权力的有效实施具有重大的帮助作用。具体表现有：①相对人的参与，能极大提高行政效率。特别是在这两种情况下：一是受益性执法行为。因为在行政执法过程中可以获得利益，因此，吸收相对人的参与，其高涨的热情必然会促进执法目的的高效实现。如村村通修路工程，村民非常主动参与到由政府主导的修

---

① 方世荣：《对当代行政法主体双方地位平等的认知——从行政相对人的视角》，《法商研究》2002 年第 6 期。

路项目中，有力出力、有地出地，道路一下就修好了，政府执法成本低，且效果好。二是对违法行政相对人的惩罚，是为了保护其他相对人合法权益的情况，其他相对人的参与积极性也会很高，他们的协助，有效地保障了行政权的实施。②行政主体的行政决策的正确性，离不开相对人的积极参与。首先，相对人的参与，可以使行政主体更好地了解真实情况。以便迅速、准确地作出行政决策。其次，听取相对人的意见、建议，可以让行政主体在执法可能存在的多种方案中，选择最优方案。再次，公众对行政执法的反馈，可以帮助行政主体对已作出行政决策进行反思，有利于在下次执法过程中进行改进和优化。

（3）行政相对人的参与能增进他们与行政执法主体之间的了解，实行协商合作，以最利于满足公共利益和个人利益的方式达成一致，调动双方的积极性来实现某种行政目标，提高行政执法的有效性。①

（三）主体间性是达成执法共识的前提

主体间性是主体间即“主体—主体”关系中内在的性质，实质是我与他者、个体与群体、个人与社会的相关性、关联性问题，它涉及两个或两个以上的主体的关系，超出了主体与客体的模式。主客二分的单一主体性向主体间性转变，其实质就是从独白到对话的转变，通过对话、理性交往，达成理解，促成共识，进而解决问题。主体间性，这是一种新的思路和方法，其本质特征及对行政执法有效性的实现主要表现为三个方面。

一是主体间交互联系性。主体间性的提出使现实中交往主体的主客性转向主体性。主体在言说中视他者作为另一方主体时，他者也同样视对方为主体，即双方均把对方作为理性言说者的主体，双方的互动就体现为交往理性。这种交互联系性，使行政法律关系双方得以充分交流，表达各自的目的和诉求，为共识的达成提供切入点。

二是主体间独立平等性。这是主体间性的核心特征，主体间性即意味着所有的相关者可以通过自由、真诚和公开的讨论获得一个决断。独立平等性是主体间性的灵魂，行政相对人平等地位的获得，是其有效参与行政执法决定作出、落实的基本保障，只有在平等的条件下，参与的商谈结果，才具有真正意义上

① 张斌峰、盘长丽：《交往理性视域下政府执法有效性研究——暴力执法与暴力抗法的现实困境与法理破解》，《社会科学家》2015 年第 11 期。

的可接受。

三是主体间可沟通理解性。哈贝马斯认为，公民的交往必须是建立在大家共同生活规则的认可基础上，以达成理解为目的，并在此程序下展开的商谈才能获得合法性的力量。[①] 即主体间性的可沟通理解性赋予了沟通达成共识的合法性、合理性和可接受性。行政执法的有效性实现，正是需要执法主体在执法过程中，赋予行政相对人主体地位，双方在主体间性的基础上建立可沟通、可理解、可采纳的交流互动渠道，最终实现行政执法的实质有效性。

三、论争理性和开放性是实现执法形式有效的保障

交往理性视域下的商谈，并不是无规则的讨价还价，而是在遵循一定理性规则的前提下（约束性条件），开放地、动态地协商、讨论、博弈和形成共识的动态过程。这种论证理性，是铭刻在达成理解这个语言目的之上的，形成一组既提供可能又施加约束的条件。[②] 这些条件可以从商谈的过程性、程序性以及论据的产生三个方面体现：一是从过程看，执法的商谈是以“理想的言谈情境”为前提条件的。论辩是一种交往形式，参与论证的各方当事人都需要循序一定的规则，它是对已经发生的交往行为的反思和对将要发生的行为合理性、合法性进行的论证。因此，哈贝马斯指出：论辩可以看作是换了其他手段通过反思对交往行为的一种继续。[③] 二是从程序看，参与论辩的各方应该是“互主体性”。关于互动本身，也是在遵循具体的规则下开展的。如在行政执法的听证过程中，这种“互主体性”首先体现在对作为另一方主体的行政相对人的尊重，在听证前通知、信息公开、证据材料的提前交换等。三是论据的产生，须遵循有效性要求。参与话语论证各方所提出的论据，必须是假定经过验证真实有效的，在此前提下的商谈才有可能是成功的。

---

① [德] 尤尔根·哈贝马斯：《在事实与规范之间：关于法律和民主法治国的商谈理论》，童世骏译，三联书店 2014 年版，第 105 页。

② [德] 尤尔根·哈贝马斯：《在事实与规范之间：关于法律和民主法治国的商谈理论》，童世骏译，三联书店 2014 年版，第 4 页。

③ [德] 尤尔根·哈贝马斯：《交往行为理论（第一卷）：行为合理性与社会合理性》，曹卫东译，上海人民出版社 2004 年版，第 25 页。

论争理性，还表现在参与者遵守共同认可的有效性规则下，应承担的义务，如论述必须是真诚的，论据必须是真实的，规范必须是大家认可的或正确的，一旦在有效性规则下达成共识，必须遵守或执行，禁止反言等。

可见，只有在参与者遵照有效性规则要求，各担其责、互负义务的前提下，才能保障主体间理性交往目标的实现，即实现理解。而理解本身意味着彼此对对方的意思表示认可，并可在某种程度上进行妥协。理解与协调过程，需要遵循主体间交往的有效性要求，也是论证理性的表现和要求，这种要求不局限在语言的层面，还体现在交往行动中。以语言作为媒介的交往理性，它的论证理性摆脱了僵硬的个体独白式的概念陈述和形式主义的推论，使得主体间得以在开放的语境中，各抒己见，在动态的论辩过程中达成理解的目标。

交往理性的开放性是指就某一具体议题或事项，所有利害关系人均可以通过一定的程序参与话语论证，并在公开、自由和真诚的论争中形成共识，获得一个各方均认可的决定。但交往理性本身并不提供严谨、精密的论证体系和规则，而是通过语用学，利用语言本身蕴含的商谈有效性规则作为论证暗含的前提。参与论证的主体是在一种非强制性的开放程序下进行的商谈。在这种开放性的语境下，商谈主体之间可以创设新的规则，只要各方对该规则进行了认可，那么，它对参与主体都是有效的。这种理想化的互动，可以使论证主体克服自身的偏见，使论辩过程和结果具有理性。

交往理性的开放性意味着在商谈过程中，不限定具体的商谈、论证信息，但论证主体必须遵守言语交往的三个有效性规则，即保证命题的真实、依据（规范）的正确以及表达的真诚。可见，与目的理性和实践理性不同，交往理性对交往主体的约束是一种软约束，它是通过一种潜在的非强制性的力量来引导论者的意志。它更希望交往主体之间在完全自由、自愿、自觉以及平等的语境下进行沟通，达成理解。

总体上说，交往理性强调话语的沟通作用，体现在语言行为互动之中，表征为语用范式；与主体间性原则相应，反对单向的、单一主体的独白性宣告；从程序主义出发，不强加特定的实质性或实体性内容到求证与反驳过程中，也不拘泥于论证过程的思辨细节，摆脱了形而上学的枷锁，同时又从语境烘托和共识性信念的角度重构了整个论辩过程。①

---

① 参见张斌峰主编：《法学方法论教程》，武汉大学出版社 2013 年版，第 250 ～ 251 页。

在行政执法过程中，交往理性的这种论争理性和开放性，在保障执法的有效性在以下多方面得到体现。

（一）符合论争理性是行政执法合法律性的关键因素

行政执法决定的作出到最后的落实，都离不开行政相对人（和社会公众）的参与，这种参与或被动或主动。参与过程中的论证理性是行政执法活动合法律性的基本要求。这不但体现在宏观的行政执法行为，如城市规划、土地征收过程中，而且体现在具体的微观行政执法领域，如行政许可、行政处罚、行政强制等事项，法律明确规定了行政执法主体应该赋予并切实保障行政相对人的参与权，以及在参与过程中的意见表达权、建议权和陈述、申辩等权利，同时把参与过程中的论辩结果作为执法主体作出行政行为的重要依据，甚至作为决定性的依据，如美国的《联邦行政程序法》规定，行政决定必须依据规范的听证笔录作出。

论争理性贯穿行政相对人权利行使和实现的全过程。如我国《行政许可法》第 7 条规定：公民、法人或者其他组织对行政机关实施行政许可，享有陈述权、申辩权；有权依法申请行政复议或者提起行政诉讼；其合法权益因行政机关违法实施行政许可受到损害的，有权依法要求赔偿。通过上述规定，可以看出，行政相对人在行使权利的每一个阶段，从陈述、申辩开始到复议、诉讼、申请赔偿，都离不开论争理性。充分地说理论证，才能在与行政主体的沟通中，促使合法权益获得有力保障。

在行政执法过程中，这种论争理性，不但是赋予行政相对人的权利，同时也是法律苛以行政主体的法定义务和职责。如我国《行政许可法》第 47 条规定：行政许可直接涉及申请人与他人之间重大利益关系的，行政机关在作出行政许可决定前，应当告知申请人、利害关系人享有要求听证的权利；申请人、利害关系人在被告知听证权利之日起五日内提出听证申请的，行政机关应当在二十日内组织听证。第 48 条规定：行政机关应当根据听证笔录，作出行政许可决定。《行政处罚法》第 31 条规定：行政机关在作出行政处罚决定之前，应当告知当事人作出行政处罚决定的事实、理由及依据，并告知当事人依法享有的权利。并在第 41 条规定：如果行政主体在作出行政处罚决定之前，不依法向相对人告知给予行政处罚的事实、理由和依据，或者拒绝听取相对人的陈述、申辩，行政处罚决定不能成立。

最具强制性质的《行政强制法》依然体现了这种论争理性在强制执行程序中的运用。如该法第 35 条规定：行政机关作出强制执行决定前，应当事先催告当事人履行义务。催告应当以书面形式作出，并载明下列事项……（四）当事人依法享有的陈述权和申辩权。第 36 条规定：当事人收到催告书后有权进行陈述和申辩。行政机关应当充分听取当事人的意见，对当事人提出的事实、理由和证据，应当进行记录、复核。当事人提出的事实、理由或者证据成立的，行政机关应当采纳。可见，行政执法的过程，离不开与当事人的沟通和互动，这种沟通和互动本身就是双方论争理性的表现。行政执法的任一环节欠缺了这种互动性，就可能导致行政执法程序违法，失去法律上的效力。

（二）开放性是行政执法论证逻辑真实有效的前提

行政执法的说理论证从法律规定到执法依据的选择 、从生活事实到执法事实认定、从大小前提到行政决定的推出、从行政决定再到执行行为的落实都需要在开放性的体系、环境中展开。行政决定的作出，需要在执法事实认定和执法依据选择之间多次往返。这种往返就是在开放性的语境下，达到执法事实清楚，证据确凿、充分，适用法律依据正确。因为在封闭式的逻辑论证中，即使逻辑运算的结果为真，也难以确保法律上的真实有效。交往理性，正是这样的一种机制，在保障内部证成的同时，借助其开放性实现前提的正确性和可靠性。

从行政决定再到执法的落实过程中，其有效性的实现更依赖于交往理性的开放性。如执法主体一意孤行，不考虑在具体情境中行政相对人的意愿和需求，对执行方案作谨慎选择，往往就会酿成苦果，导致执法行为的无效，甚至引起公愤，无不是执法主体忽略了执法行为应在开放性条件下听取相对人陈述、申辩的后果。

实际上，这种开放性，在我国《行政强制法》中也有明确规定。执法的整个过程，都是应当并允许当事人参与并提出陈述、申辩意见的。就算是在最后的强制执行阶段，也需要先经过催告程序，经过催告程序后，如果行政相对人有充分依据要求停止执行或暂缓执行的，执法机关还应当根据事实情况依法予以采纳。就算是正在执行过程中，行政相对人仍然可以根据自己的履行能力，与执法主体协商，提出分阶段履行，或要求减免加处的罚款或者滞纳金等，在不损害公共利益和他人合法权益的情况下，执法主体还应当同意行政相对人的请求，并就约定情况达成执行协议。[①] 在这种情况下，既可保证国家和他人的利益不受损害，也有利于提升执法的有效性，获得行政相对人的支持和配合。可见，交往理性的开放性，是贯穿于执法过程的始终的。

四、创设理想话语情境是实现执法可接受性的途径

交往理性是一种“主体—主体”间遵循的有效性行为规范，是以语言为媒介而发生的交互行为，其目的是达到主体间的理解和一致，并由此保持社会一体化、有序化和合作化。相互理解和彼此尊重是交往行动的核心。主体间性为执法者和行政相对人之间搭建起了平等对话、沟通的舞台，但如果不对舞台做出精心合理的布置，好戏就出不来。一般而言，要合理布置舞台，实现交往行为合理化，第一，需要形成共同的规范标准。要使商谈的过程和结果合理化，就必须要有共同的、大家普遍认可的规范标准来指导商谈的开展。不仅如此，哈贝马斯还提出商谈伦理学，他认为有效的商谈，不仅需要明确的规范体系，而且最好形成一个以相互理解为目的的、参与各方共同遵守的规范道德体系。第二，选择合适的交流语言。语言是交往行为的杠杆和实现理性交往的关键。生活世界的任何交往都离不开语言的运用，凡是言语没有障碍的地方，人与人之间的交流就会比较顺畅；反之，在言语有障碍或不被理解的地方，交往就会有障碍。人与人之间的交流，包括对事件的描述、人物的评价以及情感的交流都离不开语言。语言可以使言说者和听者之间相互理解。因此，主体在与他人交往过程中，一定要选择恰当的语言，选择一种可以让对方正确理解自己的语言。第三，进行必要的对话活动。交往需要借助对话来实现，而且对话是人们在交往中达成共识的最便利、最有效的方式。主体间通过平等、自由的对话，可以就双方提出的问题或意见、建议进行讨论，在没有外力的作用下和谐协商，形成统一共识。

在行政执法过程中，“理想言谈情境”的创设，是实现执法可接受性的最好途径。根据哈贝马斯的交往理性观点和我国的实际情况，创设执法“理想言谈

---

① 参见《中华人民共和国行政强制法》(主席令第 49 号) 第 35 条、第 42 条规定。

情境”应在以下几个方面做出努力。

（一）信息公开

政府在执法交往行为过程中，应对信息进行充分的公开。公开的信息应该包括一切与民众特别是执法对象利益相关的重要信息（依法不得公开的除外）。如在征拆执法过程中，政府应对征拆的目的、用途、范围、补偿标准、征拆程序以及异议反馈机制等进行公开，让民众充分了解执法的前提语境。

（二）平等参与

主体间性是交往理性的前提，所有参与商谈的主体必须一律平等。只有在平等参与的条件下，参与各方制定出来的规范才具备充分执行力。正如哈贝马斯所说：“有效的只是所有可能的相关者作为合理商谈的参与者有可能同意的那些行为规范。”[①]

（三）商谈自由

即参与商谈的主体间都可以自由地提出自己的要求、意见和建议。但在表达意见过程中，各方均应真诚地表达意见，而不是漫无边际地谈论。“如果言不由衷或委曲求全，自己就会忍受由此而带来的不利后果，如果出于个人的利益和偏好而对他人施加策略性影响，就会在面对质疑和批判而提供论证理由时变得捉襟见肘。”[②]商谈的自由，还包括行政主体在举行听证时，要确保使用所有参与者都能理解的语言，否则，应提供翻译。只有在语言无障碍的情况下，商谈自由才有保障。

（四）合理采纳

在商谈过程中，并非所有的主张、意见和建议均可以得到采纳。但如果只有商谈和表达自由，商谈参与者的意见和建议缺乏采纳、吸收制度，那么这种商谈也是无效的，不能从根本上解决实际问题。那些理由充分的意见和建议理

---

① ［德］尤尔根·哈贝马斯：《在事实与规范之间——关于法律和民主法治国的商谈理论》，童世骏译，三联书店 2003 年版，第 704 页。

② ［德］哈贝马斯：《包容他者》，曹卫东译，上海人民出版社 2002 年版，第 47 页。

应被考虑。[①]只有合理意见和建议得到了采纳，行政执法的结果才能在最大限度上获得认可和接受。

第四节　行政执法贯彻“交往理性”的制度保障

“交往理性”作为实现行政执法有效性最为理想的一种路径，其在执法过程中的落实，并不能单纯指望行政执法主体能够自觉自愿地去实现。交往理性的有效贯彻实施依赖于多方面的条件。如行政相对人的权利意识、参政意愿和能力，公众对行政行为结果的关注程度，执法人员的服务意识和执法水平，司法审查的潜在压力以及制度的约束等。本书认为，“交往理性”是否能够发挥实效最为关键的是建立起与之配套的制度保障。首先，需要完善行政执法听证制度，建立起公众向行政执法主体提供意见表达与利益交涉的平台。其次，提高司法审查标准，改变目前对行政执法行为合理性审查不足的缺陷，通过司法审查的外部监督，促使执法主体更关注执法结果的合理可接受性。最后，制定《行政程序法》，把“交往理性”上升为一种法律规定，给予交往理性最强有力的法律保障，让行政执法在法定程序与正当程序中落实交往理性。

一、完善行政执法听证制度

听证（Hearing），就是听取他人的意见，听证的目的在于为受不利行政决定影响的相对人提供陈述、申辩、质证的机会。听证最早渊源于英国普通法上古老的司法原则——“自然公正原则”。该原则的第一项基本原则是任何人不能做自己案件的法官；第二项是权力行使对他人产生不利影响时，应当说明理由，

---

① 张斌峰、盘长丽:《交往理性视域下政府执法有效性研究——暴力执法与暴力抗法的现实困境与法理破解》,《社会科学家》2015 年第 11 期。

并通知他人，告知其有权为自己辩护。[①] 听证制度最初适用于司法领域。随着行政权的扩张，人们权利意识的增强，听证也逐渐成了一些行政行为必须行使的程序。如对剥夺相对人人身权、财产权等重大权益的行政行为是否进行听证，是判断该行政执法是否有效的标准之一。

行政听证制度是行政决策民主化的标志，现代各国行政法基本上都有关于行政听证的规定。但在具体含义上，各国对听证的界定略有不同。如在日本，听证是指行政主体在作出可能对行政相对人的权益造成损害的行政决定时，给行政相对人提出申述意见，提供证据的机会的程序[②]。相对人可以就该行政决定的事实问题和法律适用问题提出意见以及证据进行反证。在韩国，"听证是行政主体在作出行政处分之前，直接听证相对人意见，并对此进行调查的程序"[③]。在美国，听证是指听取利害关系人意见的法律程序。[④]

我国不同学者对行政听证的理解也略有不同，如章剑生在其著作《行政程序法比较研究》一书中提出，听证是行政主体在作出对行政相对人权益有重大影响的行政决定前，告知相对人行政主体拟作出的行政决定的事实、理由和依据，并告诉行政相对人有权就此提出意见、进行陈述、申辩或提供材料，行政主体听取意见或接纳意见并作出行政决定等程序的行政法律制度。[⑤] 马怀德则认为，听证是指国家机关在作出决定之前，给利害关系人发表不同意见、提出证据的机会，对行政主体拟决定的事项进行质证、辩驳的程序，其实质是给利害关系人提供提出意见、维护自己权益的机会。[⑥] 本书认为，行政执法听证，是行政听证的一种，是执法主体在作出执法决定之前或执行过程中，以一定的形式听取当事人陈述、申辩意见和对有关事实和证据进行质证、辩驳的机制，是行政主体与行政相对人得以理性沟通的平台。

（一）行政执法听证现状及存在的问题

我国关于行政执法听证的有关规定，在法律层面可见于《行政处罚法》《行

① 王名扬：《英国行政法》，中国政法大学出版社 1987 年版，第 15 页。
② ［日］室井力：《日本现代行政法》，中国政法大学出版社 1995 年版，第 178 页。
③ 参见《韩国行政程序法》第 2 条第 5 项。
④ 王名扬：《美国行政法》，中国法制出版社 1995 年版，第 382 页。
⑤ 章剑生：《行政程序法比较研究》，杭州大学出版社 1997 年版，第 148 页。
⑥ 马怀德：《行政程序法基本原则》，《行政法制建构与判例研究》，中国政法大学出版社 2000 年版。

政许可法》，其他多见于部门规章和地方性法规，部门规章如《公安机关办理行政案件程序规定》。其中《行政处罚法》和《公安机关办理行政案件程序规定》对行政执法的听证范围规定基本上是一致的，所不同的是后者对听证的范围还规定了“法律、法规和规章规定违法嫌疑人可以要求举行听证的其他情形”①。《行政许可法》对听证范围的规定比较笼统。该法在第46条、47条规定，依法规定或涉及公共利益以及涉及个人重大利益的事项，相对人有权要求听证。与上述法律法规的宽泛规定不同，《湖南省行政程序规定》则对行政听证作了较详细的规定，在该规定中，除了对行政听证作了一般性的规定，还区分行政决策听证和行政执法听证。②

虽然我国法律、部门规章以及一些地方法规对行政执法听证作出了规定，但这些规定与国外行政听证制度以及目前我国的执法实践相比，还是明显落后和不相适应的，即既无系统的理论指导，亦未能协调当前行政权扩张与民众权益保障之间的张力。其存在的问题表现如下。

1. 对行政执法听证缺乏统一、系统的规定

通过上面对现状的陈述可知，我国目前缺乏对行政执法听证的统一性、系统性、规范性的规定。散见于具体行政法规、部门规章及地方性规章的行政执法听证规定，对行政执法听证的范围、程序、听证受理以及作出听证决定的期间、听证主持人的选定、听证参与人的范围、听证笔录的法律效力、听证规则等事项的规定各有不同。如《行政处罚法》明确规定相对人有权对处罚决定进行申辩和质证，但《反倾销调查听证会暂行规则》则表示，听证会旨在为各利害关系方提供充分陈述意见的机会，目的不在于行政主体与相对人之间的质证，因此不设辩论程序。听证规定内容的不一致，极易给当事人造成认识上的错乱，如错过申请听证的时间、对执法主体违反听证程序的行为不知所措等。

2. 听证的范围过于狭窄

我国行政执法严格意义上的听证，只对行政主体作出的责令相对人停产停业、吊销相对人许可证或者相对人营业执照、对相对人苛以大数额罚款以及涉及重大利益的行政许可事项这几类要求听证，听证范围极为狭窄。而对于行政征收、行政征用、行政给付等涉及行政当事人重大利益的领域并未规定听证，

① 参见《行政处罚法》（2009年修正）第42条规定、《公安机关办理行政案件程序规定》（2012年修订）第99条。

② 参见《湖南省行政程序规定》（湖南省人民政府令第222号）。

另外，涉及当事人人身权的行政拘留亦未规定听证，导致行政拘留滥用现象严重。因听证程序的缺失，导致在某些地方，执法主体对当事人的行政处罚为所欲为，侵害民众合法权益的事件屡见不鲜。

3. 听证主持人地位的公正性难以得到保障

根据目前已有的规定，我国听证主持人的选定主要有两种方式：一是由行政机关法制部门的组织实施并由法制部门的负责人担任主持人；二是由行政机关指定的非本案具体参与人员主持。同时还赋予当事人基于法定事由的回避申请权。虽然从形式上看，听证主持人的选定符合了“不能做自己的法官”的自然公正原则，但实际上，这种由行政机关单方指定或选定的主持人其公正性常受到当事人的质疑。长期以来，官官相护的思想并未得到彻底的改变。在实践中，如果听证主持人是具体执法人员同单位、同部门的同事、领导，其在主持听证过程中的意志难免会被情感左右。在此情况下，主持人也并不一定就会偏心、主观臆断，但他的这种尴尬地位，难以使外界产生对其主持的听证结果公正性的确信。虽然，规定了当事人有申请回避的权利，但根据现行规定，申请回避后，也一样是由行政机关指定，而且当事人申请回避的事由必须是“与本案有直接利害关系”，回避事由过于严格、单一，因此，在实际听证过程中，当事人对听证主持人的选定几乎没有任何的话语权。

4. 缺乏对行政听证笔录法律效力的明确规定

不管是《公安机关办理行政案件程序规定》，还是《行政处罚法》都没有对行政执法听证的记录结果——听证笔录的法律效力作出明确的规定。我国对听证一般仅要求应当制作笔录，并要求当事人签字确认。如《行政处罚法》的规定。《公安机关办理行政案件程序规定》对听证笔录的规定与行政处罚法基本一致，不同的是该规定要求听证结束后，听证主持人必须要出具听证报告书。《公安机关办理行政案件程序规定》还对听证报告书应记载的内容和上报的程序作出了详细的规定，但没有对行政机关是否应参照或依据听证笔录、听证报告作出行政执法决定作出规定。《行政许可法》在这方面的规定，则有了些许进步，该法要求“行政机关应当根据听证笔录，作出行政许可决定”。但对行政机关没有根据听证笔录作出行政决定的法律后果，则未作任何规定。没有规定法律后果的法律规范往往形同虚设。

（二）行政执法听证制度的完善

听证，是行政主体与相对人和公众实现交往理性的最好平台。行政执法听证制度本身就包涵公正的价值。这些价值至少包括参与、公开、平等、中立等人们在交往中追求的美好愿望。一个运行良好的行政听证制度，不但可以平衡执法主体与相对人的力量，公正解决行政执法过程中出现的问题，还可以提高行政执法效率，促进民主政治的健康发展。同时，听证是有效监督行政执法的重要途径，通过听证制度，可以促使行政主体提高执法水平。在理想的听证过程中，行政机关得以正视和反思其在行政执法过程存在的不足，为不断完善执法程序提供借鉴。

然而，听证制度的不完善，将直接影响行政相对人与行政执法主体之间的沟通、协商、博弈与合作，行政相对人的陈述、申辩权的实现也会受到严重的影响。因此，完善听证制度，可以更好地创设交往理性的“理想言谈情境”，从而实现执法主体与公众之间的无障碍沟通，执法有效性得以在交往理性中得到落实。

1. 形成统一的行政执法听证制度，规范听证程序

各自为政的行政执法听证规定，不利于当事人交往理性的实现。形成统一的行政执法听证制度，规范听证程序势在必行。在具体做法方面，本书认为可以参考《湖南省行政程序规定》中有关行政听证的规定。即先对行政听证作出一般性的规定，然后根据不同具体行政行为的性质，对需要区别对待的行政执法听证作出特别规定。在具体操作上，可以出台专门的行政听证规则，也可以在制定行政程序法时，设专章对行政执法听证作出规范。

在听证程序上，应以交往行动理论为指导，尊重听证应有的言词原则，将质证规定为行政执法听证的必经程序。因为没有质证程序的听证，形同走过场。同时，建议将行政机关违反听证义务的法律后果明确为行政行为无效。

完善的行政执法听证制度，不但有利于行政主体客观全面掌握信息，使行政行为合法、公正，有利于维护当事人合法权益；而且有利于减少行政争议、提高效率，改善政府与公众之间的关系，提高公众对政府的信任度和政府执法的有效性。

2. 扩大行政执法听证范围

行政执法听证范围是指哪些行政执法行为需要进行听证。之所以要对行政听证范围作出规定，是因为不是所有行政执法都有听证的必要性。是否需要

听证要视情况而定。国外在界定行政听证范围时，一般会采用“利益标准”或“行为标准”。“利益标准”，是根据当事人在行政程序中的利益确定听证程序的适用范围；“行为标准”，是根据具体行政行为的性质特征和种类情况确定是否适用听证程序的一种标准。我们认为在确定行政执法听证范围时，应结合“行为标准”“利益标准”的因素综合确定。即行政执法是否应进行听证，应考虑这些因素：一是要看执法行为的性质；二是要看该执法行为是否对行政相对人（或公众）的权益产生不利影响；三是这种不利的影响是否侵害了法律赋予行政相对人的合法权益或社会公共利益；四是对行政相对人或社会公益的侵害是否达到了较为严重的程度。

根据上述标准，我国目前的行政执法法定听证范围局限在作出责令行政相对人停产或停业、吊销相对人许可证或者吊销相对人营业执照、对相对人处以较大数额罚款等行政处罚，可见，可以听证的事项极少，范围明显狭窄，这不利于对当事人合法权益的保护和公共利益的维护，应该适当予以扩大。与我国不同，国外行政执法听证的范围都比较广泛，一般都采用概括式的规定。如韩国规定，凡是增加相对人负担或限制相对人权益的行政执法，都应该给相对人听证的机会。美国、荷兰等国家的行政程序法中也都有类似的规定。而对于不适用行政执法听证的事项则以否定列举的方式予以排除。各国一般对下列的 5 种情况作出排除：（1）对行政相对人权益影响轻微而无听证必要的；（2）根据客观标准作出的羁束行政行为，如需要通过计算、检测、试验等技术手段作出。（3）具体执行行为。如德国的行政程序法规定，执法时所采取的具体措施行为，可以不用听证。（4）涉及国家安全的行执法。如美国法规定，军事以及外交职务上的行为，可以不用听证。（5）紧急情况。如日本行政程序法规定，因公益上有紧急为不利益处分之必要，可不用听证。[①] 据此，建议我国的行政执法听证范围应把行政拘留、征地拆迁、行政给付等影响行政相对人人身、财产等重大利益的执法事项纳入听证的范围。

3. 设立独立的听证主持人选定制度，并赋予主持人更广泛的权力

如前所述，我国行政执法听证制度主持人由政府指定产生，其公正性饱受质疑。改进听证主持人的选定制度，让听证结果更具可接受性，众心所向。国

---

① 杨建生、廖明岚：《行政听证制度比较研究》，《学术论坛》2006 年第 6 期。

外关于听证主持人的产生主要有两种方式：一是以美国为代表，听证主持人（听证法官）在有律师资格和行政经验丰富的人员中选出；二是以日本为代表，听证主持人由行政机关的首长或其指定的人员担任。与此相匹配的主持人的权力也有较大差别。美国模式下的听证主持人权力最大，具有作出初步行政决定或对行政决定提出建议的权力；相比之下，日本模式下的听证主持人则无决定权，仅有主持听证的权力。

本书认为，我国应建立一个隶属于政府的行政听证主持人专家库。由规范性文件规定专家库人员的资格条件，符合条件且自愿申请成为专家库成员的具有法学基础和丰富行政执法经验的人，才能成为专家库的成员。行政机关在作出听证决定后、举行听证前，在行政相对人（利害关系人）的共同见证下，抽取符合条件的主持人。对抽取的结果，如与具体执法行为或与当事人有利害关系的，仍可以申请回避，并重新抽取人选。同时赋予行政主持人在听证过程中享有更多的权力，如听证主持人有权决定是否同意当事人申请延期提交证据的时间，有权根据需要召集或通知证人出席听证、进行询问和反询问，直至充分查明事实的争端等。同时，听证主持人应出具听证报告书，并有权（也是责任）在报告书中提出针对听证案件的处理意见和建议。如无特别事由，行政执法机关应予以采纳。

4. 明确听证笔录的法律效力，确立案卷排他性原则

行政听证的法律效力，核心是行政笔录的法律效力。即经过听证的行政行为依据什么作出最终的行政决定。是根据听证笔录还是听证笔录以外的信息，这就是听证笔录的法律效力问题。所谓明确听证笔录的法律效力，其实就是明确能否直接依据听证笔录作出行政决定。

各国行政程序法都要求听证应制作听证笔录。但是否以此作为行政决定的唯一依据，却有不同的规定。就目前的情况看，听证记录对行政权决定的影响有两种表现情况：一是仅具有参考、参照作用，行政机关应当参考之并权衡其他因素作出行政决定，听证笔录不是唯一的依据。如德国规定官署应斟酌全部程序的结果决定之。[①] 二是行政笔录具有绝对的效力。如美国的案卷排他制度。美国的案卷排他制度是指通过听证形成的听证笔录、经过质证的证据材料等，

① 参见德国《行政程序法》第69条第2项。

是行政主体作出行政决定的唯一依据。行政主体不能根据案卷以外、未经质证的任何证据或通过其他途径获得的所谓事实作出行政决定。一旦行政决定违背了案卷排他原则，该行政决定将是无效的决定。

我国对行政执法听证笔录法律效力的规定含糊不清，标准不一。如我国《行政处罚法》第 42 条规定：听证应当制作听证笔录；笔录应当交当事人审核无误后签字或盖章。但在该法的第 43 条又规定：听证结束后，行政机关依照本法第 38 条的规定作出决定。可见，该法并没有要求依据听证笔录作出。但是《行政许可法》48 条却又规定，行政机关应当根据听证笔录，作出行政决定，《行政许可法》虽然规定了听证笔录的拘束力，但原则性太强，未明确听证笔录是否是作出行政决定的唯一依据还是依据之一，同时未对听证笔录的内容作任何规定，因而缺乏可操作性。

听证制度实质是以牺牲行政效率确保最终决策决定的正确的一种程序性安排，一旦适用听证，则要求听证会的举行对最终决定的作出要发挥实际作用。如果对于听证会记录对最终决定的约束力不作出明确规定，听证会的举行将最终沦为走过场。

因此，本书认为经过听证的行政行为，行政决定必须根据听证笔录作出，未经质证的证据以及据此形成的其他事实，应该排除在行政决定作出的依据之外。参照美国确立案卷排他性原则，在未来的行政程序法或其他部门法的修改中明确听证笔录的法律效力。要采用新依据作出行政决定的，必须再次召开听证会。如听证会结束后，行政主体发现了新的执法证据，足以改变原来认定的结果的，行政主体在作出行政决定前，应通知各方当事人重新召开听证会，否则，不能作为作出行政决定的依据。案卷排他性原则的确立有利于防止行政权的专断，从而有效维护利害关系人的合法权益。

综上，行政执法听证制度的确立和完善是现代行政民主化的重要标志，也是我国宪法人民民主原则在行政领域的具体体现。作为一项法律制度，行政执法听证制度由听证范围、听证参加人、听证程序以及听证的法律效力等众多内容有机组合而成，听证制度的完善是一项系统工程，作为程序保障的一部分，虽有其独立的价值，但能在多大程度上发挥实效，则有赖于其他相关条件的完善和成熟。如听证参与人的诚意，特别是行政主体的诚意，直接决定听证是动真格的，还是走过场。另外的影响因素还有如听证主持人的中立程度、行政相对人及公众的法律意识和维权能力、司法监督的强度等，如没有这些配套制度和具体规则的支持，听证可能徒具形式，理想话语情境的创设也只能是一句空话，行政执法听证的交往理性将无从谈起。

二、建立基于形式有效和实质有效的司法审查标准

缺乏有效监督的权力是任性的，行政执法行为的有效性，仅仅依靠行政主体及其履职人员的自律是不够的。行政执法行为有效性的最终落实，需要司法的强有力保障，否则，有效性的要求只能是水中月、镜中花，有效性目标也不过是一个美好的愿景。有了司法的审查监督，执法主体在执法过程中，才会更注重执法过程的合法性和执法结果的有效性。“由于司法审查的存在对行政人员产生一种心理压力，可以促使他们谨慎行使权力”①，司法审查本身也给公众在自身合法权益受到执法侵害的时候“对权力说不”提供途径。如何对执法行为进行司法审查，才能保障行政执法的形式有效和实质有效落到实处，本书认为关键在于落实对行政执法的合理性审查与正当程序审查。从我国目前行政诉讼的情况看，行政行为的司法审查在化解行政纠纷、保障公众（或组织）合法权益、监督行政主体有效履职方面仍存在不足。本章拟从促使行政主体落实执法有效性的目标出发，借鉴国外的经验，提出建立基于形式有效和实质有效的司法审查标准。

（一）我国行政诉讼受理和审理情况

近年来，特别 2015 年行政诉讼实行立案登记制以来，受理案件量成大幅度上升趋势，从 2002 年的 129583 件上升至 2016 年的 225485 件，短短 4 年增长比例为 74%。究其原因是多方面的，一方面离不开立法上的支持。立案登记制，让原来许多立不了的案件得以成功立案。另一方面，民众法律维权意识的普遍提高也是重要原因；但更为重要的原因在于民众（行政相对人）对政府的具体行政行为（即本书所称的行政执法）普遍不满，行政行为的有效性不足。

① 王名扬：《美国行政法》，中国法制出版社 1995 年版，第 566 页。

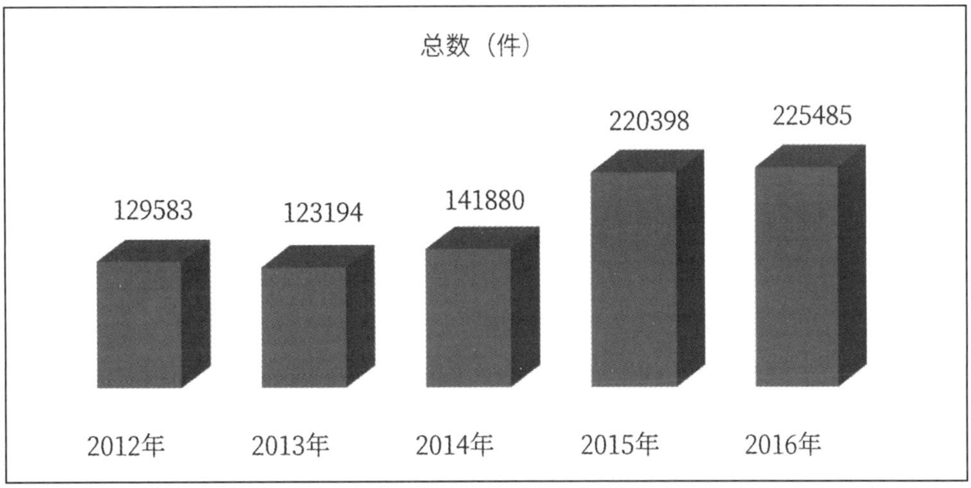

数据来源：《全国法院司法统计公报（2012—2016）》。

图 1　全国法院审理行政一审案件情况（2012—2016）

长期以来，行政诉讼作为实现公平正义的最后一道防线，在解决行政主体与相对人之间的争议、保障相对人合法权益，纠正错误行政行为以及在维护社会安全稳定方面都起着显著的作用。但与此同时，行政诉讼与人们的期待值还有很大差距，特别是对行政主体的有效监督功能，未能得到很好体现，受多种因素的影响和制约，行政诉讼普遍存在的程序空转与“案结事难了”的状况还有待改进。

从行政诉讼的上诉率可见一斑。如 2016 年全国一审结案 225020 件，二审收案 104836 件，单纯从这个数据看，服判息诉率是 53.41%，上诉率是 46.59%。但我们结合其他数据分析发现这一年以撤销和解方式结案的比率是 19.69%，撤销、变更、确认违法或无效、责令履行法定职责的案件共 30085 件，占比 13.37%[①]，这两项累计占比 33.06%，也就是说，在判决或裁定原告败诉的案件中，原告的服判息诉率最多只有 20% 左右。再如本人代理的广西壮族自治区人民政府以及国土资源厅的行政诉讼案件中，原告败诉的，无一例外均提起了上诉。[②]

① 参见《全国法院司法统计公报（2012—2016）》。

② 笔者作为上述单位的法律顾问，在 2016—2017 年，共代理行政诉讼案件 50 多件。

通过上面的数据分析可知，面对汹涌而来的行政案件，法院为此付出的努力和取得的成效是有目共睹的。但在具体审判过程中存在的问题，特别是程序空转问题非常突出。如本人办理的两起有关探矿权许可的案件，在同一家法院，审查标准完全不一样，但结果都是一样的，就是法院不希望对案件的实质问题进行审查，或不希望在自己的法院进行审查。在一起案件中法院认为探矿权的行政许可是一般行政行为，不属于不动产纠纷，因此，适用一般的诉讼时效，以过时效为由（如果算涉及不动产纠纷，则时效没有过），驳回了相对人的起诉。而在另一起探矿权纠纷中，法院认为探矿权纠纷涉及矿权，而矿权是不动产，则适用专属管辖，即由不动产所在地法院管辖，最后，以本院没有管辖权为由（如果算一般的行政许可，应由被告法院所在地管辖，该院则有管辖权），裁定驳回相对人的起诉。

行政执法有效性的实现，离不开法院对行政执法的有效司法监督，如果仅仅是程序空转，案结事未了的问题就会越来越突出，由此引发的后果，不但人们对司法不满意，而且会对政府本身失去信心。因此，法院要践行对行政执法的有效监督，注重实质性解决行政争议应始终是法院行政审判工作的基本追求，而不能仅停留在表面，为审而审。实质解决行政争议的关键在于落实行政行为的司法审查内容。

（二）现行行政执法司法审查标准及不足

1. 现行行政执法司法审查标准

我国现行对行政行为司法审查标准的内容，也是在借鉴外国经验的基础上，再结合本国司法的一些实际情况形成的。主要以成文法的形式呈现。具体包括六种需要审查的情形：一是证据是否充足；二是法律、法规是否正确；三是是否违反法定程序；四是是否超越职权；五是是否滥用职权；六是是否存在明显不当。《行政诉讼法》在 2015 年修订之前，第六项审查内容是否显失公正，表述与 2015 年修订后略有不同。①

针对上述审查内容，学术界对是否包含了合理性审查，又有不同的看法。代表性的观点有两种：一种观点认为，我国法律规定的审查标准包含了合法性

① 参见《中华人民共和国行政诉讼法》2015 年修订版第 70 条规定。

审查和合理性审查两方面，其中对滥用职权和结果是否显失公正的审查属于合理性审查，另外一到四情形的审查内容属于合法性审查。① 另一种观点则认为，我国目前的法律规定没有合理性审查的要求，只有合法性审查标准。滥用职权与显失公正都属于合法性标准的范畴②，本书认为，从法律规定上看，我国对行政执法的司法审查包括了合法性审查和合理性审查的内容，但从司法实践上看，法院目前基本不对行政的合理性进行审查，主要是合法性审查，合理性审查极少。这也是本书认为司法审查需要改进的地方之一。2015 年新诉讼法实施以来，根据笔者对广西南宁市集中受理行政诉讼案件的基层法院——西乡塘区人民法院和二审法院——南宁市中级人民法院行政庭调研的情况看，没有一起仅仅是因为执法主体行为明显不当而判决撤销或部分撤销的案例。

2. 现行行政执法司法审查标准存在的不足

我国修订后的行政诉讼法在对行政行为的司法审查标准方面有自身的优点，符合我国的国情，如采用全面、严格的司法审查标准，对行政行为的事实问题和法律问题进行审查，不仅要审查事实的合理性，而且要审查事实的正确性，这对“司法审查的历史不长，政府本位意识强烈而守法意识淡薄，加之缺乏完备的行政程序的约束，面对无孔不入而又常常出轨的行政权，在司法审查中实行严格的审查标准是必要和合适的”③。但我国司法审查也存在一定的缺陷和不足，如对行政执法行为合理性的忽略，放弃对行政执法正当程序的司法审查权等，正是这些审查的不足，导致诉讼结果的可接受性低，行政诉讼没有达到化解政府与民众的矛盾、促进行政执法有效实现的目的。下面就这些不足进一步阐述如下。

（1）淡化甚至基本放弃对行政执法行为的合理性审查

虽然我国在立法上规定有对行政行为合理性审查的内容，如对“滥用职权”“明显不当”行政行为的审查，但这种规定在《行政诉讼法》第 6 条“人民法院审理行政案件，对行政行为是否合法进行审查”的表述下，合理性审查变成了一种虚置。这种虚置首先表现在司法审查过程中，缺乏合理性审查可以依据的明确标准。如目前并没有出台对“滥用职权”“明显不当”认定标准的立法

① 罗豪才：《行政法学》，北京大学出版社 1996 年版，第 389 ～ 422 页。
② 胡建淼：《行政法学》，法律出版社 1998 年版，第 77 页。
③ 杨蔼、陈良刚：《WTO 与我国司法审查标准》，《比较法研究》2002 年第 2 期。

解释或司法解释。过于抽象和笼统的规定，可操作性不强。其次是面对合理性审查，法院过于自抑，基本上放弃了对行政行为的合理性审查。从《最高人民法院公报》和最高人民法院公布的指导性案例中，可以看出法院无论是对旧行政诉讼法（1990 年实施）规定的对行政处罚“显失公正”的合理性审查案例，还是对新行政诉讼法（2015 年实施）规定的对行政行为“明显不当”的合理性审查案例，都极少。[①] 造成这种局面的原因是多方面的，一是因为行政执法合理性司法审查存在的先天不足：如立法上的轻描淡写，特别是修改前的行政诉讼法，合理性审查仅限于行政处罚的“显失公正”；二是后天缺少对合理性审查的土壤。法院不敢或不愿过多“过问”政府的事情，能不管，尽量不管。特别是涉及滥用职权的审查，且不说滥用的主观性难以证明，由于行政上的滥用职权可能涉及相关执法人员构成刑法上的滥用职权罪，所以法院行政庭在审理行政案件时，基本上都不对是否滥用了职权进行合理性审查，而主要侧重对行政行为是否存在明显的违法事由进行审查，即仅进行合法性审查。在合法性没有硬伤的情况下，法院一般都会驳回原告的诉讼请求。我国当前的司法审查实践排除对行政行为合理性审查的状况，显然无法对日益扩展、无孔不入的行政自由裁量权进行有效司法监督了。这种状况不改变，行政执法有效性依然难以落实，起不到保护相对人合法权益不受行政权侵害的效果。

（2）对行政执法程序的审查，仅限于法定程序，缺乏对正当程序的审查

从我国当前法律规定的法院可以撤销或部分撤销行政行为的情形看，法院对行政行为在程序上的审查，仅仅限于法定程序。即只有违反了法定程序的，才会成为法院撤销或部分撤销的事由。而众所周知的是，我国一向重实体，轻程序，行政法对行政行为的程序性规定并不完善，如果法院仅对法定程序进行司法审查，而忽略对正当程序的审查，将非常不利于对行政相对人合法权益的保护。在实际行政执法过程中，执法主体遵守法定程序，但明显违反正当程序的情况极为常见，如剥夺了当事人的知情权、陈述申辩权、合理期待权、参与权等，在仅对正当程序进行审查的背景下，当事人的这些权利受到侵害后，几

---

① 《最高人民法院公报》自 1985 年创刊以来至 2015 年 11 月总共 229 期上刊载的 88 份行政案件裁判文书和最高人民法院已经发布的 11 批指导案例其中的 9 个行政案件中，无一以“显失公正”或“明显不当”撤销行政机关执法行为的。参见黄雪娇：《行政判决“明显不当”标准之探讨——以〈最高人民法院公报〉和最高人民法院指导性案例中的行政处罚案例为样本的分析》，《河南财经政法大学学报》2017 年第 2 期。

乎没有救济的途径。因为目前只有《行政处罚法》对行政处罚行为的程序有较为详细的规定，其他行政执法行为并未有规范的执法程序性规定。实际上，由于执法内容的多样化、对象的复杂化以及法律本身的滞后性和难以避免的立法漏洞，就算有专门的行政程序法，把行政执法行为的正当程序纳入司法审查范围也是迫切需要的，这样不但可以破除当前司法审查仅限于法定程序的狭窄局面，而且可以更好地监督行政主体执法的任意性，切实保障行政执法的正当性和有效性。

（三）建构有利于实现行政执法有效性的司法审查标准

1. 落实合理性审查，出台合理性审查的具体操作标准

就当前的司法审查情况来看，虽然原告（有利害关系的行政相对人）一方上诉率居高不下，但二审改判率并不高，公众对法院判决的满意度低。造成这种局面的原因是多方面的，但最主要原因是我国的司法审查制度只重视合法性审查，忽视合理性审查。如前所述，在依法治国、依法行政已成为一种趋势和法治要求的背景下，行政执法主体在执法过程中明目张胆违反法律规定从事执法活动的现象已经不多，但执法有效性却不尽人意，主要是因为不少行政执法不符合立法目的，或缺乏理性，不符合公众对公平、正义的合理要求和期待。然而，法院却对公众最关注的问题、普遍存在的现象不予审查，那么行政执法的有效性问题一样得不到解决，在程序空转一圈后，又回到了原点，继而信访、维稳各种法治轨道外的问题接踵而至。因此，落实对行政执法的合理性审查，非常有必要。

首先，这是形式主义法治向实质主义法治转变的根本要求，也是世界法治发展的趋势。现代法治对行政执法本身的要求已经不局限在其是否符合实定法的规定，而且要求行政执法必须体现公平、正义和理性，因此，司法审查也应提高标准，顺应法治发展的趋势和人们合理的期待。

其次，行政自由裁量权存在滥用现象，必然要求对其合理性进行审查。从目前进行行政争议的情况看，司法的合理性审查是保障公众合法权益的重要手段。

落实法院对行政执法的合理性审查，关键在于形成合理性审查的具体操作标准。可以说，合理性审查标准的确立，是法院保障公民权益免受行政权侵犯的尚方宝剑，可以直接为法院监督、控制行政自由裁量权的滥用提供审判的依

据。我国当前的法律对合理性审查包含的内容即行政主体是否存在滥用职权、行政行为是否明显不当等作出了规定。但对什么是滥用职权、什么是明显不当却没有进行任何的界定。本书认为滥用职权（滥用自由裁量权）是导致行政执法过程或结果明显不当的一种主观形态，因此，是否滥用自由裁量权，是否有明显不当的合理审查标准可以侧重于从客观的角度，即用“明显不当”去衡量，那么，基于此，借鉴英国、美国、德国、澳大利亚等国的做法，结合我国国情，本书认为司法的合理性审查应该包括以下几个方面：（1）违反自然公正原则或自然正义的①；（2）考虑了不相关的因素和未考虑相关的因素；（3）不符合比例原则；（4）违反合理性原则；（5）违反平等对待原则；（6）违背公众信赖利益；（7）不符合立法精神和目的等。

当然，提出对行政执法合理性审查，并不是说司法机关可以对行政执法为所欲为、指手画脚。合理性审查存在必要限度的问题。一方面，不能用司法权代替行政权，合理性审查的目的是确保行政主体谨慎行使行政权，避免权力的滥用给公众造成损害；另一方面，给因行政权滥用造成损害的公众一个维权的渠道，目的在于促使行政权的行使迈向实质有效的轨道。合理性审查的必要限度，主要还是通过合理性审查的标准来确立，因此，在制定审查标准的时候，要尽可能考虑周全，标准太宽泛，无所不查，不利于调动行政主体执法的积极性，不利于社会秩序的维持；标准太狭窄，则起不到对行政自由裁量权制约的效果，不利于对公众合法利益的保护。为此，我国可以借鉴国外的经验，在立法中明确规定不合理的表现以及把比例原则、越权无效原则等作为执法的基本原则，并确立司法合理审查的判例制度，从而使合理性审查更具有可操作性。

2. 增加对行政执法正当程序的司法审查

针对我国当前仅对行政执法法定程序进行审查的情况，本书认为法院应当增加对执法行为的正当程序进行审查，否则过于狭窄的审查范围，难以为相对人提供有效的司法救济。关于正当程序，目前学界并未形成一个统一的标准，因为“正当”涉及价值判断和道德评价的问题，主观色彩相当浓厚，站在不同的立场，其对正当性的看法就会有偏差。本书所说的正当性是指与合法性相对的概念，即“正当的不一定合法，合法的不一定正当”这种意义上使用程序正

① 英国、澳大利亚的法律对此作出了规定。参见姜明安：《外国行政法教程》，法律出版社 1993 年版，第 132 ～ 135 页。胡建淼：《比较行政法：20 国行政法评述》，法律出版社 1998 年版，第 169 页。

当一词。之所以建议增加对行政执法正当程序的司法审查，一是因为从法理上讲，合法性本身就应当以正当性为基础。程序正当性关注的不仅是程序的合理适当问题，更关心程序本身是否体现公平正义，而公平正义观念正是程序上升为法定程序的基本价值基础。二是正当性是衡量、检验法定程序的重要标志。从一定意义上讲，正当性位阶高于法定性，正当性从自然正义出发，不断形成某种社会公认的核心价值体系，以此评价行政程序是否正当、有效。甚至在有的国家，当法定程序严重偏离正当性时，司法机关可以用社会公认的程序价值即正当性去否定法定程序适用的效力。三是正当程序可以弥补合法性的不足。当法定程序本身有缺陷或规定不明确时，可以用正当程序分析执法程序中的自由裁量权的适当性问题。最后，正当性还是修改、完善法定程序的重要依据。即当法定程序严重不符合公认的价值标准时，立法者应当根据正当性标准对法定程序进行修缮。①

在正当性已经成为行政程序不可或缺的价值基础的背景下，法院对行政主体的执法行为进行程序正当性审查不但是必要的，也是可行的。主要理由包括：（1）程序正当性已经是法律对行政主体执法的基本要求；（2）自由裁量权本身就应该进行规范；（3）平等规则、比例原则、不得反言原则等，是自由裁量权应遵循的规则，这些规则构成了程序正当性审查的基础；（4）对程序控制易于对实体的控制，且可以避免外界“外行评价内行”的司法越权质疑；（5）滥用自由裁量权是一个量变到质变的过程，只有运用正当性标准进行审查，才能更好发现程序裁量权的行使是否被滥用。（6）由于中国未出台程序法，在此背景下，没有正当程序审查，等于对空放炮。因为当前中国不少行政执法没有法定程序的规范，那么违反法定程序的审查标准，对于大量没有法定程序的行政行为而言，就是对空放炮了。

对行政执法进行正当程序审查的难点在于如何把握正当程序，是否有可以量化、可操作的审查原则和标准。对此，江必新认为，基于程序正当性的基本要求，法院在对执法进行正当程序审查时，应遵循以下 7 项原则，具体包括：程序公正原则（该原则又包括“自己不能做自己案件的法官”、信息公开、平等对待三项内容）、比例适当原则、有效参与原则、程序效益原则、程序的可接受

① 参见 江必新：《行政程序正当性的司法审查》，《中国社会科学》2012 年第 7 期。

性原则、程序的确定性原则以及行政便宜性原则。关于审查标准是“最低限度的程序公正标准”，该标准就其内容而言，又可以从三个层次展开：一是对象基准，该基准包括以行为为基准和以结果为基准两个视角，即程序行为是否与行政法定标准有偏离和偏离的严重程度以及行政行为的结果是否侵害了合法权益以及是否背离了行政目的。二是要素基准。包括权衡主观要素和客观要素两个方面。三是逻辑基准。即判断依据问题。如是否有利于实现法的安定性，是否符合执法的目的以及伦理道德等。[①] 刘东亮认为大家都认可的正当法律程序判断标准应该是“最低限度的程序正义标准”。他认为只有把标准设置在最低限度的程序正义，才能在满足程序正当要求的同时，在不同主体之间达成共识。那么这个标准就不能过于复杂，应具有直观性，可以在外观上进行判断，而且是一个正常理性人（A Reasonable Person）所能够接受的标准。如果某一判断主体基于自身利益考虑，混淆对错，显失公正，就无法和这样的主体进行正常的对话，也就不可能达成关于程序正当性的共识。某一行政行为的程序正当性，不仅要获得行政行为的参与各方的支持和认同，而且要获得普遍公众或者“评判性公民”（Critical Citizens） 的认可。而“评判性公民”（公众），就是代表正常的理性人。只有坚持一个正常的理性人所能接受的标准，才能避免在正当程序的判断标准问题上千人千面。[②]

本书认为，根据哈贝马斯交往行动理论，行政行为可以看作是一种典型的“交往实践”（Kommunikative Praxis）、“交往行为”（Kommunikatives Handeln）。行政行为作出的过程，也就是行政主体和相对人双方的交往过程。这一交往过程是否充分体现了“交往理性”，是我们判断行政行为的程序是否“正当”的根据。在交往过程当中，不同的交往参与者该如何建立起大家都可接受的客观世界的同一性，而摒弃主观的、自私的观念呢？哈贝马斯主张，要通过“交往理性”，即通过人类语言和行为当中内在的交往理性促使参与者就世界中的存在通过沟通，达成共识。[③] 纯粹的自然正义两项原则（不能当自己的法官，作出使他人利益受到影响的决定应当听取对方意见），在行政法上可以理

① 参见江必新：《行政程序正当性的司法审查》，《中国社会科学》2012 年第 7 期。

② 参见刘东亮：《什么是正当法律程序》，《中国法学》2010 年第 4 期。

③ 参见［德］尤尔根·哈贝马斯：《交往行为理论：行为合理性与社会合理化》，曹卫东译，上海人民出版社 2004 年版，第 10 ～ 11 页。

解为主体适格，无偏见，公平听证或听取意见，我们可以用图 2 表示。通过图 2 我们发现，自然正义两项原则在行政执法程序上是存在缺陷的，这种缺陷表现在它的单向性，行政主体向行政相对人作出行政决定过程的单向性，以及听取相对人意见的单向性。没有体现出作出行政决定前的告知、说明事实和理由以及听取意见后的反馈，是否采纳以及不予采纳的回应等，没有双向的互动和沟通，因而这样的行政执法可以被认定为欠缺程序上的正当性。

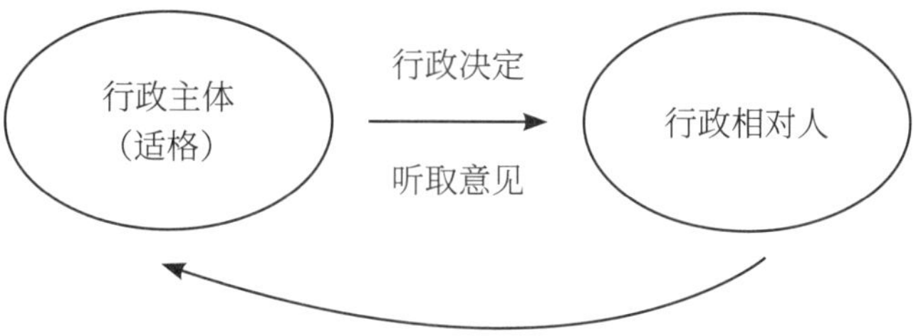

图 2

我们认为，行政执法应当是一个理性的交往、互动、沟通最后达成共识的过程。只有允许互动，当然这种互动不是靠强制，而是以语言为中介、交往达成的共识的时候，参与者之间的关系才是合理的，行政执法的过程才是正当的。根据交往行为理论，合理性是可以证明的，而且是需要进行证明的。哈贝马斯认为，“一种表达的合理性可以通过批判和论证加以还原”[①]。任何一种要求或者主张，必须说明理由才符合交往理性。因为说明理由（论证）使得沟通过程中的行为主体能够通过反思进行自我控制。基于此，程序并不等同于形式。程序的基础是过程，其实质则是反思理性。对于一个执法行为而言，它的真实性和有效性被证明得越充分，它们就越具有正当合理性。因此，一个符合交往理性的正当执法程序应该如图 3 所示。

① 参见［德］尤尔根·哈贝马斯：《交往行为理论：行为合理性与社会合理化》，曹卫东译，上海人民出版社 2004 年版，第 9 页。

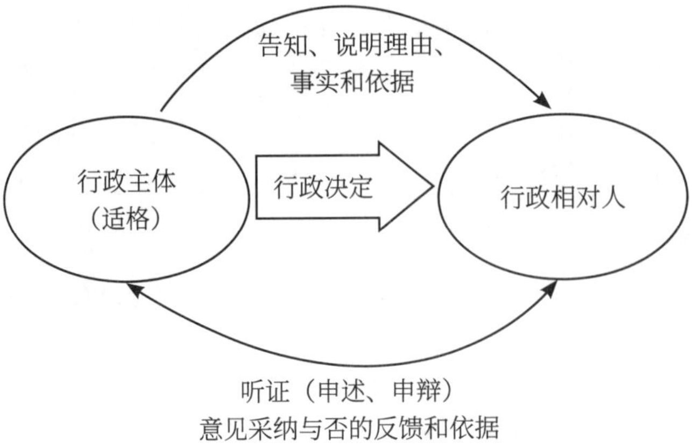

图 3

据此，我们根据哈贝马斯的交往行动理论，行政执法的正当程序至少应当包括三项基本内容：（1）行政执法主体适格，公正无偏私。主体适格，不仅是指执法主体要符合法律规定的条件，还要不存在依法应回避的情形，且对执法对象不存在歧视现象。（2）充分听取意见，切实保障相对人的陈述、申辩权。听取意见的形式既可以是正式意义上的听证，也可以是非正式的听证，前提是在平等的基础上，进行理性的互动、沟通。（3）说明理由。说明理由包括两种情况。一是执法决定作出时的理由说明，如作出决定的依据、证据等；二是听取意见（陈述、申辩）后，对公众或行政相对人的意见的采纳情况或不予采纳情况作出理由说明。简而言之，对行政执法的司法审查标准应该是一个理性人能够接受的符合最低限度的程序正义，具体而言，就是主体的公正无偏私、相对人意见的充分表达和主体间性下的理由说明。

三、制定《行政程序法》，把“交往理性”上升为法律上的要求

交往理性在行政执法过程中的贯彻和落实，离不开法律的保障。不管是听证制度的完善，还是合理性审查的落实、正当程序提上日程都需要在法律制度中得以体现。行政程序法应是满足上述需求的必然产物，目前，世界上有 70 多个国家和地区制定了行政程序法。制定行政程序法可以为行政主体和行政相对

人以及社会公众交流、互动、博弈与合作提供依据，并让行政执法各主体间的交往行为在行政执法过程中实现理性。

（一）交往行动理论下行政程序法的功能和效用

功能和效用一般是指能够或可能发生的影响和作用。通常认为，行政程序法是一个国家民主和法治的标志，它可以保障实体法的顺利实施，实现实体正义，同时制约行政权力，保护行政相对人的权利，提高行政效率等。[①] 根据哈贝马斯交往行动理论，行政程序法的功效体现在以下方面。

1. 统一、协调执法程序，规范执法行为，提高执法有效性

交往理性，顾名思义，是一种理性的交往，理性意味着遵循一定的规则。行政执法由于主体层次的多样化，执法人员素质的参差不齐，如果没有统一的执法规则，执法活动必然杂乱无章，对同一性质的执法也会出现冲突和互相矛盾的地方。行政程序法对执法主体如何开展执法活动，如何与相对人进行沟通就可以避免执法过程无法可依的局面作了统一规定，而同样情况同等对待，本身就是行政执法有效性的前提。

2. 完善沟通，提高行政执法的社会可接受性程度

行政执法具有过程性，且不是单个人的活动，行政程序法不但可以把执法主体的上下级客观联系起来，而且更为重要的是它把执法主体与相对人也并联了起来，这种并联使双方之间的沟通和了解变得更顺畅，公众的这种事先、事中参与行政过程，往往比事后参与更能保障执法结果的可接受性。

因为事先沟通，可以让公众对行政主体的行政决定有一个心理预期，特别是对于相对人不利的行政决定事先沟通，有了心理基础，更容易接受不利的结果，免却了激烈的反应。当然，这种事前的沟通，依赖于完善的行政程序。在参与式行政背景下，行政主体不再是行政行为单一的主体，行政主体与行政相对人命令与服从、命令与执行的单向性，渐渐被主体间性取代。执法过程演变成了主体间性在一定程序下的说理过程。在这个过程中，相对人有了充分的陈述、申辩权和对违法行政行为的拒绝执行权。相对人成了监督行政执法合法、正当性的重要力量。行政主体也可以在行政程序法形成的规范中，反思和纠正

---

① 颜三忠：《论行政程序法的功能》，《江西社会科学》2002 年第 10 期。

不合法或不当的行政行为，减少执法冲突，提高执法有效性。行政程序法核心意义就是允许通过公开讨论说服对方来达到解决争议的目的。否则，如果法律不提供这种制度性平台，那么以暴力压迫对方接受意见便成了必然。[①]

行政执法的合法性，不能解决执法以理服人的问题。只有合法又合理的执法行为才能让人心悦诚服，而合理其实就是一个说服的过程。即通过一个程序性的平台，让行政法律关系主体双方在这个平台上，在既定规则下各抒己见，充分发表意见，“有冤申冤”，“有怒发怒”。经过“发泄”或充分发表或听取意见后，作出的行政决定基本上都是双方可以接受的结果。行政程序法可以起到疏导、过滤矛盾的作用。行政程序法可以“通过以一种公众认为公平的方式作出决定，当政者可以获得对这些决定的更大认可，就使得决定涉及的各方更容易服从”[②]。制定完善的行政程序法可以为公众与行政机关的沟通、说理提供一条更顺畅的渠道，为执法有效性的实现提供保障。

3. 避免滥用职权和独断专行，保障执法的公正性，有利于达成共识

执法主体滥用职权和独断专行是导致执法有效性不足的重要因素。造成执法人员滥用职权和独断专行的因素，多半是因为自由裁量权过大且没有约束，执法行为缺乏监督机制，对违反自由裁量权没有规定相应的法律后果，公民参与、沟通渠道不畅，听证制度不完善等。符合现代法治精神的行政程序法可以合理地限制行政主体的自由裁量权。“程序已变得至关重要。随着政府权力持续不断地急剧增长，只有依靠程序公正，权力才可能变得让人容忍。”[③] 行政程序的公开性，可以让公众更好地监督行政权的正确行使，同时可以弥补实体法的不足。现代国家行政程序法都通过设定听证程序，在行政决定作出前，听取利害关系人的意见或听取相对人的陈述、申辩等，行政程序法的这些规定扩大了公众对行政活动的参与机制，通过公众的监督，可以更好地避免行政主体的滥用职权和独断专行，从而保障行政执法的公正性和促进行政的民主化。行政程序本身所具有的独立价值以及人们参与程序的自愿性，以及对程序可能产生结果的可预见性，在此基础上进行的执法沟通、谈判更容易达成共识。

---

① 应松年主编:《行政程序法》，法律出版社 2015 年版，第 24 页。

② [日] 谷口安平:《程序的正义与诉讼》，王亚新、刘荣军译，中国政法大学出版社 1996 年版，第 376 页。

③ [英] 威廉·韦德:《行政法》，徐炳等译，中国大百科全书出版社 1997 年版，第 94 页。

（二）参与式行政模式应是我国行政程序立法的目标模式

行政程序法目标模式直接反映了立法者的姿态和立法目的，是涉及行政程序立法全局的一个最为基本的理论问题，对实践起着重大的方向标作用。因此，选择什么样的目标模式，至关重要。从目前已经出台行政程序法的国家来看，行政程序立法的目标模式主要有：限制和制约行政主体行使行政权、防止权力滥用的控权模式，以保护行政相对人免受行政权侵害的保权模式，以及以提高行政效率为宗旨的效率模式。① 也有学者总结为公正模式和效率模式两种。② 由于上述模式是以单一主体建构的行政法理论体系，20 世纪 90 年代初期，我国著名法学教授罗豪才提出了平衡模式。平衡理论认为行政程序法是保证行政权和公民权处于平衡状态的平衡法。③ 平衡理论克服了控权论、权利论以及效率论等单纯以行政权为中心建构行政程序法的不足，开始强调以行政权与公民权二元结构来构建行政程序法，蕴涵了公共利益与个体利益以及行政权与公民权平衡的价值理念，应该说是一种巨大的进步。但平衡理论也存在一定缺陷，导致其难以成为我国行政程序立法的目标模式。因为平衡仅仅是一种理想的结果，不能体现平衡的动态实现过程。本书认为，参与式行政模式是行政程序法立法最理想的目标模式，该模式也是最有利于实现执法主体间交往理性的模式。

所谓参与式行政模式，是指在政府的行政活动中，行政相对人平等地参与行政过程，通过表达利益诉求和发表意见，与行政主体进行沟通、交涉、博弈、协商、合作等互动，行政主体在考量参与相对人的诉求和建议的基础上作出行政决定的行政模式。④ 之所以说参与式行政模式是行政程序立法最理想的目标模式，是基于参与式行政本身的优越性而言的。

1. 参与式行政模式是一种主体间性模式

交往理性得以顺利实现的前提，是交往双方处于一种平等的地位。我国行政执法有效性不足的根本原因就是长期以来，都把公众作为被管理的对象、管理的客体来对待。然而，随着现代社会民主法治的发展，以及社会的转型、利益主体的多元化，政府作为单一主体管理社会的方式，已经越来越无法实现社

① 参见应松年：《比较行政程序法》，中国法制出版社 1999 年版，第 45 页。

② 参见江必新、周卫平：《行政程序法概论》，北京法院出版社 1991 年版，第 19 页。

③ 参见罗豪才等：《现代行政法的理论基础——论行政机关与相对一方的权利义务平衡》，《中国法学》1993 年第 1 期。

④ 方世荣、邓佑文：《“参与式行政”视域下行政法理念的反思与重塑》，《理论探讨》2012 年第 2 期。

会治理的目标了。现代的治理理念注定是一种主体间性的互动过程。相对人对行政过程的参与，就是主体间性的一种体现。参与式行政理念本身就蕴含着人性，体现以人为本。公众在参与行政过程中，其主体性得到尊重和彰显，参与式行政本身蕴涵的正当程序价值，是政府善治的要求和体现。

根据参与式行政理念指导制定的行政程序法，必将为执法主体与相对人进行的对话、协商、博弈与合作提供更好的平台。以程序法作为保障的行政执法主体与相对人之间的交流、对话是持续性的、动态的、开放的、双向互动的过程。参与式行政体现了政府治理的基础不应是控制、命令而是协调、合作的过程，是政府与社会公众共同参与下的利益沟通、博弈与选择过程，因此，实现公共利益不再是行政执法唯一的目的，行政的目的是要实现公共利益与个体利益的双赢；行政活动的主体不再是单一的行政机关，而是包括了参与行政的相对人和公众；行政执法很多时候也不仅仅是政府一方的职权行为，还融入了参与行政的相对人和公众的行为。可见，参与式行政模式下的行政程序法，由于体现了主体间性，赋予了相对人更主动的参与权，更有利于实现行政的目的和相对人的利益。

2. 参与式行政模式具备以往模式的优点，并可避免其不足

管理论的立法模式是为了维护公共利益，方便管理；控权论的立法模式目的是为了控制行政权的滥用；权利论的立法模式是为了更好地保护行政相对人的合法权益；效率论则是以提高行政效率为目的；平衡论是为了实现公共利益与个人利益的均衡。而参与式行政理念指导下的行政程序法不仅可以体现政府有效管理的目标，而且通过公众的参与权，可以有效防止权力的滥用，参与的对抗性还可以有效地保障相对人的合法权益免受行政权的恣意侵害，平衡公共利益和个体利益。

以往的立法目标模式，或偏重了对行政权的尊崇，或偏重于对相对人权利的维护，或重效率（公平）轻公平（效率），参与式行政完全可以弥补上述缺点。参与式行政的价值目标不仅要合理配置行政权与公民权的关系，还要进一步通过程序规范政府行政执法的过程。参与式行政通过合理配置行政权与公民权，科学设计参与式行政行为规范，实现行政执法的合法性、正当性和科学性，提高行政执法有效性。在参与式行政下，各主体可以通过参与程序进行理性交往，实现共赢。

本章小结

随着哲学的语用学转向，语用学在法学领域也掀起了革命。哈贝马斯的“交往理性”“主体间性”和“话语伦理”思想和理念就是在此背景下开始在法学领域“兴风作浪”的。交往理性作为一种整合认识—工具理性、道德—实践理性和审美—表现理性的综合体，它的主体性、语用性、论争理性、正当程序性以及开放性对改变我国当前行政执法普遍存在的主客二分执法思维、官民对立思维、强权思维有着非常重要的启发、引导作用。交往理性是以言语为媒介的一种主体间性商谈互动过程，在商谈、博弈、论争中寻找重叠共识，最后达成相互理解的合作行动。而执法本身就是一种言语沟通过程，参与式行政就是一种主体间性的互动。在交往理性视域下实现行政执法有效性，在理论上是可行的。主体间性是实现执法实质有效性的逻辑起点，行政相对人与行政主体的对称性，让平等对话成为可能；交往理性的论争理性和开放性为实现执法有效提供了程序保障；创设理想话语情境，可以让执法主体与执法对象在交往理性过程中达成共识，最终实现执法的实质有效性。当然，哈贝马斯的“交往理性”和“话语伦理”也遭到不少西方哲学家和社会学家的批驳挑战，被认为是“交往乌托邦”。[①] 但在行政权不断强化的今天，在行政执法领域倡导交往理性显得更为弥足珍贵。交往理性的现实意义在于，至少为执法有效性的实现提供了可能是最好的方案，该理念既是建设和谐社会的需要，也符合我国民众“以和为贵”的相处哲学。

---

① 参见章国锋：《关于一个公正世界的“乌托邦”构想——解读哈贝马斯〈交往行为理论〉》，山东人民出版社 2000 年版。

结束语

与有关立法和司法的法理学研究成果汗牛充栋不同，有关行政执法的法理学研究可谓寥寥无几，针对行政执法有效性的系统研究更是少见。基层政府应怎样执法才能获得执法对象（相对人）的接受和社会公众的认可和支持？本书就是对上述问题进行思考的一个阶段性成果。

本书认为，政府执法有效性的实现，是一个多维度的动态过程。根据造成有效性不足的原因的不同，行政执法的有效性区分为形式有效和实质有效。政府执法行为的形式有效体现在逻辑有效和合法律性上。一个违反了逻辑推理和实定法规定的执法行为，其有效性将难以落实，特别是违反了实定法规定的执法行为，这是其被法院撤销的首要原因。行政执法的实质有效是指执法应有的公平正义性，通俗地说，就是执法行为已经符合法律规定了，为什么还不被普遍接受，可能就是因为执法本身缺乏公平正义性。

针对行政执法存在的有效性问题，本书结合笔者在工作中的实践，提出交往行动理论是实现执法形式有效和实质有效的最佳途径，把哈贝马斯的交往理性、主体间性等商谈思想融入执法各个环节，充分运用逻辑理性、交往理性、实践理性的视角，提出解决执法实际问题的思路和方法，并具体运用于实践。当然，哈贝马斯的“交往理性”和“话语伦理”也遭到不少西方哲学家和社会学家的批驳挑战。福柯、利奥塔、布迪厄、德里达等思想家认为，哈贝马斯提出的绝对“交往理性”和“话语伦理”，归根结底，这只是一个“善良愿望”，这种善良愿望，一旦触碰到“社会权力结构”的坚硬礁石，便会立刻被撞得粉身碎骨。因此，福柯将哈贝马斯交往行为理论斥为“交往乌托邦”，一个“‘被应该’的乐观主义召唤出来的幻影”。[①] 本书认为哈贝马斯同福柯、布迪厄等人的分歧，在于对权力的评价不同。哈贝马斯认为，权力作为一种社会—历史现

① 参见章国锋：《关于一个公正世界的“乌托邦”构想——解读哈贝马斯〈交往行为理论〉》，山东人民出版社2000年版。

象，产生于生活世界的理性交往结构。它不但具有某种事实上的必然性，而且原初地包含一个社会公正平等的合理内核。权力概念在本来意义上是“一个社会共同体对生活于其中的个体，在思维、行为、话语以及相互关系中，进行公正规范调节的机制”，这种机制对于维系社会共同体的理性秩序来说是必不可少的。作为这一机制的体制化和实体化形式，行政管理系统和法律保障系统必须确保社会共同体的所有成员，在不损害他人利益的前提下平等、自由地生活。

哈贝马斯提出了交往行为理论和话语伦理学，主张以此为基础来重建“交往理性”，以消除生活世界的殖民化和霸权化，并通过贯彻“话语伦理”的基本原则，即实现话语权利的平等和自由，倡导相互理解、宽容与和解，以改善当今世界的现状。尽管他的主张遭到一些后现代重要理论家的批判，但无论如何，在理性、主体性、意义被解构、被颠覆，行政权在不断强化的今天，他所设计的方案仍然具有现实意义，至少为执法有效性的实现提供了一种正面参照和可供选择的可能性。

正如后现代派的批评，交往理性和理想的话语情境带有一定的理想性，其实现必须要有完善的制度约束。本书认为至少需要在这些环节作出努力：首先需要完善行政执法听证制度，建立起公众向行政执法主体提供意见表达与利益交涉的平台。其次需要提高司法审查标准，弥补目前对行政执法行为合理性审查不足的缺陷，通过司法审查的外部监督，促使执法主体更关注执法结果的合理可接受性。再次，制定《行政程序法》，把“交往理性”上升为一种法律规定。

由于行政执法有效性的真正落实，依赖于多方面的因素，包括政治体制（如分配制度）的改革等，因此，本书研究只是提出了一种可供参考的方案，执法有效性问题不但事关人民群众的福祉，也是国家长治久安需要思量的重要问题，笔者将在后续研究中继续予以关注。

参考文献

一、外文译著

[1] [德] 尤尔根·哈贝马斯:《交往行动理论（第一卷）——行动的合理性与社会合法化》，洪佩郁、蔺青译，重庆出版社 1993 年版。

[2] [德] 尤尔根·哈贝马斯:《交往行动理论（第二卷）—— 论功能主义理性批判》，洪佩郁、蔺青译，重庆出版社 1994 年版。

[3] [日] 室井力主编:《日本现代行政法》，吴薇译，中国政法大学出版社 1995 年版。

[4] [英] 哈特:《法律的概念》，中国大百科全书出版社 1996 年版。

[5] [法] 莱昂·狄骥:《公法的变迁·法律与国家》，郑戈、冷静译，辽海出版社、春风文艺出版社 1999 年版。

[6] [法] 莫里斯·奥里乌:《行政法与公法精要》，龚觅等译，辽海出版社、春风文艺出版社 1999 年版。

[7] [美] 博登海默:《法理学：法律哲学与法律方法》，邓正来译，中国政法大学出版社 1999 年版。

[8] [德] 哈特穆特·毛雷尔:《行政法学总论》，高家伟译，法律出版社 2000 年版。

[9] [美] 史蒂文·J. 伯顿:《法律和法律推理导论》，张志铭、解兴权译，中国政法大学出版社 2000 年版。

[10] [美] 查理德·A. 波斯纳:《法理学问题》，苏力译，中国政法大学出版社 2001 年版。

[11] [德] 罗伯特·阿列克西:《法律论证理论——作为法律证立理论的理性论辩理论》，舒国滢译，中国法制出版社 2002 年版。

[12] [德] 卡尔·拉伦茨:《法学方法论》，陈爱娥译，商务印书馆 2003 年版。

［13］［德］尤尔根·哈贝马斯:《在事实与规范之间——关于法律与民主法治国的商谈理论》，童世骏译，三联书店 2003 年版。

［14］［英］边沁:《政府片论》，沈叔平译，商务印书馆 2007 年版。

［15］［日］南博方:《行政法（第六版）》，杨建顺译，中国人民大学出版社 2009 年版。

［16］［美］约翰·罗尔斯:《作为公平的正义——正义新论》，姚大志译，中国社会科学出版社 2011 年版。

［17］［奥］伊尔玛·塔麦洛:《现代逻辑在法律中的应用》，李振江等译，中国法制出版社 2012 年版。

［18］［德］伯恩·魏德士:《法理学》，丁晓春、吴越译，法律出版社 2013 年版。

［19］［美］朗·富勒:《法律的道德性》，郑戈译，商务印书馆 2014 年版。

［20］［美］欧文·M. 柯匹，卡尔·科恩:《逻辑学导论（第 13 版）》，张建军等译，中国人民大学出版社 2014 年版。

［21］［德］乌尔弗里德·诺伊曼:《法律论证学》，张青波译，法律出版社 2014 年版。

［22］［美］詹姆斯·B. 弗里曼:《论证结构——表达和理论》，王建芳译，中国政法大学出版社 2014 年版。

［23］［美］约翰·罗尔斯:《正义论》，何怀宏等译，中国社会科学出版社 2015 年版。

［24］［德］马克思·韦伯:《社会科学方法论》，韩水法、莫西译，商务印书馆 2016 年版。

二、中文著作

［1］罗豪才、应松年:《行政法学》，中国政法大学出版社 1989 年版。

［2］许崇德、皮纯协:《新中国行政法学研究综述》，法律出版社 1991 版。

［3］杨惠基:《行政执法概论》，上海大学出版社 1998 版。

［4］赵宏:《法治国下的行政行为存续力》，法律出版社 2007 年版。

［5］应松年主编:《行政程序法》，法律出版社 2009 年版。

［6］侯学勇:《法律论证的融贯性研究》，山东大学出版社 2009 年版。

［7］蔡琳:《裁判合理性理论研究》，法律出版社 2009 年版。

［8］焦宝乾:《法律论证：思维与方法》，北京大学出版社 2010 年版。

［9］熊明辉:《诉讼论证：诉讼博弈的逻辑分析》，中国政法大学出版社 2010 年版。

［10］武宏志:《非形式逻辑导论》（上、下卷），人民出版社 2011 年版。

［11］宋大涵主编:《行政执法教程》，中国法制出版社 2011 年版。

［12］王晓:《法哲学视野下的法律论证研究》，山东人民出版社 2011 年版。

［13］吕尚敏:《行政执法人员的行动逻辑——以 W 河道管理局为样本的法社会学考察》，中国法制出版社 2012 年版。

［14］孙光宁:《可接受性：法律方法的一个分析视角》，北京大学出版社 2012 年版。

［15］杨宁芳:《图尔敏论证逻辑思想研究》，人民出版社 2012 版。

［16］王仁法、徐海晋主编:《执法应用逻辑》，华南理工大学出版社 2013 年版。

［17］武宏志:《论证型式》，中国社会科学出版社 2013 年版。

［18］谢新水:《作为一种行为模式的合作行政》，中国社会科学出版社 2013 年版。

［19］杨知文等:《法律论证具体方法的规范研究》，中国社会科学出版社。2013 年版。

［20］张兆成:《行政事实行为研究》，人民出版社 2013 年版。

［21］徐梦醒:《语用学视野下的法律论证》，中国政法大学出版社 2014 年版。

［22］叶必丰:《行政行为原理》，商务印书馆 2014 年版。

［23］张斌峰等编著:《法律逻辑学导论》，武汉大学出版社 2015 年版。

［24］刘平:《行政执法原理与技巧》，上海人民出版社 2015 年版。

［25］周雪关:《中国国家治理的制度逻辑——一个组织学研究》，三联书店 2017 年版。

三、期刊文章、博士论文及其他

［1］郭道晖:《法治行政与行政权的发展》,《现代法学》1999 年第 1 期。

［2］叶必丰:《现代行政行为的理念》,《法律科学》1999 年第 6 期。

［3］谢维雁:《严格规则主义及其对中国宪政之影响》,《社会科学研究》2001 年第 1 期。

［4］韩大元、刘志刚:《宪法诉讼的法治价值》,《公法研究》2002 年第 1 辑。

［5］郑永流:《法的有效性与有效的法——分析框架的建构和经验实证的描述》,《法制与社会发展》2002 年第 2 期。

［6］杨蔼、陈良刚:《WTO 与我国司法审查标准》,《比较法研究》2002 第 2 期。

［7］严存生:《法的合法性问题研究》,《法律科学》2002 年第 3 期。

［8］方世荣:《对当代行政法主体双方地位平等的认知——从行政相对人的视角》,《法商研究》2002 年第 6 期。

［9］周佑勇:《西方两大法系行政法基本原则之比较》,《环球法律评论》2002 年第 125 期。

［10］章国锋:《交往理性》,《外国文学》2004 年第 1 期。

［11］王锡锌:《中国行政执法困境的个案解读》,《法学研究》2005 年第 3 期。

［12］周永坤:《法学研究中的价值处理》,《法制与社会发展》2004 年第 4 期。

［13］王锡锌:《中国行政执法困境的个案解读》,《法学研究》2005 年第 3 期。

［14］郑永流:《法律判断大小前提的建构及其方法》,《法学研究》2006 年第 4 期。

［15］杨建生:《行政听证制度比较研究》,《学术论坛》2006 年第 6 期。

［16］严存生:《道德性:法律的人性之维——兼论法与道德的关系》,《法律科学》2007 年第 1 期。

［17］刘洋:《正当性与合法性概念辨析》,《法制与社会发展》2008 年第 3 期。

[18] 张继成:《可能生活的证成与接受——司法判决可接受性的规范研究》,《法学研究》2008 年第 5 期。

[19] 王锡锌:《依法行政的合法化逻辑及其现实情境》,《中国法学》2008 年第 5 期。

[20] 罗旭:《论法律推理中大前提的构建》,《前沿》2008 年第 6 期。

[21] 姚大志:《罗尔斯与功利主义》,《社会科学战线》2008 年第 7 期。

[22] 章剑生:《寻求行政诉讼和解在法律规范上的可能性——法律解释方法之视角》,《当代法学》2009 年第 2 期。

[23] 江必新:《行政行为效力判断之基准与规则》,《法学研究》2009 年第 5 期。

[24] 米晓波:《道德:法律的起源与归宿》,《社科纵横》2009 年第 3 期。

[25] 张淑芳:《论行政简易程序》,《华东政法大学学报》2010 年第 2 期。

[26] 刘东亮:《什么是正当法律程序》,《中国法学》2010 年第 4 期。

[27] 陈柏峰:《基层社会的弹性执法及其后果》,《法制与社会发展》2015 年第 5 期。

[28] 邓佑文:《行政参与权对新型行政法律关系的构造》,《学术界》2012 年第 2 期。

[29] 赵宏:《诉讼权能与审查密度:德国行政诉讼制度的整体关联性》,《环球法律评论》2012 年第 6 期。

[30] 江必新:《行政程序正当性的司法审查》,《中国社会科学》2012 年第 7 期。

[31] 江必新:《完善行政诉讼制度的若干思考》,《中国法学》2013 年第 1 期。

[32] 方世荣、谭冰霖:《"参与式行政"与行政行为理论的发展》,《南京工业大学学报》2013 年第 1 期。

[33] 宋保振:《法律可接受性的修辞表达——以逻辑视角为切入点》,《山东青年政治学院学报》2013 年第 3 期。

[34] 黄学贤:《正当程序有效运作的行政法保障》,《学习与探索》2013 年第 9 期。

[35] 张斌峰、陈绍松:《试论司法判决的合理可接受性——以修辞学为视

角》，《齐鲁学刊》2014 年第 1 期。

［36］付子堂、宋云博：《对“法的目的”传统理论之批判与反思》，《政法论丛》2014 年第 2 期。

［37］胡宝岭：《中国行政执法的被动性与功利性——行政执法信任危机根源及化解》，《行政法学研究》2014 年第 2 期。

［38］张斌峰、陈绍松：《法学方法论研究的语用学转向（下）——法学方法论研究的语用模式及其新开展》，《政法论丛》2014 年第 2 期。

［39］聂长建：《司法判决有效性理论：从“三足鼎立”到“三位一体”》，《中南大学学报》2014 年第 4 期。

［40］王学辉、张治宇：《迈向可接受性的中国行政法》，《国家检察官学院学报》2014 年第 3 期。

［41］付子堂：《实质法治：中国法治发展之进路》，《学术交流》2015 年第 3 期。

［42］于龙刚：《乡村社会警察执法“合作与冲突”二元格局及其解释——“互动—结构”的视角》，《环球法律评论》2015 年第 5 期。

［43］颜莎莎：《正义重在以人们可接受的方式实现——对行政决定可接受性的思考》，《经济研究导刊》2014 年第 24 期。

［44］陈柏峰：《城镇规划区违建执法困境及其解释——国家能力的视角》，《法学研究》2015 年第 1 期。

［45］刘磊：《街头政治的形成： 城管执法困境之分析》，《法学家》2015 年第 4 期。

［46］陈柏峰：《基层社会的弹性执法及其后果》，《法制与社会发展》2015 年第 5 期。

［47］许利平：《执法中的逻辑素养》，《社会科学论坛》2015 年第 6 期。

［48］邓佑文：《论公众行政参与权的权力性，《政治与法律》2015 年第 10 期。

［49］张斌峰、盘长丽：《交往理性视域下政府执法有效性研究——暴力执法与暴力抗法的现实困境与法理破解》，《社会科学家》2015 年第 11 期。

［50］张斌峰、盘长丽：《“依法行政”该如何“依”——法律论证在行政执法过程中的应用研究》，《理论学刊》2016 年第 2 期。

［51］周佑勇：《法治视野下政府与市场社会的关系定位——以“市场在

资源配置中起决定作用”为中心的考察》，《吉林大学社会科学学报》2016 年第 2 期。

[52] 史献芝：《形式法治化与实质法治化：行政问责法治化的二维分析框架》，《中国行政管理》2016 年第 3 期。

[53] 蒋银华：《政府角色型塑与公共法律服务体系构建——从“统治行政”到“服务行政”》，《法学评论》2016 年第 3 期。

[54] 赵宏：《德国行政民营化的制度发展与学理演进》，《国家检察官学院学报》2016 年第 5 期。

[55] 刘杨：《“专项治理”科层化的实践机制与制度前景——以鄂中 X 镇食品监督管理所的执法工作个案》，《法商研究》2017 年第 1 期。

[56] 杨建顺：《中国行政规制的合理化》，《国家检察官学院学报》2017 年第 3 期。

[57] 陈柏峰、刘磊：《基层执法的“双轨制”模式——以计划生育执法为例》《华中科技大学学报社会科学版》2017 年第 1 期。

[58] 章志远：《行政行为效力论》，苏州大学博士论文 2002 年。

[59] 解志勇：《论行政诉讼审查标准》，中国政法大学博士论文 2003 年。

[60] 李琦：《行政行为效力新论》，中国政法大学博士论文 2005 年。

[61] 曾祥华：《行政立法的正当性研究》，苏州大学博士论文 2005 年。

[62] 焦宝乾：《法律论证理论研究》，山东大学博士论文 2005 年。

[63] 闫丽彬：《行政程序价值论》，吉林大学博士论文 2005 年。

[64] 程建：《互动性行政行为研究》，苏州大学博士论文 2008 年。

[65] 张浪：《行政规定的合法性研究》，苏州大学博士论文 2008 年。

[66] 孙国东：《合法律性、合道德性、合法性：对哈贝马斯商谈论合法化理论的一种解读》，吉林大学博士论文 2008 年。

[67] 聂长建：《司法判决的有效性研究》，中南财经政法大学博士论文 2010 年。

[68] 范斌：《中国行政执行力文化问题研究》，吉林大学博士论文 2010 年。

[69] 孙光宁：《可接受性：法律方法的一个分析视角》，山东大学博士论文 2010 年。

［70］欧阳志刚:《行政执法正当性研究》，中南大学博士论文 2011 年。

［71］蔡武进:《行政协商与我国现代行政法治》，武汉大学博士论文 2013 年。

［72］相焕伟:《协商行政：一种新的行政法范式》，山东大学博士论文 2014 年。